성 버나드
하나님의 사랑

Bernard of Clairvaux
1090-1153

세계기독교고전 9

성 버나드 St. Bernard of Clairvaux
하나님의 사랑

심이석 옮김

크리스챤
다이제스트ान

세계 기독교 고전 전집을
발행하면서

　한국에 기독교가 전해진 지 벌써 100년이 넘었습니다. 그동안 수많은 기독교 서적들이 간행되어 한국의 교회와 성도들에게 많은 공헌을 해 왔습니다. 그러나 기독교 역사 100년을 넘어선 우리의 교회와 성도들에게 더 큰 영적 성숙과 진정한 신앙을 심어주기 위해서는 가치있는 기독교 서적들이 많이 나와야 한다고 생각합니다. 그리하여 영혼의 양식이 될 수 있는 훌륭한 기독교 서적들이 모든 성도들의 가정뿐만 아니라 믿지 아니하는 가정에도 흘러 넘쳐야만 합니다.

　믿는 성도들은 신앙의 성장과 영적 유익을 위해서 끊임없이 좋은 신앙 서적들을 읽고 묵상해야 하며 친구와 이웃 사람들의 구원을 위하여 신앙 서적 선물하기를 즐기고 읽도록 권해야 할 것입니다. 이것은 하나님의 백성으로서 살기 원하는 사람은 누구나 마땅히 해야 할 의무라고도 하겠습니다.

　존 웨슬리는 "성도들이 책을 읽지 않는다면 은총의 사업은 한 세대도 못 가서 사라져 버릴 것이다. 책을 읽는 그리스도인만이 진리를 아는 그리스도인이다"라고 말했습니다. 우리는 이제 한국에서 최초로 세계의 기독교 고전들을 총망라하여 한국의 교회와 성도들에게 소개하고자 합니다. 전세계의 기독교 고전은 모든 기독교인들에게 영원한 보물이며, 신앙의 성숙과 영혼의 구원을 위하여 이보다 더 귀한 것은 없을 것입니다.

　이러한 취지로 어언 2천여 년의 세월이 지나는 동안 세계 각국에서 저술된 가장 뛰어난 신앙의 글과 영속적 가치가 있는 위대한 신앙의 글만을 모아서 세계 기독교 고전 전집으로 편찬하고자 합니다.

　우리는 이 세계 기독교 고전 전집을 알차고, 품위있게 제작하여 오늘날 한국의 교회와 성도들에게 제공하고 후손들에게도 물려줄 기획을 하고 있습니다. 우리는 다시 한 번 다니엘 웹스터가 한 말을 깊이 생각해 보아야 할 것입니다.

"만약 신앙 서적들이 우리 나라 대중들에게 광범위하게 유포되지 않고, 사람들이 신앙적으로 되지 않는다면, 우리 나라가 어떤 나라가 될지 걱정스럽다 … 만약 진리가 확산되지 않는다면, 오류가 지배할 것이요, 하나님과 그의 말씀이 전파되고 인정받지 못한다면, 마귀와 그의 궤계가 우세할 것이요, 복음의 서적들이 모든 집에 들어가지 못한다면, 타락하고 음란한 서적들이 거기에 있을 것이요, 우리 나라에서 복음의 능력이 나타나지 못한다면, 혼란과 무질서와 부패와 어둠이 끝없이 지배할 것이다."

독자들의 성원과 지도 편달을 바라마지 않습니다.

크리스챤 다이제스트
편집 · 발행인 박명곤

차례

클레르보의 버나드와 두 친구 / 제임스 휴스턴 ······················· 11

서론

1. 지식과 실존적인 하나님 체험 ································· 25
2. 최우선적인 사랑의 중요성 ···································· 28
3. 성서적인 성서 이해 ·· 31
4. 참된 인간성의 기초인 성서적 인간론 ······················· 33
5. 영적 우정 ··· 36

I. 하나님 앞에서 영혼의 존엄성

1. 인간 영혼의 존엄성 ·· 43
2. 영적 생활의 삼 단계 ··· 50
   - 제1단계: 동물적 단계 ······································· 51
   - 제2단계: 이성적 단계 ······································· 55
   - 제3단계: 영적 단계 ·· 57
3. 은혜와 자유의지 ·· 62
   1. 하나님의 은혜 ·· 63
   2. 자유의 본질은 무엇인가 ···································· 66
   3. 자연과 영광과 은총의 삼중적 자유 ······················ 70
   4. 육체를 이탈한 상태에서 거룩한 영혼의 자유는 무엇인가? ··· 74

5. 슬픔으로부터의 자유는 이 세상에서 주어지는가? ·················· 77
6. 선한 것을 의도하기 위한 은혜의 필요 ······························· 80
7. 아담에게 이 삼중적 자유가 부여되었는가? ························ 84
8. 죄의 권세가 깨진 후에도 자유 선택은 남아 있다 ················ 86
9. 창조주의 형상과 모양은 이 삼중적 자유 안에 표현되어 있다 ······· 87
10. 그리스도 안에서 하나님의 모양이 인간에게 회복된다 ·············· 88
11. 선택의 자유는 남아 있다 ·· 89
12. 죽음이나 형벌에 대한 두려움이 자유 선택을 빼앗아 가는가? ······ 90
13. 인간의 공적은 모두 하나님의 선물이다 ······························· 92
14. 구원의 역사에 있어서 은혜와 자유 선택 ····························· 95

II. 하나님의 사랑의 본질과 위대함

4. 사랑의 본질과 존엄성 ·· 105
   1. 서언 ·· 105
   2. 사랑의 기원과 진보 ··· 108
   3. 참 사랑 안에 있는 거룩한 어리석음 ································· 111
   4. 사랑 안에서 진보하는 즐거움과 노력 ································ 114
   5. 은혜에 대한 소홀이 가져오는 위험한 손해 ························· 117
   6. 안정된 사랑과 불안정한 사랑 ·· 122
   7. 사랑의 다섯 가지 감각 ·· 124
   8. 이성과 사랑이 영혼에 불굴의 용기를 준다 ························ 128
   9. 사랑(charity)의 학교 ··· 132
   10. 거룩한 것에 대한 미각 ·· 136
   11. 우리의 중보자이신 그리스도의 필요성 ····························· 141
   12. 우리가 받은 구속(redemption)의 성격 ······························ 144
   13. 하나님의 자녀들의 지혜 ·· 147
   14. 거짓 지혜와 참 지혜의 비교 ·· 150

15. 현자의 복된 완성 ··· 153

5. 하나님을 명상함에 대하여 ·· 156
   1. 하나님을 향한 비상 ·· 158
   2. 갈망하는 영혼 ··· 161
   3. 복된 자의 사랑에 불평등이 있는가? ······························ 164
   4. 하나님 자신을 인하여 하나님을 사랑하고
      기타 모든 것을 하나님을 위해 사랑해야 한다 ··············· 167
   5. 기도는 사랑의 본성이다 ·· 169
   6. 아들 안에 있는 하나님의 선행하는 사랑이
      우리에게 사랑을 불러일으킨다 ································ 169
   7. 하나님은 어떻게 우리를 사랑하시는가 ·························· 172
   8. 우리는 어떻게 하나님을 사랑하는가 ····························· 175
   9. 사랑은 하나님의 계명에 대한 순종에 있다 ······················ 178
   10. 마지막 사랑의 기도 ·· 180

6. 하나님을 사랑함에 대하여 ·· 183
   1. 왜 우리는 하나님을 사랑해야 하나? ······························ 184
   2. 얼마만큼 하나님은 인간의 사랑을 받으셔야 하는가 ············ 186
   3. 그리스도인들은 하나님을 사랑하도록 큰 자극을 받아야 한다 ···· 190
   4. 하나님께 위로 받고 그 사랑을 받아들일 수 있는 사람은
      누구인가? ·· 195
   5. 이러한 사랑에 대한 그리스도인의 빚 ···························· 199
   6. 전술한 것의 간단한 요약 ·· 202
   7. 하나님을 사랑하는 데는 결실이나 상급이 따른다.
      인간의 마음은 땅에 속한 것으로 만족될 수 없기 때문이다. ··· 203
   8. 사랑의 제1단계: 자신을 위하여 자신을 사랑한다 ··············· 211

9. 사랑의 제2단계: 사람은 자신의 축복을 위하여 하나님을
   사랑한다 ·· 214
10. 사랑의 제3단계: 사람은 하나님 자신을 위하여
    하나님을 사랑한다 ·· 214
11. 사랑의 제4단계: 하나님을 위하여 자신을 사랑한다 ············ 215
12. 이 사랑의 완성은 부활시에야 체험될 것이다 ······················· 218

Ⅲ. 그리스도에 대한 헌신

7. 그리스도에 대한 헌신 ··· 225

Ⅳ. 영적 우정

8. 우정의 편지 ··· 279
9. 영적 우정 ··· 295
   제1권: 우정의 본질 ·· 296
   제2권: 우정의 성숙과 결실 ·· 299
   제3권: 깨어지지 않는 우정의 조건과 특성 ····························· 305

클레르보의 버나드와 두 친구

제임스 휴스턴(James M. Huston)

편집자는 클레르보의 버나드(Bernard of Clairvaux)와 함께 그의 두 친구인 성 티에리의 윌리엄(William of St. Thierry)과 리보의 앨레드(Aelred of Rievaulx)를 선택하는 데 신중을 기하였다. 이들은 중세의 삼총사로, 윌리엄은 위대한 사랑의 신학자였고 앨레드는 순수한 우정의 표본이며, 이 두 친구 사이에서 주도적 역할을 한 인물이 버나드라고 할 수 있다.

버나드는 이 두 사람 사이에서 하나님에 대한 명상을 종합한 사람이다. 그는 중세에서 최고의 조직력을 발휘한 사람이었다. 이들의 신학에 생기를 불어넣고 활기를 가져다 준 것은 우정이었고, 이 우정 안에서 세 사람은 하나님 사랑과 이웃 사랑 사이의 조화를 연출하고 있다.

1920년대 와서야 성 티에리의 윌리엄은 점차 자체 평가를 받기 시작했다. 전통적으로 그의 저작들마저 버나드의 것으로 간주되어 왔다. 이 버나드와의 관련이 없었다면 그의 저작들도 보존되지 않았을 것이다. 앨레드는 "북구의 버나드"로 통했고, 영국에 끼친 버나드의 영향을 대표하고 있다.

이들 모두는 오늘날 신학적이고 주석적인 사고뿐만 아니라 명상을 위해서도 무진장한 영적 자료의 원천을 제공하고 있다.

버나드는 사람들에게 말할 수 없는 매력을 느끼게 한다. 그는 겨우 스물두 살에 시토(Citeaux) 수도원에 들어가기로 결심했다. 이에 이르자 자기 삼촌과 다섯 형제들 중 네 형제(막내 동생은 그때 아주 어렸다)와 스물다섯 사람의 다른 친구들을 설득해서 이 생활에 동참하도록 했다. 그 후 그는 기독교 세계에서 가장 영향력 있는 지도자들 즉 제왕들, 교황들, 그리고 봉건

귀족들과 통상으로 서신을 주고받는 벗이 되었다. 그러나 모든 친구 중에서 연상인 윌리엄과 연하의 앨레드가 누구보다도 가까웠다. 그들은 버나드를 영적 안내자이자 막역한 친구로서 사랑했다.

성 티에리의 윌리엄(1080 혹은 1090~1148)은 리즈(Liege)의 귀족 가문에서 태어났다. 그의 유년기에 대해서는 별로 알려진 것이 없다. 필시 유명한 학자인 안셀무스(Anselmus) 아래서 교육을 받고, 중요한 스콜라주의 신학자인 피에르 아벨라르(Peter Abelard)와 동창이었을 것이다. 그 후 그는 랭스(Rheims) 근교 성 니카시우스(St. Nicasius)에 있는 베네딕투스 수도원에 들어갔다. 서른네 살 무렵에 성 티에리(St. Thierry)의 수도원장이 된 후, 그곳에서 15년이 넘도록 행정 책임자의 의무를 다했다.

윌리엄이 버나드를 처음으로 만난 것은 버나드가 금식과 과로로 쓰러져 낡은 오두막에 몸져 누워 있던 1118년 겨울이었다. "갈림길에 있는 나병환자들의 은신처와 같은 그 오두막에서 나는 그의 얼굴이 마치 낙원의 즐거움에 사로잡혀 있는 것처럼 기쁨으로 빛나고 있는 것을 보았다"고 윌리엄은 기록하고 있다.

"내 눈으로 왕되신 하나님과 동행하는 분을 바라보게 되자, 하나님께서 나의 증인이 되시거니와, 나는 마치 하나님의 제단 앞에 나아온 것과 같은 그러한 두려움에 사로잡혔다. 청빈하고 단순한 삶을 함께 나누고 싶은 마음에서 이 사람을 얼마나 동경해왔는가를 생각했다." 이어서 그는 이렇게 말하고 있다. "만약 한 가지 소원이 있었다면, 종으로서 영원히 그와 함께 머무는 것이었다."

계속해서 버나드와 만나고 또 서신을 왕래하면서 이 소원이 윌리엄 속에서 간절해질 뿐이었으나, 여러 해 동안 버나드는 윌리엄이 자기나 시토 공동체(Cistercian community)에 들어오는 것을 만류했다. 1135년 윌리엄은 알데네스(Ardennes) 숲에 있는 시그니(Signy)에 위치한 열두 명의 새로운 시토 공동체에 가입하여, 단순한 수도사로서 겸손하고 명상적인 삶을 위해 수도원장의 지위를 포기했다.

최초로 버나드를 방문하면서 얻은 영감이 동기가 되어 1119~1120년에 최초의 순수 저작이 된 「사랑의 본질과 존엄성」을 저술하게 되었을 것이다. 그 후 1128년에 「제단의 성례전」이라는 제목의 하나님과의 연합에 대한 명상록을 저술했다. 그런데 시그니어 있는 공동체에 가입한 후, 윌리엄은 갈망해왔던 조용하고 홀로 있는 시간을 얻었다. 병으로 형제들과 함께 힘든 육체노동을 할 수 없게 되자 그의 주요 저작들인 「믿음의 거울」, 「믿음의 수수께끼」, 「황금 서신」 등을 저술하는데 전념할 수 있었다. 이와 함께 로마서, 아가서, 이사야서에 대한 부분적인 주석들을 집필했다. 그는 또 두 편의 「명상록」을 수집했다.

윌리엄은 신학자로서도 손색이 없었다. 앞으로 그에 대한 인식이 새로워져야 할 것이다. 그는 이단에 대해 날카로운 감각을 지니고 있었다. 그의 옛 친우인 아벨라르가 삼위일체의 본질에 대한 이설을 제안해서, 버나드가 상스(Sens)에서 아벨라르의 오만한 스콜라주의에 대항하여 격렬한 논쟁을 벌이게 되자, 윌리엄은 조언자가 되었다.

그렇지만 윌리엄은 자신에 대한 과소평가와 무명으로 남아 있으려는 욕구에서 오는 정신적 우울증에 빠졌다. 그가 몽듀(Mont Diew)의 카르투지오 공동체(Carthusian community)에 보내는 서신에서 밝히지 않았다면 — 현재 이 서신은 「황금 서신」의 서문이 되어 있는데 — 이 작품과 기타 여러 저작들의 저자가 그였다는 사실이 불확실한 채 남아 있을지도 모른다.

겸손하고 경건하며 지혜로운 사람으로서, 윌리엄의 가장 큰 소원은 단지 버나드의 친구와 하나님의 연인이 되는 것이었다. 그는 버나드의 「아가서」에 대한 명상록을 처음으로 읽게 되는 특권을 누렸고, 또한 「은총과 자유의지에 대하여」라는 작품에 대한 평가를 버나드로부터 요청받았다. 그리고 누가가 데오빌로에게 누가복음을 헌정하던 것과 마찬가지로, 윌리엄은 버나드에게 두 권으로 된 「육체와 영혼의 본성에 대하여」라는 자신의 작품을 헌정하고 있다.

하나님을 향한 굶주림으로 윌리엄은 아무것에도 만족하지 못하고 오로지 하나님의 얼굴 외에는 누구의 낯도 바라보지 않았다.

리보의 앨레드(Aelred of Rievaulx, 약 1110~1167)는 버나드보다 연하의

다소 거리가 있는 친구였다. 사실 앨레드는 1142년 경 로마를 방문하러 가는 도중에 버나드를 한 번 만났을 뿐이다. 버나드는 앨레드의 문학적 재질에 감명을 받아, 고전이 된「영적 우정」을 집필해 보라고 권유했다.

앨레드는 잉글랜드 북부의 헥스햄(Hexham)이라는 읍에서 태어났다. 그의 가문은 수대에 걸쳐 고위 성직에 있었다. 그는 스코틀랜드 국왕 데이비드 1세의 궁정에서 교육을 받았고, 본래 이름은 앵글로 색슨식의 에셀레드(Ethelred)였는데 스코틀랜드식으로 부드럽게 되어 앨레드가 되었다. 거기서 세상적으로 현명한 예의범절을 배웠다. 앨레드는 왕의 지극한 사랑을 받았지만 자신이 느끼는 소외감을 피력한 적이 있다.

"사람들은 내가 행운아라고들 말한다. 그러나 선(善)만이 있어야 될 내 속에 악이 있음을 그들은 모르고 있다. 내 속에 있는 절망감은 참혹하기 그지없다. 이 절망감은 나를 괴롭히고, 그 견딜 수 없는 악취와 함께 내 영혼을 부패시켰다. 그러므로 손을 펴사 자신을 참아내도록 도우시지 않았다면, 절망 속에서 자포자기해 버리고 말았을 것이다."

이러한 고통을 겪고 있으면서도, 앨레드는 요크(York)의 선교사로 파송되었다. 이보다 이년 전에 요크의 대주교는 리보를 시토 수도사들의 거류지로 정했다. 이곳 수도원 정문에서 앨레드는 자신을 수도사로 헌신했다. 승직의 가도를 달려, 칠년 뒤에는 수사 수련생들의 스승(Master of Novices)으로 임명되었다. 요크로 떠나기 직전에 그는 버나드를 만난 것이다. 그 후 버나드와 계속해서 접촉을 가졌고, 버나드는 그에게 수사 수련생들에게 행한 강연의 어록을 문자화하도록 요청했다. 이것이 바로「사랑의 거울」이라고 알려져 있다.

1143년 앨레드는 레베스리(Revesly)에 새로운 수도원을 세우도록 파송을 받았다. 4년 후 그는 리보의 수도원장으로 임명되었다. 남은 여생 동안 이곳에 머물러 있었다. 리보에서 그는「열두 살의 예수님」을 저술했고, 그 후 바로「영적 우정」(1160)을 썼다. 그의「목회기도」는 그의 영혼을 보여주는 아름다운 고백이다. 관절염과 기타 지병으로 고생이 심했고, 극심한 고통 속에 죽었다. 죽기 직전에「영혼에 대하여」를 썼는데, 초기 작품들의 세련미가 보이지 않는다.

버나드의 역사적 위치

비상한 사람으로서 버나드는 역설적이지는 않다 하더라도 복잡한 사람이다. 클뤼니의 버나드와 샤르트르의 버나드와 구별하기 위해서 클레르보의 버나드라 이름하였는데. 중세 전체는 아닐지라도 12세기에서 가장 활동적인 인물임에 틀림없다. 자기가 살았던 세기의 모든 발언들을 대변하고 있고, 누구보다도 사상과 감정의 유형을 크게 변화시켰다.

버나드가 시토 수도회의 창립자는 아닐지라도, 그가 이 수도회에 들어오기 전에는 거의 존재가 미미했고, 그가 죽었을 때 수도원의 총수는 350개나 되었다. 버나드는 당시 기독교와 대조를 나타내고 있다. 간단히 말해서 그의 신앙은, 하나님에 대한 지식이 청빈과 단순함과 고독 속에서 하나님께 헌신함을 통해서만 얻어진다는 것이다. 그가 활약했던 당시에 이 원리들에 기초한 시토 운동은 중세에서 가장 성공적인 일화를 남겼다.

버나드는 1090년 경 부르군디 백작의 궁정에서 태어났다. 그는 부유한 부르군디 가문의 일원이었다. 그의 경건한 어머니인 아레트는 버나드가 열네 살 무렵에 죽었다. 그 후 헛된 영광 때문에 학문을 추구하고자 하는 유혹을 받았다. 그때 그의 마음에는 질책하는 어머니의 환상이 떠올랐다. "그녀가 지극한 사랑으로 그를 보살피고 양육한 것은 이러한 유의 공허한 실존을 택하도록 한 것이 아니었고, 그를 이 세상에 출생하게 한 것도 그러한 세속적 야망의 성취를 위한 것이 아니었다"는 말씀이었다.

얼마 뒤 어느 날 예배당에서 기도하다가, "네 눈이 성하면 온 몸이 밝을 것이라"(마 6:22)는 구절을 깊이 묵상했다. 이 불꽃이 "숲을 활활 태우고 온 산을 검게 태우도록 계속해서 타오르는 불길의 시발이 되었다"고 버나드는 말한다. 이것은 개혁의 불길이었을 뿐 아니라 고요한 불길이 되어 버나드 안에서, 그를 통해서, 그와 함께 타올랐다.

따라서 버나드의 불후의 명성은 그가 경건 가운데서 열정적으로 하나님과 사랑을 나눈 사람이라는 데 있다. 그는 세속적인 명예와 위로를 경멸했고, 이기심은 하나도 없었다. "그리스도와 더불어 가난하게 되는 것"이 그의 유일한 관심이었다. 그래서 아버지의 반대에도 불구하고 그와 그의 친구들은 아우베 강 계곡의 습지에 위치한 시토에 있는 낡은 오두막집에 살았다. 이곳은 20년 후 좀 더 실속 있는 구조로 개조되었다. "내가 클뤼니(부유한 베네딕투스 수도원)보다 시토를 택한 것은 그곳 생활이 훌륭하고 규칙적임을 깨닫지 못했기 때문이 아니라, 내 유약한 성격에는 더 강한 처방이 필요하다고 느꼈기 때문이라"고 버나드는 인정하고 있다.

1127년부터 죽을 때까지 버나드는 기독교계 전체에 걸쳐 세속사에 대해 조언을 구하는 요청을 받았다. 그는 샹파뉴 백작과 루이 6세와의 관계, 이 왕과 아퀴텐의 엘레아노르와의 관계를 중간에서 조정했다. 또 교황청의 분열을 수습했고, 1145년 그의 믿음의 아들의 하나였던 유진 3세가 교황으로 피선되었다. 시칠리아의 로저와 잉글랜드의 헨리 1세, 그리고 호헨슈타우펜의 지배자들과 관계를 맺었다. 그는 라인 계곡에 있는 플란더스와 이탈리아의 로마와 살레르노를 여행했다. 여행으로 인해서 그가 시토에서 보낸 시간은 삼분의 일에 지나지 않을 것으로 추측된다. 하지만 계속되는 위궤양으로 고통을 당했다.

최초의 버나드의 전기를 쓴 사람은 그의 강점이자 약점이 엄청난 무절제라고 시사한 바 있다. 이 말은 몸을 돌보지 않는 성격을 말하는데, 이 때문에 버나드는 일생 동안 건강이 좋지 않았다. 이 말은 또한 합리주의적 사고와 교회의 세속적인 부패에 대항하는 그의 냉혹한 투쟁과, 제2차 십자군의 조직을 포함하여 정치적 관심을 모두 성취하려는 그의 소명감에도 해당된다. "나의 부담스러운 양심과 생애는 세상의 구렁텅이에 빠져 허우적거리는, 성직자도 아니고 평신도도 아닌, 희랍 신화에 나오는 우스꽝스러운 괴물과 같다"고 한 서신에서 그는 고백한다.

버나드는 지독한 정신적 청교도주의(mental puritanism)라는 평판을 들었는데, 반지성주의자(anti-intellectual)로서 1140년 상스(Sens)에서 개인적으로 아벨라르(Abelard)를 공격했다. 그렇지만 성경적으로 볼 때 그는 단순히 자기 안내자인 사도 바울을 따라, 헛된 것만을 가르치는 자들의 세속적 지혜에 공격을 가하고 있다. 이런 지혜 대신에 "예수 그리스도, 십자가에 달리신 분"의 단순함으로 대치시켰다.

그러나 오늘날 중세 수도원주의에 대해 가장 위대한 학자인 데이비드 노울즈(David Knowles)는 버나드 자신의 학문을 연구하다보면 "그가 폭넓은 독서와 대단한 지성을 가진 사색적인 신학자, 최상급의 문학적 천재이며 중세 최고의 언어 마술사로서, 그 시대에 홀로 데모스테네스(Demosthenes)와 키케로(Cicero), 그리고 버크(Burke)에 비견되는 능력을 가지고 우리를 그의 웅변의 도가니로 끌어들이는 사람임을 발견하게 된다"고 말했다.

버나드에 대한 역설은 오늘날에도 계속되고 있다. 대부분의 그리스도인들은 그가 작사했다고 생각되는 찬송가 때문에 버나드를 알고 있을 뿐이다. 그런데 버나드가 "구주를 생각만 해도"(Jesus, the Very Thought of Thee, 찬송가 85장), "예수를 사랑하는 마음의 즐거움"(Jesus, Thou Joy of Loving Hearts), "예수는 놀라우신 왕"(Jesus King Most Wonderful) 등을 작사한 것 같지는 않다. 그러나 버나드의 정감이 거기에 명백하게 드러나 있으므로, 아마도 버나드가 무명의 찬송가 작사가들에게 영향을 미쳤다는 것을 보여준다.

이와 마찬가지로 버나드를 아가서에 대해서만 86편의 설교를 한 위대한 설교가로 생각하는 사람도 있다(그것도 성경에 나오는 사랑의 책의 1, 2장과 3장 1절에 대해서만 설교했을 뿐인데). 그렇지만 그가 이 명상록에서 보여주는 대로 신중한 기록을 의해 설교라는 형태를 따로 사용했다는 흔적이 아주 역력하다.

과거 교회사에서 오늘날 버나드만큼 발굴이 필요한 위대한 저술가는 없다고 확신한다. 이것은 "마지막 교부"에 대한 무지 때문만이 아니라, 앞으로 보게 되겠지만 그가 오늘날에도 우리에게 가르쳐주는 바가 있기 때문이다.

버나드의 발언의 역사적 위치

확실히 단테는 버나드를 아주 높이 평가하여 베아트리체를 찾아 낙원으로 가면서 천국의 밀실의 제10층에 이르렀을 때 다음과 같이 말하고 있다.

"베아트리체를 보아야 한다고 생각했는데,
영광스러운 백성들과 한가지로 입은 한 노인을 보았다.
그의 눈과 얼굴에는 온화한 기쁨이 넘쳐흘렀고
경건한 몸가짐에도 그랬다.
인자한 아버지가 다가오는 것 같았다."

그 후 버나드는 단테에게 베아트리체를 넘어, 성모 마리아도 넘어 그 위에 계신 분을 바라보도록 가르쳤다.

"버나드는 몸짓과 미소로
내가 해야 될 일을 알려 주었다
이미 나 자신도 그가 바라는 대로 위를 올려다보았다."

결국 단테는 버나드가 자기에게 말해준 것을 보게 되었다.

"영원한 빛이시여, 당신은 스스로
거하시나이다.
홀로 당신을 아시며
당신 스스로의 사랑에 웃음 지으시니
그리 아셨고 또 아시나이다.
내 의지와 소원은 사랑으로 바뀌었고
그 사랑은 태양도 다른 별들도 움직이시나이다."

이 이탈리아의 르네상스 인문주의자(단테)는 버나드에게 매료되었다. 15세기 초엽 피렌체의 인문주의 학자인 트라베르사리(Traversari)는 버나드의 아가서 설교가 독자로 하여금 믿음을 불러일으키는 힘에 있어 아우구스티누스의 참회록(고백록)과 제롬의 서신집에 버금간다고 평가했다. 교황 에우게니우스 4세(Eugenius IV)는 버나드의 「묵상에 대하여」를 깊이 생각한 후

이에 따라 자기의 통치를 개혁하려 했다.

초기 종교개혁자들은 적어도 자기들이 아는 것은 버나드의 진술이라고 거듭해서 언급하고 있다. 버나드 역시 교회 부패의 개혁자로 보았기 때문이다.

버나드와 성 티에리의 윌리엄 모두에게서 영향을 받았던 타울러(Tauler), 루이스브뢱(Ruysbroeck), 그리고 토마스 아 켐피스(Thomas a Kempis)를 통해 루터가 최초로 버나드의 저작들을 접하지 않았을까? 그것은 알 수 없지만, 루터는 그의 요한복음 설교에서 버나드를 인정하려 했다. "나는 버나드를 모든 수도사 중에서 가장 경건한 사람으로 생각하며 누구보다도, 심지어 성 도미니쿠스(St. Dominic)보다도 그를 좋아한다. 그만이 '교부'라 일컬음을 받을 수 있고, 열심히 연구할 가치가 있는 유일한 사람이다."

또한 루터는 말하기를 "나는 버나드를 모든 작가들 중에서 그리스도를 가장 매력적으로 설교한 사람으로 사랑한다. 그가 그리스도를 설교한 것은 무엇이든지 따르며, 그가 그리스도께 기도한 믿음 안에서 나도 그리스도께 기도한다"고 했다.

그리스도로 말미암은 은총을 통한 이신칭의에 대한 루터의 강조는 루터의 경건주의와 버나드의 신비주의를 하나로 합친 것이다. 루터 이후로 루터교에서는 버나드를 대중화시켜서, 독일에서는 현대에 이르기까지 아우구스티누스를 포함하여 다른 어떤 교부들보다도 더 많이 버나드의 작품이 인쇄되어 아주 널리 유포되었다.

프랑스에서는 루이 13세가 버나드의 출생지인 폰테인이 교회를 세웠고, 1652년 이 왕은 클레르보의 그 수도원장에게 "왕권의 수호자"(Protector of the Crown)라는 칭호를 수여했다. 제네바의 경건한 주교인 살레의 프란시스(Francis de Sales)는 버나드의 저작에서 큰 영감을 받았고, 페넬롱(Fenelon)과 부세(Bossuet)도 마찬가지였다. 1691년 마빌론 수도원장(Abbot Mabillon)은 버나드의 저작들과 성 티에리의 윌리엄의 저작 일부를 불어(佛語)로 출판했다. 그는 성경 다음으로 프랑스 사람들에게 가장 친밀한 책은 버나드의 것이라고 천명했다. 이 책들은 "그들의 삶에 일생 동안"

영양분을 공급해 주었다. 파스칼은 버나드에게 큰 감동을 받았다. 그의 유명한 격언인 "내가(하나님) 너를 먼저 찾지 않았다면 너는 나를 구하지 않을 것이라"는 말은 버나드의 「하나님의 사랑에 대하여」에서 직접 인용한 것이다.

영국에서는 버나드와 윌리엄의 저작들이 프랜시스 버튼(Francis Button)에 의해 편집되어 17세기 초에 널리 유포되었다. 청교도들은 거의 아우구스티누스만큼 자주 버나드를 인용하고 있다. 존 오웬(John Owen)은 그의 저작 특히 의롭게 하시는 믿음을 이해하는데 있어서 적어도 16번이나 버나드를 인용하고 있다. 청교도 전통의 대표자들인 존 브래드포드, 리처드 백스터, 존 플라벨, 토머스 맨턴은 모두 버나드를 자주 인용한다. 18세기에는 버나드에 대한 관심이 사라져서 조나단 에드워즈 같은 박식한 사람들만이 이따금 버나드를 인용하고 있다. 따라서 영미의 개신교 독자들 사이에서는 버나드가 이제까지 사장되어 온 것 같다.

로마 가톨릭에서는 버나드에 대한 관심이 여러 차례 계속해서 재연되었다. 두 가지 중요한 버나드의 전기가 나왔는데, 하나는 1835년에 몽탈랑베르 백작(Count of Montalembert)에 의해서, 다른 하나는 1895년에 바칸다드 수도원장(Abbot Vacandard)에 의해 출판되었다. 1891년에 버나드 탄생 800주년을 경축하기 위해서 P. 야나우쉭(P. Janauscheck)은 버나드에 대한 참고문헌 목록을 출판했는데, 참고도서의 수가 2,761권에 달했다. 1953년에 버나드 서거 800주년을 경축하기 위해 두 번째 참고문헌 목록이 수집되기 시작하여 1957년에 마침내 출판되었다. 이 목록은 또 다른 참고서적 1,000권을 열거하고 있다.

이 과정에서 장 르클레르(Jean Leclerc)가 버나드의 작품들을 학적으로 개정하여 여섯 권으로 만들었는데, 이것이 버나드 연구에 새로운 촉진제가 되었다. 이 개정판은 1970년에 완결되었다. 최근 버나드와 윌리엄, 앨레드와 기타 초기 시토 수도사들에 대한 논문들이 발표되면서 이들에 대한 새로운 관심을 불러일으키고 있다.

버나드의 저작들

버나드의 저작들을 이해하고 감상하기 위해서는 초기 시토 수도원 문헌의 배경과 양식을 알아야 한다. 세 가지 사항을 지적할 필요가 있다.

첫째로, 이 문헌은 수도원 문헌으로서 침묵의 학교에서 완성된 것이다.

수도사들은 침묵의 환경 속에 산다. 중세에 수도원의 침묵은 세속적인 강연장의 논쟁과 격렬한 토론의 상황과는 대조를 이루었다. 이 세속 학교의 강연이 발단이 되어 대학 생활로 발전하게 되었다. 수도원의 화술은 따라서 논쟁이나 강연이 아니라 저술활동으로 발전되었다. 이들의 서신과 설교는 하나님 앞에서 명상을 불러일으키도록 반성과 명상 가운데서 신중하게 기록되었다. 침묵은 하나님의 신비에 적합한 공간이었다. 기도하면서 저술했다고 해서 이 하나님으로 충만한 세계로 밀고 들어올 수 없었다.

둘째로, "백의 수도사"(White Monks)들의 새로운 수도원운동은 — 그중에서도 시토 수도원과 카르투지오 수도원이 그러했는데 — 평신도 학교로 발전했다.

"흑의 수도사"(black monks)들의 전통적 수도원 운동은 젊은 지원자들을 의심할 것 없이 전통주의에 따라 주로 양육시킨터 반하여 백의 수도사들에 의해 새로운 모집 정책이 신중하게 개발되었다. 그 이유는 일차적으로 금욕주의를 한층 강화시켜서, 즉 청빈과 하나님께 대한 헌신을 한층 강조함으로써 수도원 운동을 개혁하려는 것이었다. 따라서 다양한 사회계층 즉 귀족, 학자, 다양한 장인들과 기술공은 물론 기사들까지 포함하여 성인(成人)들을 모집하는 방법이 개발되었다. 또한 한 울타리 안에 동정녀와 과부, 그리고 창녀들을 모두 섞어놓는 새로운 수녀원 이용법이 시작되었다.

역사가들은 12세기에 개인에게 관심을 쏟은 새롭고 뚜렷한 감각이 발달하였다는 것을 이제 깨닫고 있다. 이 새로운 공동체가 가져온 사회적 변화와 독특한 사회적 혼합은 모든 목회에 큰 도전을 가해왔다. 공동체들은 봉건세계의 방식에서 벗어나 그들의 영혼을 양육하고 개조할 필요성을 느꼈다. 이와 비슷하게 일반적으로 세속적 이교주의인 현대의 중생운동(Born Again Movement)도 양육과 재교육을 필요로 하고 있다. 버나드와 윌리엄

같은 사람들의 논문은 독자들에게 다양한 영적 개발의 단계가 필요함을 상정하고 있다.

셋째로, 시토 수도원의 개혁은 **사랑의 학교**였다.

그러한 사회적 다양성을 한데로 묶을 수 있는 것은 한 가지밖에 없었다. 그것은 곧 하나님의 사랑이다. 신입자들의 다수가 육체적 사랑을 알고 있기 때문에 그 이상의 유일한 체험만이 그들을 씻어줄 수 있는데, 그것은 그리스도의 정결한 사랑을 체험하는 일이었다.

버나드는 이 새로운 애정문학의 선구자였다. 그는 오리겐과 그레고리의 설교로부터 욕구의 신학을 재현시켰다. 그 자신이 아가서의 달콤한 맛을 경험한 것도 이 문헌들을 재현시키는데 한 부분이 되었다. 박애로서의 사랑(Love as charity)이 문학과 기도, 그리고 찬송에서 전적으로 새롭게 강조되는 초점이었다.

새로 가입한 기사들의 무리 가운데서는 그 다음 세기에 "궁정 애가"(courtly love)가 된 '애정' 문학이 나타나고 있었다. 이에 대응하여 버나드는 스스로 욕구와 하나님에 대한 사랑의 문학을 창조해 냈다. 그가 교회에 가장 기여한 것은 바로 이 저작들이다.

그러면 여기서 이 사랑의 문학의 세 가지 독특한 양식을 소개하고자 한다. 그것은 설교와, 논문의 형태로 확대된 서신과, 격언집인 플로리레기아(Florilegia)이다.

설교는 이 수도원 문학 중에서 가장 자주 표현된 양식이다. 설교 양식의 교부적 기원과 수도사들에게 주어진 두 가지 매일 강화(講話)는 이 문학 가운데서 설교가 광범위하게 표현되었음을 설명해주고 있다. 모든 설교가 기록된 형태로 유포되지는 않았지만, 그렇다고 기록된 모든 설교가 항상 구두로 전달되지도 않았다. 이 버나드의 아가서 설교 발췌집은 명상을 위해 기록된 형태로만 계획되었음을 믿을 수 있는 충분한 증거가 있다. 그 길이와, 오류를 반박하는 복잡한 시도, 세련된 라틴어 운율과, 연속되는 운율의 결합, 그리고 제자의 고백이 지닌 깊은 개인적 성격들이 모두 신중하게 기록된 해설임을 암시해 준다.

서신은 수도원 공동체에서 가장 존중되는 형태였다. 서신은 침묵의 실행으로서, 같은 수도원에 속하는 흩어진 공동체들 사이에 의사전달을 해주는 가치 때문에, 그리고 바로 성 베네딕투스까지 소급되는 오랜 전통을 가지고 있다는 권위 때문에 존중되었다. 버나드는 자신의 광범위하고 영향력 있는 친지들과 서신을 나누었고 또 우정을 강조하여 그의 가르침과 신학이 이를 반영함으로써 서신의 가치를 드게 앙양시켰다.

논문 형식은 본서에서 주로 나타나는 형태로서 서신이 확대된 형태다. 보통 개인적 요청에 대한 응답 혹은 허락이었다. 문제들을 상호 논의하면서 확대되어 기록의 형태를 취하였다. 따라서 이 논문들의 서문 중 다수는 논문들과 동봉한 서신이다. 더욱이 공동서신으로서 전체 수도원 공동체가 공중 집회에서 낭독하고 경청했기 때문에 영적 지시 혹은 권고의 서신이 되었다. 신약성서의 서신들과 마찬가지로, 이 서신들은 가장 친밀하게 표현하던 성경 구절로 가득 차 있었다.

플로리레기움은 격언 모음집인데, 그 기원이 고전적 교훈까지 소급된다. 그렇지만 수도사들이 이용한 것은 그 의도가 한가할 때에 자신의 헌신에 도움이 되는 경건서적을 의미하고 명상하는데 있었다. 이 깊은 경건의 모습을 묘사하는 비유는 벌집을 위해 꿀을 빨아들이는 벌의 비유였다. 버나드는 부드러운 어조와 뜨거운 가슴의 소유자로서, 저작들의 대부분을 격언집 그 자체보다는 설교와 논문의 형태로 통합시켰다고는 하지만 벌집의 상징이 잘 어울린다. 그런데 성 티에리의 윌리엄의 명상록은 플로리레기아로 되어 있다.

여기 나타난 세 사람의 문체는 특징이 있다. 성 티에리의 윌리엄은 치밀한 문체를 썼다. 의미가 깊고 치밀하게 논증하고 있으며, 풀어서 설명하기가 어렵다. 내용을 축약시키면 그의 사상의 흐름을 유지하기가 어렵다.

앨레드는 요약하기가 쉬운데, 그의 사상은 아주 대화적이기 때문이다.

버나드는 여담이 많고 따라서 더 용이하게 축약시킬 수 있으나, 그의 라틴어 운율의 번역과 능숙한 단어 구사는 다른 언어로는 보전하기가 거의 불가능하다. 더욱이 그의 산문이 거의 시의 형태라는 것과 자기가 전달하고 있는 언어와 사상을 통해 살아가며 숨쉬고 있는 한 작가의 열정과 헌신을 느낄 수 있다.

서론

버나드 서거 800주년이 되는 1953년 교황 피우스 12세는 회칙(回勅)을 발표했다. 여기서 버나드를 어떤 병적으로 달콤한 감상에서가 아니라, 진정한 교회의 교부로서 감미로운 박사(Doctor Mellifluous)라고 경하했다. 그리고 그가 생명을 주는 인물이라고 주장했다.

「마지막 교부」(The Last of the Fathers)라는 책에서 토머스 머튼(Thomas Merton)은 버나드를 시편 46:4에 나오는 하나님의 성을 기쁘게 하는 시내와 연관시키고 있다.

오늘날 우리는 정보사회에 살고 있지만 그 지식을 사용하는 방법을 아는 지혜와 겸손을 항상 지니고 있지 못하는데, 버나드와 그의 친구들은 우리에게 삶의 네 가지 주요 영역에서 갱신된 관점을 제공해 준다. 만약 우리가 이들 하나님의 사람들을 따른다면, 그들은 풍성한 결실과 함께 믿음, 소망, 사랑을 우리에게 줌으로써 오늘의 삶을 근본적으로 변화시켜 줄 것이다.

1. 지식과 실존적인 하나님 체험

역사가들은 "12세기의 문예부흥"을 말하고 있다. 이 시기는 고전 문헌과 로마법, 희랍의 과학과 아라비아의 발달된 과학, 많은 희랍 철학이 재발견되고 이것이 스콜라주의에 의해 학문적인 신학에 응용되었다. 이 시대는 관찰 가능한 자연 세계와 역사의 연대 위에 존재하는 실제적인 사건에 관한 신실재론(new realism)이 특징을 이루고 있다. 또한 낭만적인 사랑과 기사도를 통한 개인의 정체에 대한 새로운 감각도 보였다.

이러한 문화적 환경 속에서 "알기 위해서 믿는다"(Credo ut Intelligam)는 안셀무스의 명제가 남용되어 신앙은 신학적 주지주의를 향한 제1단계를 의미한다고 생각되었다. 지식 자체를 위한 지식은 기독교 신앙에 위협이 된다는 것을 성 티에리와 버나드는 아주 분명하게 알았다. 그들은 피에르 아벨라르(Peter Abelard) 같은 사람을 공격하면서 이 점을 지적했다. 과감하게 버나드는 그 대신에 "체험하기 위해서 믿는다"(Credo ut Experiar)고 하면서 하나님의 실재에 대한 체험을 강조했다.

초기의 시토 수도원은 우리가 "그리스도의 학교에 있음을" 주장했다. 버나드는 이 점을 그의 아가서 설교에서 강조하고 있다. 그는 서두를 다음과 같은 말로 시작한다. "형제들이여, 제가 여러분에게 드리는 교훈은 바깥 세상에 있는 자들에게 전하는 것과는 다를 것입니다. 적어도 그 양식(manner)이 다를 것입니다. 이것은 바울의 교육 방법으로서, 영적으로 밝아진 사람들을 살찌우는 양식이 될 것입니다." "우리는 철학을 가르치는 방식이 아니라, 성령께서 우리를 가르치시는 방식대로 가르친다"(고전 2:13)고 버나드는 말한다.

버나드는 서른여섯 번째 설교에서 이 점을 부언하고 있다. "베드로와 안드레, 세베대의 아들들과 나머지 제자들은 수사학이나 철학 학교에 들어가려고 선택된 것이 아니라, 주님께서 그들의 사역을 통해서 세상을 위한 구원의 사업을 성취하기 위하여 제자들을 선택한 것이다."

그리스도와 그의 말씀은 서로 분리할 수 없고, 버나드의 사상 안에서 상호 교환이 가능하다. 그는 반(反)지성주의자가 아니다. "나는 문헌 지식을 경시해야 한다고 주장하지 않는다. 그 지식이 교양과 기술을 제공해주기 때문이다. 지식은 다른 사람들을 가르치는데 도움이 된다. 그러나 하나님과 자신에 대한 지식이 우선되어야 한다. 이것이 구원에 필수적이기 때문이다. 너 자신을 알라. 그리하면 하나님께 대한 건전한 두려움을 가지게 될 것이다. 하나님을 알라. 그리하면 또한 하나님을 사랑하게 될 것이다. 첫째로 지혜에는 그 시작이 있고, 둘째로 그 극치가 있다. '여호와를 경외함이 지혜의 시작이며'(시 111:10), '사랑은 율법의 완성이기'(롬 13:10) 때문이다. 우리는 두 가지 무지를 피해야 한다. 경외와 사랑이 없이 구원은 불가능하기 때문이다"(제37설교, I, II).

주를 경외함이 버나드에게는 성경적인 두려움의 개념이다. 그것은 바로 하나님의 존전에서 살아가는 것이며, 그가 말하는 사랑은 그리스도 안에 있는 하나님의 사랑이다. 따라서 이 진리들은 그리스도 안에서만 배울 수 있다.

겸손과 교만에 대한 논문에서 버나드는 진리에 이르는 세 가지 단계를 제시한다. 이 삼 단계는 산상수훈의 핵심이다.

첫째로, 죄인으로서 그리스도에 의해 겸손하게 된 지성을 가질 필요가 있다. 즉 "심령이 가난하게 되어야" 자신을 알고 제자가 되는 것을 배우게 된다. 둘째로, 성령에 의해 자신의 의지가 변화를 받아 다른 사람들을 자비로 대하고, 다른 사람들을 배워 알며, 하나님의 친구가 될 필요가 있다. 셋째로, 하나님 아버지를 명상하는데 사로잡힘으로써 마음이 정결하게 되어 하나님을 알고 또 '보게' 될 필요가 있다.

따라서 겸손의 목표 즉 이 가르침의 기초는 진리를 아는 것이다. 교만은 이와 반대로 무지와 미련함에 빠지게 할 뿐이며, 교만한 사람은 세상에서 하나님 없이 사는 자들이다.

버나드의 친구인 성 티에리의 윌리엄 역시 믿음의 초자연적 성격을 주장하는데, 이것은 아벨라르의 비판 정신과 반대되는 입장이다. 후자는 믿음을 "육체적 감각에는 감지될 수 없는 보이지 않는 사물에 관한 의견"이라고 정의한다. 믿음의 초자연적 성격을 부인함으로써 아벨라르는 윌리엄을 반박하고 우리의 영혼이 의심의 황충의 희생물이 되도록 버려두고 말았다. 이 결과는 참혹하였다.

윌리엄은 이러한 사상에 대해 항변하고 있다. "믿음은 하나의 의견이나 억측으로 인간의 마음속에 거하지 않는다. 우리는 다른 의심할 수 없는 지식과 마찬가지로 이 사실을 충분히 의식하고 있다. 하나님은 기독교 신앙이 어떤 방식으로든지, 인간이 아무것도 믿거나 알 수 없으며 만사를 추측할 뿐이라고 가르치는 기론파들의 의견이나 평가를 닮게 되는 것을 금지하신다"(아벨라르와의 논쟁 I).

이들 초기 시토 수도사들은 성스러운 배움이 일생에 걸쳐 하나님을 사모하게 하는 수도원의 교양에 의해 양육된다고 보았다. 그들은 하나님의 말씀에 대한 조용한 묵상과 기도로써 경건한 요구를 신장시켰다. 성서 자체를 위해서 성서가 연구되었다.

이들 초기 저술가들의 작품에는 본서의 내용이 명백하게 보여주는 대로 성서가 그 대종을 이루고 있다. 성서는 계속되는 반복과 구절 암송을 통해 "잘게 씹혀져" 있다. 매일 예배 중에 성서가 암송되었다. 그들은 성서와 명상과 기도를 일치시켰다. 모든 저술가들의 사상은 자기 독자들에게 하나님의 임재를 재차 공적으로 전달해주는 과정에서 자연스럽게 흘러나왔다.

마지막 설교에서 버나드는 "연약함의 침상에서" 그리고 "무지의 밤중에" 하나님과 친교하는 것에 대해 말하고 있다. 이러한 입장에서 갈망하는 영혼은 신부처럼 하나님의 능력과 지혜로서의 말씀을 구하게 될 것이다.

2. 최우선적인 사랑의 중요성

영적 체험 없는 영적 문헌은 있을 수 없다. 버나드와 그의 친구들이 단순히 다른 사람들의 명언들을 수집했다면, 그들은 성자가 아니라 저술가로 평가되었을 것이다. 성자됨은 행위에 의해서만 표현될 수 있다.

따라서 버나드의 삶의 비밀을 포함하고 있다고 생각되는 아가서를 결론짓는 마지막 설교에서 그는 다음과 같은 진술을 하고 있다. "이제 하나님의 말씀을 향유한다는 것이 무엇과 같은지 나에게 물어볼 사람도 있을 것이다. 나의 대답은 이렇다. 실제로 체험해 본 사람을 찾아 그에게 물어 보라. 내가 그 체험을 한 적이 있다면 말로는 형용할 수 없는 그것을 당신에게 설명해 줄 수 있을 것이라고 생각하는가? … 입술로는 설명할 수가 없다. 은혜가 설명해 준다. 지혜롭고 경건한 자에게는 숨겨졌고, 젖먹는 어린아이에게 알려졌다(눅 10:21) … 그렇다면 소유하지 못한 것을 소유할 자격이 있다고 인정받는 것은 겸손의 미덕이다. 무가치함 속에서 영혼은 하나님의 가치를 체험한다. '만물 위에 하나님이시며 영원토록 영광을 받으실 세상의 아버지,

영혼의 신랑, 예수 그리스도 우리 주를 기뻐하기 때문이다. 아멘'(롬 9:5)." 이 사랑의 언어가 그의 신학 전체를 요약해 준다.

파스칼이 생전에 이런 말을 한 적이 있다. "하나님을 체험하는 것은 이성이 아니라 마음(중심)이다. 그렇다면 이성이 아니라 마음으로 인식한 하나님이 바로 신앙이다."

그런데 12세기에 이미 버나드는 사랑의 신학을 시작하였다. "사랑은 생명의 샘이며, 이 물을 마시지 않는 영혼은 살았다고 할 수 없다." 사랑은 생명의 시작이며 끝이다. "하나님이 사랑이시기" 때문이다. 사랑은 하나님께 속한 것이기 때문에, 하나님 안에서 사랑의 체험은 그의 아들 예수 그리스도를 통해서만 온다.

영혼이 하나님을 향하도록 하는 것은 사랑의 은사이다. 따라서 사랑은 여러 가지 가능성 중의 하나로서 체험하기를 사모하고 즐거워하는 어떤 것이 아니다. 그것은 인간이 존재하는 이유의 전체인 것이다. 바로 이것이 아가서에 나오는 신부의 모습이 사랑의 신학자들의 마음을 사로잡은 이유이다. 그것은 하나님 앞에서 영혼 본래의 영상이다. 「하나님의 사랑에 대하여」라는 논문에서 버나드는 하나님을 사랑해야 하는 보편적인 우리의 의무를 검토하고 있다. "그는 사랑이시기" 때문이다. 그리고 버나드는 우리가 지닌 사랑의 한계는 "한량없이 그를 사랑하는 것"임을 발견한다.

만약 인간이 사랑하는 사람(a lover)으로 만들어져 있다면, 그것은 그가 자유롭게, 즉 자유롭게 선택하도록 창조되었음을 의미한다. 그러나 타락으로 인하여 인간은 우상 숭배의 그릇된 일을 택하여, 창조주 대신에 피조물을 절대화하고 있다. 그는 또한 이기적으로 사랑하며, 하나님을 대신하여 자신을 사랑한다. 그러므로 인간은 은혜에 의해 이러한 천박하고 왜곡된 형태의 사랑에서 벗어나 하나님을 하나님으로 사랑하고, 또한 하나님께서 자기를 사랑하시는 것처럼 하나님을 사랑하는데 이르게 되어야 한다. 이렇게 될 때 인간과 하나님의 관계는 둘이 포도주 병 안에서 섞여서 알아볼 수 없는 것과 같은 혼합이 아니라, 신부와 신랑의 관계처럼 자유롭게 사랑하는 자를 선택하는 관계에 놓이게 될 것이다.

「자유의지와 은총에 대하여」라는 버나드의 논문은 따라서 그의 사랑의 신학에 기초가 된다. 이 논문은 인간이 하나님을 사랑하도록 되어 있다는 것을 재차 다른 방법으로 본 것이다. 그러나 사심 없는 사랑을 가지고 하나님을 사랑하기 위해서는 먼저 자유롭게 되어야 한다. 하나님과 관계를 맺은 후에는 자유 안에서 큰 성장을 하게 된다.

성 티에리의 윌리엄은 다음과 같이 본다. "예술 중의 예술은 사랑이다. 그것은 자연과 자연의 주인이신 하나님에 의해서 배타적으로 가르쳐진다. 창조주에 의해 인간 영혼의 가장 깊은 곳에서 발전된 이 사랑은 그 고향이 하나님 안에 있다."

따라서 윌리엄은 「사랑의 본성과 존엄성에 대하여」라는 논문의 서언을 사랑의 예술에 관한 논의로 시작하고 있다. 아우구스티누스를 많이 인용하면서, 그는 사랑의 실천이 의지 안에 있다고 본다. 그러나 고의적인 죄와 하나님께 대항하는 반역으로 인하여 사랑은 불순해져 있으며 진정한 하나님 사랑에서 벗어나 있다. 따라서 윌리엄은 "겸손히 하나님께 순종하는 자들만이 실제로 사랑하기 쉽다"고 말한다. 마땅히 하나님을 사랑하기 위해서는 우리 자신의 의지를 변화시켜 주는 하나님의 의지 혹은 영이 필요하다. 그러므로 의지는 하나님을 사랑하는 의지 여하에 따라 패배에 빠질 수도 있고 축복으로 나아갈 수도 있다.

마음속에서 하나님의 사랑을 체험하는 가운데 우리는 영혼 속에 특별한 하나님의 증거들을 얻을 수 있다. 이 증거들은 "성령으로 말미암아 우리 마음에 부은 바 된"(롬 5:5) 그 사랑을 깨달으며, 자비를 실천하는 데 있어서 우리를 격려한다. 그때 우리는 사랑과 이성이 우리에게 삶에 대하여 이중적인 시야를 준다는 것을 알게 된다. 사랑이 이성을 조명하고, 이성이 사랑을 교훈하는 가운데 단순한 주지주의를 뛰어넘는 깊이가 우리에게 주어진다.

사랑이 없으면 이성은 교만에 빠질 뿐이고, 반면에 이성 없는 사랑은 정열에 지나지 않는다. 바로 이 이중적인 관점은 우리에게 지혜를 제공한다. 참으로 참된 지혜는 우리 안에 있는 하나님의 사랑이다. 지혜는 하나님을 즐거워하는 것을 달리 말하는 것에 불과하다. 다름 아닌 그리스도 자신이

"우리에게 지혜가 되셨다"고 사도는 말한다. 따라서 윌리엄 역시, 하나님을 즐거워하면서 사랑하고 관조하는 것은 오직 그리스도 안에서, 그를 통해서만 가능하다고 우리에게 말하고 있다.

앨레드는 애정(affectus), 즉 사람이 그쪽으로 기울게 되는 인간의 자연적인 사랑의 경향을 검토하는 가운데 사랑에 대한 인간의 갈망은 곧 축복된 삶에 대한 갈망이라고 본다. 이러한 삶은 실제로 인간이 가질 수 있도록 하나님께서 창조하신 것이다. 돌이 떨어지고 물고기가 헤엄치는 것이 자연스러운 것처럼 인간에게 사랑하는 것은 자연스러운 일이다. 이 우정에의 경향을 확대하면 하나님은 우정이라고 볼 수도 있다.

앨레드는 결론적으로 이보(Ivo)와 대화하는 가운데 그가 사도 요한의 말씀을 과감하게 변용하여 "하나님은 우정이시고 … 우정이시고 … 우정 안에 거하는 자는 하나님 안에 거하고 하나님은 그 안에 거한다"고 말할 때 아무런 이의도 제기하지 않는다.

삶 가운데 우정을 꽃피우게 되면 더 완전한 인간이 된다. 친구에 대한 사랑이 깊이를 더하게 되면서 우리가 하나님과의 친교와 연합이 있어 무한하게 큰 가능성도 다시 보게 된다는 것이 드러난다. 앨레드는 다른 사람들과의 수평적인 우정의 곁속을 통해서 하나님과의 수직적인 관계가 풍요롭게 되는 흥미진진한 가능성을 우리에게 열어준다. "사람의 친구는 하나님의 친구가 될 수 있다"(영적 우정). 그러나 이것은 단순한 인간적인 우정이 아니다. 그가 우리의 구원자 예수 그리스도를 통한 하나님의 은혜의 선물인, "영적 우정"에 대해 말하고 있음을 상기시키고 있기 때문이다. 인간의 사랑이 이러한 종류의 사랑이 되려면 먼저 구원받고 회복될 필요가 있다.

3. 성서적인 성서 이해

하나님과의 우정을 이 초기 사도 수도사들은 성서에 대한 묵상을 통해서 유지하고 육성하였다. 우리가 본 바대로 그들은 성서에 몰두하였다. 하나님을 향한 그들의 소원은 하나님의 말씀을 알고 순종하기 원하는 소원과 한

가지였다. "모든 성서 안에 있는 그리스도"가 그들에게는 하나의 현실이었다. 이것이 가능하게 된 것은, 그들의 해석이 오늘날 우리들의 해석보다 더 복잡했기 때문이다. 이 의미는 오늘날 우리의 해석은 한 가지 차원에만 머무르려고 하는데 반하여 그들의 성서 본문 해석은 사중적이었다는 것이다.

우리의 문학적 관심은 본문에 대한 숙달 혹은 본문의 완벽한 파악에 쏠려 있다. 중세 수도원 교육은 하나님과 교제하고 그와 하나가 되려는 소원으로서 일종의 양심의 가책과 같은 것이었다. 하나님에 관해 이야기하는 것보다는 하나님을 '맛보기' 원했다. 하나님이 그들의 소원이었고 하나님은 하늘에 거하시기 때문에, 그들은 천상적인 기질의 학자가 되려고 했다. 그들은 오늘날 많은 신학의 해독이 되고 있는 박사 학위나 그에 준하는 학문적인 업적에 마음을 빼앗기지 않았다.

훌륭한 문체를 구사하는 것은 하나님께 대한 경의로 인식되었고, 이 점에서 버나드의 라틴어는 '감미로웠다.' 그러나 시토 수도사들은 성서해석자는 문필가나 학자 이상이 되어야 한다고 믿었다. 무엇보다도 영적인 사람이 되어야 한다고 보았다.

성서신학은 오늘날 재고될 필요가 있다. 주로 역사비평이라는 경험적 연구가 되어버렸기 때문이다. 저자가 실제로 말하고자 했던 정확한 의미와 의도라고 생각되는 것을 발견하기 위해 본문비평과 역사비평, 그리고 문헌비평을 가하는데 초점이 있다. 그러나 현재 의미 그 자체를 구하는 데 있어, 독자의 반응은 전혀 간과되고 있는 것 같다. 이 방법은 독자들이 메시지의 내용에 몰두하도록 하는데 실패하는 것 같다.

이러한 실수는 오늘날 우리 시대의 성서학자들이 성서에 대한 전문지식에 있어서는 세계적인 명성을 얻고 있으면서도 진리에 대하여는 하등의 인격적 혹은 도덕적 관련을 결하고 있는 이유이다. 버나드 같은 사람들은 이러한 현상에 대해 경악을 금치 못했을 것이며, 학문에 속한 문제라 하더라도 이것이 가능하겠는지 의문을 제기했을 것이다. 동시대 사람들과 마찬가지로 그는 성경을 사중적인 방식으로 해석했다. (1) 문자적으로(literally), 본문의 역사적 맥락에 따라, (2) 알레고리적으로(allegorically), 모든 성경에서 그리스도를 보며, (3) 비유적으로(tropologically), 도덕적 교정(correction)과 교훈에 순종하면서, (4) 교훈적으로(anagogically), 성서는 아직도 성취되고 있으며, 독자는 천상적인 명상을 하도록 권고된다. 이것은 카시안(Cassian)과 대 그레고리(Gregory the Great)에게까지 소급되며, 종교개혁을 통해서도 계속된 성서 이해의 체계이다.

확실히 성서에 대한 이 사중적 접근에는 오용이 있을 수 있었으나, 데이비드 스타인메츠(David C. Steinmetz)가 말한 바대로, "성서 본문의 의미 수준에 대한 중세의 이론은 의심할 나위 없이 결점이 있었으나 그것이 참이기 때문에 번성했다. 반면에 단일한 의미에 대한 현대의 이론은 명백한 장점에도 불구하고 잘못된 것이다." 초기 시토 수도사들은 경건을 성서적 학문 자체의 측면으로 보았는데, 이 측면은 오늘날 거의 강조되지 않는다. 하여튼 성서적 권위로 돌아가는 것은 무오설(a doctrine of inerrancy) 그 이상이 되어야 하는데, 무오설은 회교적(koranic)이고, 성서적이 아닌 경험적 접근을 강화시켜 줄 수 있는 교리이다.

버나드는 성서의 진리에 대한 묵상을 통해서 배움을 얻었고, 공의에 대한 묵상을 통하여 그는 지혜롭게 되었다. 이러한 지식은 지성적인 지식 그 이상이었다. 하나님의 말씀에 대한 순종과 반응을 포함하기 때문에 의지적인 지식이었다. 신부라는 은유적 언어, 다시 말해서 하나님을 향한 소원이라는 은유적인 언어는 버나드에게 사랑과 지식의 일치를 의미했다. 그러므로 버나드가, 참된 지식을 결핍했다고 아벨라르를 공격했던 것과 마찬가지로 우리는 합리적인 사상의 맹목성을 공격해야 한다. 의지가 비뚤어져 있는 가운데서 겸손하고 회개하는 마음이 없이는, 합리적인 사상은 오늘날 인간에게 진리를 가져다주지 못한다.

4. 참된 인간성의 기초인 성서적 인간론

버나드는 은연중에 인간이 하나님의 형상대로 그와 같이 창조되었다고 (창 1:26) 가르쳤다. (윌리엄과 앨레드는 이것을 한층 명백하게 가르쳤다)

이들과 기타 중세의 저술가들은 이 교리를 가르침에 있어 각자 상세한 내용이 있었고 강조점도 달랐으나, 모두 아우구스티누스에 근거하고 있다. 하나님은 인간을 고상한 피조물로 창조하셨으나, 인간은 하나님의 형상을 땅의 것으로 바꾸었다고(롬 1:23) 버나드는 주장한다. 이 아담의 악한 결정은 유전이 되어 인간은 타락한 채로 태어난다.

　버나드는 '형상'(the image)을 좀 더 특별히 인간의 의지에다 연결시킨다. 인간은 아직도 선택의 자유를 가지고 있으며, 따라서 '형상'은 남아 있다. 그러나 인간이 죄를 짓지 않을 자유, 즉 의지에 잠재해 있는 불행을 초래하는 자유를 의도적으로 상실할 때는, 하나님을 닮은 형상이 상실된다. 이때 인간은 행복하지 못하게 되는데, 이는 그가 '비형상의 땅'(the land of unlikeness)에 머물러 있기 때문이다. 인간은 자신에 대한 하나님의 의도를 벗어난 탈출자이다.

　성 티에리의 윌리엄은 탕자의 이야기를 아버지께 돌아가는 여정으로 본다. 먼 나라에서 아들은 한때 그가 누구였던가를 기억한다. 따라서 그는 자유의지에 강조를 두지 않고, 하나님께서 원래 인간을 어떤 존재로 만드셨는가에 대한 기억에다 강조를 둔다.

　더욱이 윌리엄은 성령의 역사에 의한 '형상'의 회복에 관해 더 많은 관심을 기울인다. 그는 기억과 성부를 연결시키고, 이성과 성자를 연결시키며, 두 분에게서 나온 사랑을 성령과 연결시킨다. 인간이 자신의 지위를 회복하기 위해서는 삼위일체가 필요하다. 성령은 성부와 성자의 연합이기 때문에, 오직 성령에 의해서만 인간과 하나님 사이의 연합 역시 회복될 것이다. 이것은 인간이 하나님께 대한 믿음을 실천하는 가운데서만 일어난다.

　앨레드 역시 탈출자 인간이 하나님의 형상으로 돌아가는 여정을 생각하고 있다. 앨레드는 형상이 치유되어야 할 필요성을 본다. 현재 인간의 기억은 하나님을 망각하고 있으며, 인간의 지식은 자기기만으로 가득 차 있고, 인간의 사랑은 자기중심적이다. 버나드와 같이 앨레드도 인간이 좀 더 하나님을 닮아가고 사욕의 중심을 바로잡는데 있어서 의지를 결정적인 것으로 본다.

당시의 로마 가톨릭 저술가들은 창세기 1:26의 '형상'(image)과 '모상'(likeness)을 너무 구별하고 있는 것 같다. 하나의 예로 성 티에리의 윌리엄에 대한 일련의 논문을 쓴 오도 브룩(Odo Brooke)는 '형상'이 인간에게 성화의 과정을 통해 '모상'을 실현하는 잠재력을 준다고 주장한다. 이 성화는 인간의 자기 노력의 결과로써 성취된다. 그러나 이것은 본문을 곡해하는 것으로 보인다.

초기 시토 수도사들은 인간이 자신 안에 이 하나님의 모상을 성취할 수 있는 잠재력을 가지고 있다고 보지 않는다. 윌리엄 자신이 강조하는 바는 이보다는 성화를 시작하고 실제로 이뤄가는 이 과정이 모두 성령의 사역이라는 것이다. 하나님을 향한 인간의 능력은 인간의 필요 안에 있는 것이지 자기실현을 위한 자신의 노력에 있지 않다.

'형상'에 대한 성서의 가르침은 닮는다는 생각보다는 하나님의 대리자, 만물의 청지기, 그의 나라를 대신하여 다스리는 총독이라는 생각에 더 강조를 두고 있음을 시사하고 있다. 참으로 '지배'(domination)라는 생각이 창 1:26의 본문에 명백하게 드러나 있다. 이것은 단순히 유사성의 문제가 아니라 윤리적 현실에 속한다. 인간이 스스로 무엇을 성취할 수 있는가 하는 것보다는 인간에게 무엇이 요구되고 있는가 하는 것이다. 이것은 또한 신약성서가 예수 그리스도를 하나님의 형상으로 강조하고 있는 것과 아주 명백하게 연결된다. 그리스도는 장차 종말론적으로 성취될 차원에서 새로운 인간성의 머리가 되신다.

'형상'의 교리는 이들 초기 시토 수도사들에게 제한되어 있음에도 불구하고, 인간이 하나님 앞에서 소유하고 있으면서 동시에 하나님에 대한 인간의 책임에 속한 존엄성을 명백하게 수립하였다. 따라서 이들의 이해는 자기성취의 자아도취적 집단 속에 퍼져 있는 그릇된 인본주의에 빠진 오늘날 매우 필요하다. 이러한 집단의 사람들은 하나님을 두려워하지도 사랑하지도 않는다. 우리가 자기개발에 덜 집중하고 이 시토 수도사들처럼 담대하게 그리스도를 사랑하면 할수록 좀 더 참된 인간이 될 것이다. 인간은 가장 경건하게 될 때 가장 인간답게 되는데, 이것은 하나님을 사랑하는 가운데 자신을 망각할 때에야 비로소 시작될 수 있다.

5. 영적 우정

한 현대 작가는 지혜롭게도 다음과 같은 질문을 던졌다. "만약 신학자들이 인간적인 사랑의 비밀에 관하여 실감나게 말할 수 없다면, 어떻게 실존적인 힘으로서 사랑의 의미를 전달하겠다는 희망을 가질 수 있겠는가?"

이와 반대로 앨레드는 만약 예수님을 가장 친한 친구로 사랑하게 된다면, 모든 인간적 우정은 영적인 것이며, 그리스도에 의하여 그리스도를 향한 헌신을 고무하게 되는 뛰어난 방법이 된다고 주장했다. "누구도 다른 사람의 친구가 되자마자, 그는 하나님의 친구가 된다." 그 이유는 분명히 하나님은 사랑이시기 때문이다.

앨레드가 인간적인 우정의 가능성을 아주 치켜세움으로써 너무 낙관적이지 않았는가? 그렇다. '영적' 우정에 대한 그의 주장을 기억하지 않으면 그렇다고 말하고 싶은 유혹을 받을 것이다.

영적 우정에 대한 앨레드의 기록은 참된 우정의 원리를 상세하게 말하고 있는 「사랑의 거울」이라는 논문의 제3부이다 — 자기 친구들 사이에 오간 모든 양식의 서신과 함께, 사랑의 학교는 역시 친구들의 공동체가 되어야 함을 우리에게 가르쳐 준다.

자기실현이 극단적인 소외에 빠지고 참된 우정을 체험하는 사람이 극히 적은 시대에 앨레드의 글은 신선한 도전이 된다. "다른 사람이 필요 없고, 위로받을 필요도 없으며, 다른 사람들에게 고통과 실망을 안겨주는 사람들을 기다리거나 인내하지 않고 삶을 영위해야 한다고 말하는 사람들, 따라서 다른 사람이 잘 되도 즐거워하지 않고, 실패해도 자기에게는 상관없다고 믿으며, 이에 따라 누구에게도 도움을 구하지 않고 누구의 사랑도 원하지 않는 사람들, 이들은 사람이 아니라 짐승이라"고 앨레드는 직선적으로 말한다.

앨레드는 자신의 경험으로부터 진실한 친구의 필요성에 대해 말한다. 「영적 우정」의 서문에서 자신이 성인이 되어서도 친구가 필요했다고 말한다.

참회록을 저술한 젊은 날의 아우구스티누스처럼, 그의 즐거움은 사랑하고 사랑받는 것이었다.

앨레드는 또 키케로(Cicero)의 책 「우정에 대하여」를 읽었다고 말한다. 처음에는 즐거워했지만, 이 책을 성서와 비교해 보기 시작하자, 서로 같은 언어를 담고 있지 않다는 것을 깨닫게 되었다. "사랑하는 예수님의 꿀(honey of the beloved Jesus)보다 더 달콤한 것은 없었고, 성서의 소금으로 간을 맞추지 않은 것은 아무것도 내 마음을 완전히 붙잡아주지 못했다"고 앨레드는 인정했다. 성서의 권위를 제의하고 영적 우정을 위한 기초는 있을 수 없음을 그는 깨달았다. 이 사실은 키케로의 스토아주의가 하나님의 사랑에 대해 아무것도 알지 못한다는 것을 의미한다.

그럼에도 불구하고, 세상의 증명은 때로 우리에게 많은 것을 가르쳐 준다. 이에 따라 앨레드는 이 문헌과 교부들의 저작과 일생에 걸친 자신의 경험으로부터 순수하고 거룩한 사랑을 위한 규칙이라고 생각되는 것을 가려냈다.

친구들 사이의 세 번의 대화 가운데서 앨레드는 우정에 관해 말하기 위해 우정의 양식을 사용했다.

첫 번째 대화에서 그는 우정의 기원과 본질을 다루고 있다. 두 번째 대화에서는 우정의 가치와 한계를 생각한다. 세 번째 대화에서는 우정에 관한 몇 가지 실제적인 어려움을 다소 순서 없이 생각해 본다.

타락한 죄인으로서, 앨레드는 우정이 이상화될 수 없음을 잘 알고 있다. 그 대신 우정으로부터 그릇된 동기와 이기적인 관계를 시험하여 잘라내고 뽑아내서 깨끗하게 해야 한다. 더욱이 우정은 계속하여 하나님의 관점에서 보지 않으면 부패하게 될 것이다. 따라서 계속하여 우정을 하나님께로부터 온 것으로서 보아야 한다.

육체적인 쾌락이나 물질적인 이득을 추구하는 그릇된 우정을 우리는 항상 주의해야 한다. 육체적 쾌락을 위한 우정은 의도적으로 성적 쾌락에 탐닉하기 때문에 '선한 의지'에 저해가 되고, 이기적인 이득을 위한 우정은 사실은 물질적인 이득에 대한 사랑이면서도 다른 사람을 실제로 사랑하는 것처럼 가장하기 때문에 '사랑'에 저해가 된다. 유일하고 참된 우정은 '선한 의지'와 '참된 사랑' 모두를 결합한 것이다. 이렇게 함으로써 실제로 하나님에 대한 사랑과 타인에 대한 사랑을 결합시킨다.

이러한 영적 우정의 개발은 그 자체가 목적이 아니다. 앨레드는 이것을 그리스도를 닮아가는 과정의 일부로 본다. 그는 복음서를 인용하여 "내가 너희를 택한 것은 가서 열매를 맺도록 하려 함이라'는 주님의 말씀을 적고 있다. 이 열매는 서로 사랑하는 것이다. 참된 우정 속에서 우리가 성장해 나아가고, 그 완전한 즐거움에 의해 체험의 열매를 받아들이기 때문이다. 따라서 영적 우정은 인간적이고 신적인 것에 대한 자비와 사랑 가운데서 비슷한 삶과 습관과 관심을 가진 선량한 사람들 사이에서 싹튼다." 이러한 참된 우정은 그리스도 안에 있는 자기 친구들을 위하여 그리스도 안에서, 그리스도를 대신하여 사랑할 때 바로 하늘나라의 문턱에 서 있게 된다. "따라서 자기 친구를 포옹하는 거룩한 사랑으로부터 그리스도를 포옹하는 사랑으로 올라가게 된다"고 앨레드는 결론짓고 있다.

나는 우리 세대에게, 버나드와 그의 두 친구인 윌리엄과 앨레드의 저작 안에서 깊은 사랑과 관심을 발견하도록 권하고 싶다. 복음주의적인 가정에서 자라난 사람들에게 교리에 대한 지식은 때로 무가치하게 느껴질 때가 많다. 하나님 자신과 하나님이 실제로 믿음을 불러일으키시는 것을 천천히 체험하는 것이 필요하지, 속성으로 강의실에서 신학을 배운다거나 '방법론'에 대한 책을 읽는 것이 필요하지는 않다. 오늘날 교회 안에 전문가를 자처하면서 평범한 신앙을 침해하는 사례가 있음을 두려워하는 사람들에게 이들의 저서는 좋은 해독제가 된다. 우리들은 이 종교적인 기술주의(technocracy)와 스콜라주의의 정신에 대항하여 줄기차게 투쟁하고 이에 따라 고난도 겪어왔다.

오늘날 중세의 낭만적인 사랑에 대한 강박관념을 가진 사람들은 없겠지만, 우리는 아직도 사랑의 실체에 관하여 혼동하고 있다. 오늘날 우리 사이의 영적 갱신을 위하여 사랑에 대한 새로운 경의와, 하나님의 사랑의 실체와 개인적인 관계 속에서 실제적인 하나님의 사랑의 현시가 요구된다. 진정한 관계 뒤에는 또다시 실천이 뒤따라야 된다. 마음의 차원이 머리의 현명함보다 더 근본적인 것으로 회복될 필요가 있다. 하나님 앞에서 좀 더 참되게 살아가려 한다면 하나님에 대한 소원의 기능과 내면적인 명상 생활을 개발할 필요성을 반드시 되찾아야 한다. 과학과 기술의 경이로움에 속아서 우리는 이성의 역할을 과대평가해왔다. 하나님의 사랑을 위해 학문에 등을 돌리는 것은 초기 시토 수도사들의 정신을 알지 못하는 사람들에게는 반(反)지성주의적으로 보인다. 그러나 오늘날에도 참으로 하나님을 사랑하고 서로 사랑하려는 모험을 감행하는 사람들에게는 확신을 준다.

성서의 권위는 오늘날 심한 혼동 가운데 있다. 성서는 단지 본문으로서가 아니라, 중세 학자들이 했던 것처럼 경의와 사랑과 순종 속에서 해석되어야 한다. 이렇게 완전하게 해석되어질 때 학문은 다시 경건과 하나가 될 것이다. 아마도 해석학적 노력을 개혁하는 것이 성서 신학을 위한 우리 시대의 가장 큰 도전 중의 하나가 될 것이다. 초기 시토 수도사들에 대한 새로운 관심은 이 점에서 도움이 될 것이다.

여러 가지 측면으로부터 우리는 진정한 인간됨의 견지에서 기독교 신앙을 해석하려는 욕망을 느낀다. 세속적인 인류학과 심리학과 사회학에서 내리는 인간에 관한 규정에 결핍이 발견되고 있다. 인간의 생명에 대한 경의의 결핍, 우리 사회에서 개인에 대한 거룩함의 결핍은 하나님 앞에서 인간의 존엄성을 재고하도록 도전을 하고 있다. 이혼, 성적 부도덕, 실업, 피상적인 관계, 무자비함 등, 이 모든 것들은 우리로 하여금 시토 수도사들처럼 이전 세대에 하나님을 사랑했던 사람들이 주장하는 인간에 대한 성서적 이해를 다시 살펴보도록 도전하는 것 같다.

마지막으로, 이 사람들은 하나님과 및 다른 사람들과의 우정의 실체에 관하여 우리가 알고 있는 것보다 더 많은 의미를 가지고 있다고 확신한다. 그렇지만 배반당하고, 개인의 피상적인 삶을 애통해하며, 우리 사회가 다른 사람들의 궁핍에 대해 무관심하다는 것에서 아픔을 느끼는 가운데서 우리는 '영적 우정'이 무엇인지 그 의미에 대해 다시금 관심을 가지게 될 것이다. 그리스도인으로서 이 실체에 대해 깨어있게 되면, 참으로 죽어가는 문화 속에서 또 하나의 성령의 부흥을 체험하게 되리라.

제임스 M. 휴스턴

I

하나님 앞에서 영혼의 존엄성

1

인간 영혼의 존엄성*

다양한 교양과목과 학문을 깊이 배운 사람은 많다. 그런데도 자신에 관해서는 계속해서 아주 무지한 채 남아 있다. 다른 사람의 일에 관해서는 몹시 알고 싶어하지만, 자신에 관해서는 거의 생각해 보지도 않고 관심도 기울이지 않은 채 보낸다.

참으로 하나님이 탐구의 주제가 되는 최고의 연구에서조차도, 이 학자들은 여전히 하나님은 외부 세계에서만 발견된다고 가정한다. 그들은 우리 가슴속에 있는 그분에 대한 증거를 지나쳐 버린다. 하나님 자신보다 그들에게 더 친밀한 사람은 하나도 존재할 수 없다는 것을 깨닫지 못한다. 그러므로 나는 외부 세계보다는 내부를 보고 싶어한다.

〈영혼의 삼대 기능〉

그런데 내면으로 눈을 돌리면 나로 하여금 하나님을 기억하고 생각하며 사모하게 하는 세 가지 구별된 영혼의 기능을 발견하게 된다. 이것들은 기억(memory)과 이해(understanding)와 의지(will)의 기능이다.

이들 중 첫째 기능에 의해서 나는 회상하고, 둘째 기능에 의해서 나는 분별하며, 셋째 기능에 의해서 나는 하나님을 사랑하고 맞아들인다. 하나님에

---

* 이 글은 성 티에리의 윌리엄(William of St. Thierry)의 「영혼과 육체의 본성」(*The Nature of Body and Soul*) 제8장에서 뽑은 것이다. 작품 기록 연대는 분명하지 않다.

대해 회고해 볼 때 내 기억 속에서 그분을 발견하고, 그분이 나에게 나누어 주시기를 기뻐하셨던 기억들을 인하여 그분을 기뻐하게 된다. 나의 지성에 의해서 하나님 자신이 어떤 분인가를 본다. 그의 천사들과 성자들은 누구이고, 인간은 무엇이며, 참으로 그의 손으로 만드신 다른 창조물들이 무엇인지 나는 안다. 이것들 하나하나가 합하여 그의 위대하심을 보여준다.

그러나 하나님 자체는 파악 불가능한 시작이며 끝이시다. 그는 결론이 없는 시작이며, 더 뛰어난 끝이 없는 끝이시다. 내 자신을 돌이켜 볼 때에, 내가 내 자신조차도 알 수 없음을 발견하기 때문에 하나님은 모든 이해를 초월하셔야 한다는 것을 깨닫는다. 그런데 나는 하나님의 피조물의 하나일 뿐이다. 하나님의 천사들의 관계를 생각해 보면, 천사들의 계속적인 임무와 축복이 하나님을 바라보고 앙망하는 일이기 때문에, 하나님은 사랑스럽고 무한히 사모할 수 있는 분으로 나타난다. 성도들의 영혼은 하나님 안에서 즐거워하는 가운데 기쁨으로 충만하신 하나님을 스스로 발견한다.

사람 가운데서 하나님은 가장 가치 있는 사랑의 대상이다. 그는 그들의 하나님이시고 그들은 그의 백성이기 때문이다(출 5:1). 그는 그들을 당신의 거처로 삼으시고 그 가운데 거하신다. 그들은 하나님의 현존이 내주하는 하나님의 성전이다(고후 6:16). 그는 인간을 멸시하지 아니하시며 한 사람도 멸시하지 않으신다. 오히려 하나님을 기억하고 이해하며 사랑하는, 바로 이 같은 자들은 하나님과 함께 있다. "그가 먼저 우리를 사랑하셨기 때문에"(요일 4:19) 우리는 하나님을 사랑해야 한다.

그는 우리를 당신의 형상에 따라 당신의 모양대로 만드셨는데, 이것은 어떤 피조물에게도 주시지 않은 특권이다. 그런데 우리가 하나님의 형상을 따라 창조되었다고 말할 때(창 1:27) 그 의미는 우리가 그 아들을 이해하고 그와 사귐을 갖도록 만들어졌다는 의미일 것이다. 아들에 의해 우리는 아버지를 이해하고 알게 되며 하나님께 나아가는 길을 얻게 된다.

우리와 하나님의 아들 사이의 관계는 하나님의 아들 자신이 바로 아버지의 형상이라는 점에서(골 1:15) 아주 가깝다. 우리는 그의 형상을 따라 지음을 받았다. 이 가까운 관계는 "그의 형상을 따라"라는 말보다는 "그의 모양대로"(창 1:26)라는 분명한 구절의 사용에 의해 더 잘 표시된다. 어떤 것의 형상을 따라 만들어진 것은 원래의 모델과 일치해야 한다. 그런데 이를 뒷받침해 줄 실제의 모양을 갖추지 않는다면 빈껍데기에 불과하다.

〈하나님의 형상의 보존〉

그러므로 평화를 사모하고, 진리를 묵상하며 자비를 사랑함으로써 하나님의 형상과 모양을 모두 드러내도록 주의하자. 하나님을 계속 기억하고 양심 속에 간직하며, 하나님께서 항상 임재해 계시다고 믿는 사람들의 경의와 존경을 가지고 행동하도록 하자. 우리의 정신이 하나님의 형상을 반영할 수 있다면 하나님을 영접하고 하나님과 함께 있을 수 있기 때문이다. 영혼이 더 높이 올라가 그를 단드신 분을 기억하고 생각하며 사랑할 수 있는 것도 그의 형상 때문이다. 이렇게 할 때에, 참된 성숙과 지혜가 존재한다. 이성적인 정신보다 위로부터 오는 그 완전한 지혜에 더 가까이 나아가는 것은 없다. 기억하고 이해하며 의지하는 그 세 가지 기능에 의해서, 영혼은 형상이 원형에 대해서 존속하는 것처럼, 말로 할 수 없는 하나님의 삼위일체 속에 존속한다.

그러므로 조심스럽게 이것을 기억하도록 하자. 인간에게 영원히 축복받을 수 있는 능력을 허락하신 분을 힘써 사랑하자.

그래서 하나님이 자기 거처와 간식처로 삼은 영혼은 복이 있다. "나를 지으신 분이 나의 장막에 오셔서 함께 거하신다"고 말할 수 있는 사람은 복이 있다. 그러한 사람에게 하나님께서는 하늘의 안식을 거절하실 수 없기 때문이다.

그런데 하나님께서 우리와 함께, 우리 안에 계실 때에도, 그분 안에 있는 것에 몰두하려 하면, 왜 우리는 언제나 우리 자신을 떠나 외부적인 대상에서 하나님을 찾으려 하는가? 우리가 그에 대해 살아있는 믿음을 가질 때 그분은 분명 우리와 함께 그리고 우리 안에 계신다. 이것은 우리가 그분을 "얼굴을 맞대고"(고전 13:12) 보는 것이 아니라 해도, 우리가 내내 바랄 수 있는 연합이다. 사도는 우리에게 "믿음으로 말미암아 그리스도께서 우리 마음에 계신다"(엡 3:17)는 확신을 준다. 그리스도가 우리의 믿음이기 때문이다.

따라서 믿음으로 나는 하나님을 나의 창조주로 기억하고 성찰한다. 나는 그분을 나의 구속자로 경배한다. 나는 그분을 나의 구주로 기다린다. 모든 피조물 안에서 그분을 보며 내 자신 속에 그분이 계심을 믿는다.

무엇보다도 나는 그분을 있는 그대로 안다. 아버지와 아들과 성령을 아는 것이 영생이기 때문이다(요 17:3). 이것은 무한한 즐거움이요, 더할 수 없는 기쁨이다. 우리가 하나님을 얼굴을 맞대고 보게 될 때 그 광경이 얼마나 찬란하고 감미로우며 황홀할 것인지 죽을 육신을 입은 인간은 아무도 생각해 낼 수 없다. 이것은 그분의 빛을 받아 반사하는 자들의 빛이다. 수고와 고난을 겪어온 자들의 안식이다. 포로생활에서 되돌아온 자들의 고향이다. 산 자들의 생명이며 승리한 자들의 면류관이다.

〈하나님의 모양(likeness)으로서의 정신〉

한편 나의 영혼 속에서 발견한 영광의 삼위일체의 형상은, 하나님에 대한 기억과 이해와 사랑이 그분을 반영하도록 모든 행동을 동기지어야 한다고 가르친다. 정신은 곧 하나님의 모양(likeness)인데, 그 속에는 세 가지 능력, 즉 기억과 이해와 의지가 있다. 엄격히 말해서, 기억이 생각하게 하는 능력은 아니지만, 지식의 진보는 기억의 공로이다. 이해가 또한 우리의 모든 지식에 이바지하며, 생각함으로써 우리는 진리를 찾아낸다. 우리가 진리를 발견했을 때, 우리는 그것을 기억의 관리 하에 둔다.

〈삼위일체의 모양(likeness)〉

기억은 좀 더 특별히 성부 하나님을 닮은 것이다. 이해는 성자와 관계가 깊다. 마찬가지로 의지는 성령과 관계가 된다. 우리의 의지 혹은 사랑이 성령을 닮은 것보다 더 성령을 닮은 부분은 우리에게 없다. 친절한 감정은 의지의 변화와 고양(exaltation) 이외의 아무것도 아니기 때문이다. 여기에 의지 고유의 탁월성이 있다. 사랑은 단지 하나의 은사가 아니라 하나님의 최고의 은사이다(요일 4:9-10). 하나님께 속하고, 하나님 자신인 그 사랑은 본래 성령이라 불리고, 성령에 의해 하나님의 사랑이 우리 마음속에 부으신바 되며(롬 5:5), 성령에 의해 모든 삼위일체가 우리 안에 거하시기 때문이다.

따라서 당신 속에 있는 하나님의 형상을 되살리게 하라. 하나님의 성전으로서 이에 합당하게 당신의 인격에 대한 경의(reverence)를 유지하라. 우리가 언제나 하나님께 드릴 수 있는 최대의 영광은 우리의 경배와, 주님을 닮아감이기 때문이다. 경건한 가운데 천상의 마음을 가진 모든 그리스도인들은 하나님을 닮아가는 사람들이다. 경건한 정신은 하나님께 봉사하도록 봉헌된 성전과 같고, 깨끗한 마음은 모든 은사를 성결하게 하는 제단이기 때문이다.

더욱이 하늘에 계신 아버지께서 자비를 베푸시듯이 당신도 자비를 베풀 때 하나님을 높이 예배 하는 것이 된다. 하나님을 인하여 주고(give), 선을 행하는 것은 희생이며, 하나님께서 이를 기뻐하신다(히 13:16)고 사도가 선언하였기 때문이다.

모든 일에 자신을 하나님의 아들이 되도록 순복함으로써 하나님의 아들 됨이 부끄럽지 않도록 하라. 하나님께서는 그의 놀라우신 자비로써 당신을 아들로 삼으셨다. 행하는 모든 일 가운데서 하나님이 항상 나와 함께, 내 곁에 계심을 깨닫는 자로서 생각하고 행동하도록 하라. 따라서 탐욕이나 죄악 된 정욕에 사로잡히지 않도록 외부의 감각뿐만 아니라 가장 은밀한 마음의 생각까지도 조심하라.

〈쉬지 못하는 마음〉

내 마음보다 더 불안하고 요동하는 것은 있을 수 없다. 나 본성 중에서 그렇게 변하기 쉬운 것은 없다. 이 방랑자는 너무나 헛되고, 경박하며, 방황하고, 자리 잡지 못한다. 결코 하나님의 뜻을 택하거나, 하나님의 인도와 섭리에 의해 움직이지 않고 그 대신에 자신의 변덕스러움을 다른다. 자체에 어떤 안식의 원리도 없이 계속해서 움직인다. 수없이 생각이 바뀌고 온갖 궁리를 다해 본다. 이렇게 저렇게 해보지만 목적이 없다. 두루 안식을 찾아

보지만 발견하지 못한다. 행복은 마음에서 날아가 버린다.

내 마음이 구하는 것은 한정이 없다. 좋아하고 이끌렸다가도 수시로 혐오감으로 바뀌기 때문에 자체에 일관성이 없는 것은 물론이다. 새로운 계획을 세우고 구상하다가도 이내 무너뜨리고 만다. 계속해서 경주를 벌인다. 이 모두는 어디서도 찾아볼 수 없는 마음 자체의 변덕스러운 성격에서 온다. 그 행위가 자체 모순에 빠져 있음에도 불구하고 항상 움직이고 있는 것이다.

〈영혼의 취약성〉

그래서 영혼이 합당한 근거를 떠나게 될 때 지저분한 감정에 의해 당황하게 된다. 즉 허무에 사로잡히고 호기심에 들뜨며, 탐욕에 빠지고, 쾌락에 도취되며, 사치에 오염되고, 시기심을 못 이기고, 분노가 일어나며, 근심에 시달리고, 압박을 받게 된다. 이렇게 되면 영혼은 완전히 압도되어 온갖 악에 빠지게 된다.

이 모든 것은 하나님을 버렸기 때문에 일어난다. 그분만이 마음의 갈망과 소원에 대한 유일한 대답이시기 때문이다. 따라서 정신은 온갖 사소한 일로 헛갈려 흩어지게 된다. 간절히 만족을 얻으려 하지만, 마음을 완전히 만족시켜 주시는 대상에게로 돌아오지 않는 한 결코 만족에 도달할 수 없다.

나의 존재는 나에게 복종해서는 살 수 없고 오직 그분께 복종함으로써 살 수 있는 그러한 상태다. 결코 내 마음조차도 다스릴 수 없다. 오직 하나님이 다스리신다. 그러므로 내가 하나님께 연합되지 않는 한 나는 스스로 갈라지고 자신 속에서 계속 분쟁을 일으킨다. 그런데 이 하나님과의 연합은 오직 사랑에 의해서만 확보된다. 그리고 그분에 대한 복종은 오직 겸손 안에서만 가능해진다. 또한 겸손은 오직 진리를 알고 믿는, 다시 말해서 하나님과 자신에 대해 바른 생각을 가지는 것의 결과일 뿐이다.

내 영혼의 참 상태에 대하여 부지런히 살펴보는 것이 얼마나 필요한가. 그렇게 해보면 내가 얼마나 야비하고, 허약하며, 변덕스럽고, 타락한 자인가를 발견하게 될 것이다. 그때에야 하나님을 붙들고 계속 놓치지 않는 것이 얼마나 중요한가를 발견하게 될 것이다. 내 존재는 그분에게서 나왔고, 그분

없이는 내 존재가 아무것도 아니기 때문이다. 그리고 나를 하나님으로부터 떠나게 한 것은 죄이기 때문에, 하나님께로 돌아가는 길은 나를 그분으로부터 멀리 떠나게 한 죄를 진실로 고백하고 회개하는 것이다.

2

영적 생활의 삼 단계*

별이 서로 다르고, 세포가 다르듯이, 초보자의 영혼과 성장과정의 영혼과 성숙자의 영혼은 구별될 수 있다. 초보자의 상태는 '동물적'이고, 성장과정의 상태는 '이성적'이며, 성숙자의 상태는 '영적'이라고 부를 수 있다.

모든 기독교 기관은 이들 세 가지 범주의 사람들로 이루어진다. '동물적'이라고 불리는 상태에 있는 사람들은 아직 이성에 의해서도, 감정에 의해서도 지배를 받지 않는 사람들이다. 그들은 권위나 좋은 실례에 의해 자극을 받거나 가르침을 받는다. 그러나 그들은 아직 손을 잡고 끌려가는 맹인과 같아, 자기들이 발견한 선(善)을 그대로 받아들이고, 다른 사람들을 따라 모방한다.

그 다음에, 자연적인 지식에서 오는 추론과 분별에 의해 판단하는 '이성적인' 자들이 있다. 그들은 선을 알고 사모한다. 그러나 그들에게는 아직 사랑이 없다.

마지막으로, 영의 인도하심을 받고 아주 충만하게 성령의 조명을 받는 영적으로 성숙한 자들이 있다. 그들은 성령께서, 기드온과 함께 거하셨듯이(삿 6:34) 그들 위에도 머물러 계시기 때문에 '영적'이라고 불린다.

〈각 단계에서 성장할 수 있다〉

---

* 이 글은 성 티에리의 윌리엄의 「황금서신」(*The Golden Epistle*)에 수록되어 있는 것이다.

제1단계는 육체하고만 관계가 있고, 제2단계는 영혼과 관계하는데 반하여, 제3단계는 하나님 안에서만 안식을 찾는다. 각 단계는 스스로 발전하는 가운데 각각 성장할 수 있다.

제1단계의 성장은, 완전한 순종에 의해서 육체에 대한 통제력을 얻어 육체가 복종하게 됨으로써 얻어진다. 이것이 즐거운 습관이 될 때 그 절정에 달한다.

이성적 상태는 학습된 지식이 신앙의 지식이 될 때 진전된다. 따라서 신앙의 가르침에 따라 살게 될 때 진보가 이루어진다.

성숙은 영혼이 이성의 판단을 지나 영적 애정의 판단으로 넘어갈 때 달성된다. 이성적 상태의 성숙은 영적 상태의 시작으로 연결된다. 영적 상태에서의 진보는 수건을 벗은 얼굴로(고후 3:18) 하나님의 영광을 바라보는 것이다. 그 충만함은 주의 영의 힘을 입어 영광에서 영광으로, 동일한 모양(likeness)으로 변화되는 것이다.

제1단계 : 동물적 단계(ANIMAL STATE)

동물성(animality)은 감각에 의해서 지배받는 삶의 형태다. 자신이 사랑하는 물질적인 사물이 제공하는 쾌락에 몰두하고, 따라서 그 감각을 기른다. 육체적인 감각만을 생각하고, 형체를 가졌거나 눈이 보이는 것 이외에는 아무것도 존재하지 않는다고 가정하는 습관이 붙어 있기 때문에, 행복은 육체적 쾌락 속에서만 가능하다고 여긴다.

하나님으로부터 돌아선 이 상태는 지나치게 자체를 향하게 될 때 미련하게 된다. 때로는 다스릴 수 없을 정도로 난폭하다. 통제가 되면 지혜롭게 보일 수도 있으나, 아직은 어리석다. 바울 사도는 "스스로 지혜 있다 하나 어리석게 되었다"(롬 1:22)고 선언한다.

그렇지만 하나님께로 돌아설 때 이 동물적 상태는 거룩한 단순성이 될 수 있다. 그것은 오직 한 가지 일, 곧 주님과 함께 거하는 것을 구하는(시 27:4) 회심 속에서 전적으로 하나님께로 돌아선 의지의 단순성이다. 그러한 단순성은 자신 안에 피조물 중의 첫 열매를 소유하고(약 1:18), 하나님으로 하여금 그 영혼 속에서 행하시도록 해준다.

"지혜의 시작이 되는 하나님에 대한 경외"와 함께, 단순성은 모든 미덕들을 충만하게 개발할 수 있다. 이 미덕들은 위에 있는 자에게 경의를 표하기 때문에 공의이고, 스스로를 신뢰하지 않기 때문에 분별이며, 스스로 결정하는 것을 금하기 때문에 절제이고, 스스로 완전히 굴복하여 복종하며 판단하는데 관심이 있지 않고, 행하도록 명령된 것만을 행하는데 관심이 있기 때문에 용기이다.

〈'동물적' 상태의 성숙〉

'동물적인' 상태, 즉 영적인 초보자가 성숙에 도달하는 것은 순간적인 사건이 아니다. 그것은 일순간의 회심이나 하루아침에 이루어지는 과제가 아니다. 그보다는 오랜 시일과 많은 노력과 땀을 요구한다. 인간 편의 자원함과 민첩함과 함께 하나님의 자비와 은혜에 달려 있다(롬 6:16).

영적 훈련에는 견인(perseverance)을 배우기 위한 고독의 방이 작업장으로써 요구될 것이다. 그 속에 내적 빈곤에 대한 자신의 감각을 가진 사람은 부요하다. 선한 의지를 소유한 사람에게는 멋지게 살기 위해 필요한 모든 것이 부여된다. 그렇지만 선한 의지를 항상 신뢰해서는 안 된다. 특히 초보자는 선한 의지를 계속 점검하고 통제해야 된다. 그보다는 거룩한 순종의 훈련으로 선한 의지가 되게 하고, 그 선한 의지가 몸을 다스리도록 하라.

〈묵상〉

아침에는 지난 밤을 향해서 자신을 돌아보고, 시작되는 새 날을 위해 스스로 계획을 세우도록 하라. 저녁에는 지난 하루를 반성하고 다가오는 밤을 위해 규칙을 정하라. 이런 방법으로 철저하게 해가면, 무절제한 쾌락으로 여가를 보내지 않게 될 것이다.

그리스도의 마음을 가진 자는(고전 2:16) 누구나 적어도 한 시간을 그리스도의 고난과 구속의 유익을 주의 깊게 되돌아보는데 할애하는 것이 경건을 위해서 얼마나 유익한가를 안다. 또 그는 하나님의 종, 곧 그리스도의 구속의 종에게 이것이 얼마나 적절하고 유익한지 안다. 이에 따라 그는 영적으로 이 유익의 맛을 보고, 이것들을 충실하게 기억 속에 쌓아둔다. 이것은 영적으로 "나를 기념하여 이를 행하라"(눅 22:19)는 주님의 명령을 기억하면서 그의 살을 먹고 그의 피를 마시는 것이다.

〈독서〉

시간을 정하고 여러 시간을 할애해서 특별한 독서를 해야 한다. 닥치는 대로 이것저것 대중없이 되는대로 읽으면 규모가 없게 되고, 정신이 산란해진다. 쉽게 기억한 것은 더 쉽게 사라질 뿐이다. 몇 사람의 저술을 집중해서 읽고, 이에 익숙해지도록 하라.

성서는 이것들이 기록된 방식대로 동일한 영 안에서 읽혀질 필요가 있다. 바울 서신을 읽으면서 계속 적용하고 스스로 계속 묵상함으로써 그의 영을 흡수하지 않는 한 그 의미 속으로 결코 들어가지 못할 것이다. 마찬가지로 자신의 개인적 체험을 통해 시편의 감상 자체를 자신의 것으로 만들지 않는 한 결코 다윗을 이해하지 못할 것이다.

이 통찰력은 모든 성서에 적용된다. 주의 깊은 연구와 단순한 독서 사이에는 참된 우정과 단순한 안면, 혹은 깊은 동료의식과 지나치는 우연한 만남 사이에 존재하는 것과 같은 현격한 차이가 있다. 매일 읽는 것 중의 일부를 기억 속에 담아두어야 한다.

독서는 또한 기도하고 싶은 소원을 자극해서 독서를 중지하게 된다. 그렇지만 이 중지는 사실 정신이 좀 더 순수한 이해를 얻도록 회복시켜 준다. 독서는 그것을 하는 목적을 의해 봉사하기 때문이다. 만일 독자가 독서를 하면서 진실로 하나님을 찾는다면 그가 읽는 것이 모두 이 목표를 달성하는데 도움이 된다. 독자는 이렇게 독서를 하는 동안에 정신을 굴복시켜 이해된 모든 것이 그리스도께 사로잡히도록 한다(고후 10:5).

〈하나님에 대한 소원〉

다음으로 '동물적인' 상태에 있는 초보자는 그리스도의 풋내기 신병으로서 하나님께서 자신에게 가까이 하시도록 자신이 하나님께 가까이 나아가는 것을 배워야 한다. "하나님을 가까이하라 그리하면 너희를 가까이하시리라"(약 4:8)고 사도는 권고했다. (관계적인 존재로서) 인간은 단지 창조되고 형성되었을 뿐만 아니라 하나님께서 호흡을 불어넣으셔서 생령이 되었다(창 2:7). 육적 인간으로서의 인간의 형성은 죽을 수밖에 없는 훈련이지만, 영적 존재로서의 인간의 형성은 하나님의 사랑이다.

그런데 인간 속에 있는 은혜에 의해 생겨난 하나님의 사랑은 성경을 읽는 것에 의하여 자라가고, 묵상으로 양분을 삼으며, 기도에 의해 강해지고 밝아진다. 새로 그리스도께 나아온 '동물적인' 사람의 묵상을 위해 가장 좋고 안전한 독서의 자료는 주님의 외면적 행위로써 내면의 생활을 훈련시키는 것이다. 그는 이 행위 속에서 겸손의 모범과, 사랑과 헌신의 동기를 발견하게 될 것이다. 또한 그는 성도들의 생애와 순교자들의 일화에 접해야 한다. 역사적인 세부 사항에 신경을 쓰기보다는, 항상 하나님을 사랑하고 자신을 경멸하도록 힘써야 한다.

〈기도〉

초보자가 영적으로 기도하기 위해서 기도 중에 자기 마음을 들어올리도록 가르침을 받아야 한다. 하나님을 생각할 때 물질적인 대상으로부터 가능한 한 멀리 떨어져 있어야 한다. 기도의 제사를 드리고 있을 때 자신이 드릴 수 있는 가장 순수한 마음을 가지고 주의를 기울이도록 권고해야 한다. 그로 하여금 자신을 잊어버리고 그의 제물이 무엇인지, 그 질이 어떠한지를 음미하게 하는 것이 좋다.

초보자가 예물을 받으시는 분을 보고 이해할 수 있는 한도 내에서, 그는 애정을 가지고 하나님을 향하여 손을 벌리게 될 것이다. 사랑은 그의 참된 이해가 될 것이다. 기도는 친밀하고 경건한 대화 속에서 하나님을 붙드는 사람의 애정이기 때문이다. 그것은 밝아진 정신이, 허락되는 한 하나님을 향유하는 상태이다. 감사는 하나님의 선한 의지에 대하여 깊게 주의를 기울이는 것이다. 사도가 말하는 "쉼이 없는 기도"(살전 5:17)는 중단되지 않는 감사의 기도다. 이 기도는 항상 성령의 기쁨 속에 있는 상태이기 때문에 계속해서 감사에 몰두한다.

제2단계: 이성적 단계(RATIONAL STATE)

영적 상태로 나아가는 가운데 '동물적인' 상태로부터 '이성적인' 상태로 넘어가는 것은 완전한 실재를 향한 전진이 된다. 우리는 위에서 '동물적인' 상태의 영적 진보에는 외면적인 사람이 미덕의 추구를 위해 준비되도록 특별한 육체의 훈련이 요구된다는 것을 보았다. 마찬가지로 '이성적인' 사람도 영이 아직 존재하지 않는다면 영이 존재하도록, 그렇지 않으면 영을 개발하고 조정하도록 영과 빈번한 교통을 가져야 한다.

무엇보다도 이성을 이성되게 하는 영 자체가 누구인지 혹은 무엇인지 질문을 제기해야 한다.

죽을 수밖에 없는 동물을 이성적인 존재로 만들고 그를 성숙시켜 주는 이성이란 무엇인가?

〈'이성적인' 상태의 성숙〉

영을 부여받은 인간은 "그의 온 마음과 영혼과 정성과 힘을 다해 주 하나님을 사랑할"(신 6:5) 때 선하고 이성적으로 된다. 오직 하나님 안에서만 이웃을 내 몸과 같이 사랑할 수 있다. 그는 하나님을 두려워하고 하나님의 계명을 지키는 선한 영을 가진다. 이것이 인간의 모든 의무다(전 12:13).

그런데 인간이 '동물적인' 것과 자신의 다른 부분을 뛰어넘게 되면, 가장 뛰어난 것을 향해 손을 벌리는 것이 가장 유익하고 가치 있는 훈련이 된다. 유일하게 인간보다 뛰어난 존재, 곧 한 분이신 하나님을 구하는 것보다 더 가치 있는, 그분을 찾는 것보다 더 달콤하며, 그분을 소유하는 것보다 더 유익한 것은 없다. 그분은 누구로부터도 떠나 계시지 않고 "우리가 그분 안에서 살고 움직이며 우리의 존재를 가진다"(행 17:27 이하).

우리는 믿음을 통해 하나님 안에 산다. 소망 가운데 움직이고 전진한다. 사랑을 통해 영원한 거처 안에서 우리의 존재를 가진다. 그분에 의해서 또 그분을 위해서, 이성적인 영혼은 그분을 향하도록(아 7:10) 창조되었고, 그분은 이성적 영혼의 선이 되어야 한다.

인간이 이 땅위에 사는 한 하나님을 가능한 한 가깝고 참되게 닮아가도록 요구되는데, 이성적인 영혼이 그분의 형상과 모양대로 창조된 것은(창 1:26, 31) 하나님의 선하심 때문이다. 따라서 인간은 하나님과 같이 거룩해야 하고(요일 3:3), 내세에서는 하나님처럼 영광스러울 것이다.

〈위의 것을 열망함〉

한 마디로 영혼의 모든 위대함과 선함은 위의 것을 열망하면서 우러러보고 놀라워 하는데 있다. 이렇게 하는 가운데 경건한 형상이 그 모범을 따르는 자에게 빠르게 달라붙게 된다. 이것은 하나님의 형상이며, 이것이 하나님의 형상이라는 사실은 인간으로 하여금 자기가 그분의 형상이 되는 하나님께 매달릴 수 있고 또 그렇게 해야 된다는 것을 이해하도록 해주기 때문이다.

이 땅에 사는 동안 기억과 이해와 사랑은 이성적인 인간에게 위탁된 육체를 다스린다. 무엇보다도 그는 자기가 존재하고 소유하는 것은 무엇이나 여기로부터 받았다고 알고 있는 영역 속에(고전 4:7) 들어가기를 사랑한다. 여기에 그가 의존하는 영혼의 시야는 고정되어 있다. 사람들과 함께 살면서도, 그는 단순히 죽을 수밖에 없는 인간의 삶을 사는 게 아니라 그들과 더불어 하나님의 생명을 나누고 하나님께 속한 것을 구하고 얻기 위해 산다.

자신의 영적 본성 때문에 이성적인 사람은 영적 질서 속에서 가장 높은 것 즉 하나님과 하나님께 속한 것을 향해 항상 자신이 발돋움하는 것을 사랑한다. 이것은 교만한 사상에 맛을 들여서는 이루어지지 않으며, 사랑하고, 근신하며, 의롭고 경건하게(딛 2:12) 살아감으로써 이루어질 수 있다. 이 거룩한 추구는 침묵을 사랑하고, 육체적인 고통 속에서도 마음의 평정을 갈망하며, 외부적으로 압박을 받을 때에도 영혼의 가난과 평화를 받아들이고, 마음과 몸 모두가 전적으로 순결한 선한 양심을 자라게 한다.

영혼으로 영혼되게 만드는 것은 이상과 같은 거룩한 추구인 반면, 공허한 연구는 쓸데없고 말만 많고 다툼만 일으키며, 영혼의 호기심과 분산과 부패를 조장할 뿐이다. 마찬가지로 습관을 통해 굳어진 교만을 가진 의지는 종종 마음이 메말랐는데도 교만으로 영혼을 부추긴다. 이러한 상태에서는 기만과 교만의 습관으로부터 일어나는 헛된 영광과 자기신뢰와 하나님에 대한 무지와 자랑과 불순종과 경멸과 망상과 기타 영혼의 질병들이 나온다.

제3단계: 영적 단계(SPIRITUAL STATE)

〈'영적' 상태의 성숙〉

251   사람의 생각의 대상이 하나님과 하나님께 속한 사물이 될 때 의지는 그 자체가 사랑이 되는 단계에 도달하게 될 것이다. 이때 생명의 영이신 성령은 사랑에 의해 당신의 임재를 깨닫게 하고 모두에게 생명을 준다. 성령은 인간의 연약함 속에서도 기도와 묵상 혹은 연구를 위해 힘을 베푸신다. 즉시 기억은 지혜가 되고 하나님의 선한 것들을 맛보아 알게 된다.

이제 하나님의 선한 것들로부터 일어난 생각은 지성을 소생시키고 애정을 일으킨다. 이때 생각하는 사람의 이해는 사랑하는 사람의 묵상이 된다. 이 생각들은 사람의 영적 시야 속에 들어온 영적, 혹은 신적 감미로움의 경험으로 화한다. 그리고 영혼은 이 속에서 즐거워한다.

사람에게 가능한 만큼 이제 가치 있는 생각은 — 생각이라는 말이 정확하다면 — 하나님으로 즐거워하게 된다. 강제적인 의리에 따라 생각하지 않고 생각이 강요되지 않기 때문이다. 거기에는 오직 하나님의 충만하신 감미로움에 대한 깨달음이 있을 뿐이다. 이것은 단순한 마음으로 하나님을 구했던 인간 편에서는 그분의 선하심에 대한 기쁨과 환호와 참된 경험으로 이어진다.

〈그릇된 영혼의 집착을 제거함〉

하나님에 관하여 이렇게 생각하는 방식은 생각하는 사람 마음대로 되는 것이 아니라 은혜의 선물이다. 그것은 성령께서 택하신 곳에서, 택하신 방법대로, 택하신 사람에게(요 3:8) 성령에 의해서 부여된다. 인간 편에서는 단지 계속해서 의지로부터 이질적인 집착을 제거하고, 이성으로부터 불안을 제거하며, 기억으로부터 (그 일이 정말 필요할지라도) 안일하거나 정신을 돌리게 하는 일을 제거함으로써 마음을 준비할 뿐이다.

주님의 시간이 되어 그분이 적당하다고 생각하실 때 생각의 요소들이 자유롭게 되어 본연의 일을 하게 될 것이다. 각 요소는 영혼 속에 기쁨이 산출되는 데에 제 몫을 담당한다. 이때 의지는 주님께서 주시는 기쁨에 대한 순수한 애정을 일으킨다. 기억은 충실한 내용을 가져다준다. 그리고 지성은 달콤한 경험을 제공한다.

〈의지의 연습〉

252 소홀히 여겨진 의지는 하나님께는 무가치하며, 안일한 생각을 일으킨다. 타락된 의지는 부패하고 하나님으로부터 소외된 생각을 가져온다. 그러나 바르게 질서 잡힌 의지는 이생에서 살아가는데 필요한 생각으로 이끌어준다. 충실한 의지는 성령의 열매가 충만한 생각을 일으키고 하나님을 향유하도록 해준다. 사도는 말하기를 "오직 성령의 열매는 사랑과 희락과 화평과 오래 참음과 자비와 양선과 충성과 온유와 절제라"(갈 5:22-23)고 했다.

253 모든 종류의 생각에서 의지의 의도가 그 성격을 결정한다. 하나님의 자비가 개입함으로써 의로운 자는 더 의롭게 된다. 그분의 심판에 의해 귀신들린 자는 훨씬 더 더러워진다(눅 6:45). 그러므로 주님을 사랑하기를 원하거나 이미 그분을 사랑하는 자는 항상 자신 속에 지닌 동기와 소원에 대해 자기의 영혼을 검토하고 자기의 양심을 시험해 보아야 한다. 혹시 영혼이 미워하거나 의도하는 것이 무엇인지, 영혼에 거슬러서 육체가 즐거워하는 그릇된 욕망이 무엇인지(갈 5:17) 역시 물어볼 필요가 있다.

〈하나님을 사모함〉

의지가 사모하는 대상을 먼저 생각하라. 그러고 나서 소원의 범위와 그 대상을 사모하는 방식을 검토해 보라. 하나님을 사랑하는 것이 사람의 기본적인 소원이라면 어느 만큼, 또 어떤 방식으로 하나님을 사모해야 하는지 검토해 보아야 한다. 자신과 기타 모든 것을 경멸하게 될 때까지 사모하고 있는가? 이것이 이성의 판단이나 또한 정신의 경향과 일치하고, 따라서 사랑과 기쁨과 박애와 영혼의 연합에 의해 의지를 강화하면서 일어나는가? 이러한 방식으로 하나님은 사랑을 받으시기 때문이다.

"사랑"(Love)은 하나님을 향한 의지의 강한 성향이다. "기쁨"(Delight)은 하나님께 몰두하거나 그분과 연합하는 것이다. "자비"(Charity)는 그분을 향유하는 것이다. 그런데 하나님과의 "영혼의 연합"은 그 마음을 하늘에 둔 사람을 위한 것이며, 하나님을 향한 의지의 진보를 가리키는 말이다. 더 이상 의지는 하나님께서 원하시는 것을 원하거나 하나님을 사랑하지 않으나, 영혼은 그 사랑 안에서 완전하여 하나님께서 뜻하는 것만을 뜻할 수 있게 된다.

하나님께서 뜻하시는 대로 뜻하는 것은(To will as God wills) 하나님과 같이 되는 것이다. 하나님께서 뜻하시는 것만을 뜻할 수 있는 것은(To be able to will only what God wills) 이미 하나님처럼 되어 있는 것이다. 이것은 하나님께서 뜻하는 것과 존재하는 것이 하나요 동일하기 때문이다. 그러므로 (요일 3:2을 거꾸로 바꾸어서) 우리가 그분과 같이 될 때 그분을 완전하게 보게 되리라는 것은 맞는 말이다. 하나님의 아들이 된 자들은 하나님이 되는 게 아니라 거룩함과 축복 속에서 하나님처럼 되도록 힘을 받았다. 현재 그들의 거룩함과 장차 그들의 축복의 근원은 하나님 자신이며, 하나님은 그들의 거룩함과 축복이 되신다.

〈하나님의 모양(likeness to God)〉[1]

---

1) 천주교에 의하면, 하나님의 모양(likeness)은 아담이 소유했던 초자연적 은혜였으나 죄를 지어 박탈된 것이며, 하나님은 형상(image)은 타락 후에도 손상되지 않고 남아있는 이성과 자

하나님을 닮는 것이 인간의 완전함이다. 생명 자체와 함께 사라지는 하나님의 모양이 있다. 이것은 이미 상실된 더 좋고, 더 위엄 있는 모양에 대한 증거로서 창조주에 의해 인간에게 주어졌다. 사람이 받아들이든지 거부하든지 관계없이 의지나 노력이 아니라 본성에서 유래하기 때문에 그것은 소유되어 있다.

그러나 하나님께 더 가까운, 하나님의 또 다른 모양이 있다. 그것은 자유롭게 의지한다. 이 모양(likeness)은 영혼으로 하여금 위대하신 지고선(至高善)과, 그분의 위대하신 영원하고 불멸하는 선하심을 닮도록 생기를 불어넣는 미덕들로 구성된다.

이미 어느 정도 말한 바와 같이, 아직 또 다른 하나님의 모양이 남아 있다. 그것은 영혼의 연합이라고 불러도 좋을 만큼 하나님과 가깝다. 사람이 하나님과 하나가 되고, 한 영이 되도록 만든다. 동일한 것을 '뜻하는' 연합일 뿐 아니라 심지어 하나님께서 뜻하시는 것과 동일한 것을 제외하고는 아무것도 뜻할 수 없는 것이다. 이것은 성령께서 인간의 영혼을 기울여 이 연합을 가져오기 때문만이 아니라 이 연합이 믿는 자 안에 있는 성령 자신의 임재이기 때문에 영의 연합이라고 불린다.

성령은 박애(charity)이다. 그는 성부와 성자의 사랑이시다. 그는 삼위의 연합이며, 달콤함, 선, 입맞춤, 포옹이며 삼위께서 지고의 진리의 연합과 연합의 진리 속에 가지고 계시는 모든 것이다. 영혼은 그 축복 속에서 아버지와 아들로서 삼위의 포옹과 입맞춤 속에 사로잡힌다. 따라서 성자가 성부로부터 받는 것 같이, 또는 성자가 성부께 드리는 것과 같이 영혼은 받게 된다.

표현할 수도 없고 생각할 수도 없는 방식으로 하나님의 사람은 은혜에 의해 하나님의 것을 받는다.

여기에 이르러야 사람은 이제 하나님과 하나가 되고 그의 육체적 고독은

유의지의 자연적 재능이라고 한다. 그러나 개신교에서는 이 구별을 반대하며 같은 것으로 생각한다 — 역주.

영혼의 연합으로 바뀐다. 제자들을 위한 우리 주님의 기도는 영적 성숙의 모든 특징들을 요약해 주고 있다. 그것은 그분 안에서 성취된다. "아버지께서 내 안에, 내가 아버지 안에 있는 것 같이 그들도 다 하나가 되어 우리 안에 있게 하소서"(요 17:21).

사람이 그리스도 안에서 하나님과 하나가 된다는 이 표현할 수 없는 실재는 표현할 수 없는 방식으로만 관찰될 수 있기 때문에, 이것을 체험하게 될 사람들은 자기 마음을 청결하게 해야 된다. 요한복음 17장의 진리는 꿈이나 혹은 자신의 의식이나 혹은 자신의 정신을 탐구하는 가운데 육체적인 유사함을 수단으로 삼아서는 알려질 수 없고, 이해될 수도 없기 때문이다. 그것은 깨끗한 마음에서 나오는(마 5:8) 겸손한 사랑에 의해 발견될 수 있을 뿐이다. 묵상해 보면 이것은 온 마음과 영혼과 정성과 힘을 다해 주 하나님을 사랑하는(신 6:5) 영혼에게 탄성을 자아내게 하는 아름다움이다. 이 하나님의 연인이 이웃을 내 몸과 같이 사랑한다면(막 12:31) 자기의 이웃들에게 동일한 것을 행하도록 깨우치는 일을 중단하지 않을 것이다.

3

은혜와 자유의지*

버나드가 성 티에리의 수도원장 윌리엄에게 헌정함

하나님의 은혜로 그대가 알던 그때부터 시작한 은혜와 자유의지에 대한 이 묵상을 마칠 수 있게 되었다. 이 주제가 안고 있는 커다란 쟁점에 비해서는 너무나 보잘것없고 또 쓸데없는 일을 한 것 같다는 생각이 든다. 과거에 이미 여러 사람들이 이에 대하여 훨씬 더 성공적으로 기록해 왔다. 그러므로 혼자서만 읽어주기 바란다. 여러 사람에게 읽히게 되면 독자들의 경건에 유익이 되기보다는 오히려 저자 자신의 무모한 무지를 선전하게 될 뿐이다.

그렇지만 읽고 난 후 여러 사람에게 유익이 된다고 판단되면, 특별히 본문 가운데 모호한 점은 없는지 어떻게든 내용을 좀 더 명백하고 간결하게 말할 수 있는 방법은 없는지 주의를 기울여서, 주저하지 말고 고쳐주기 바란다. 아니면 수정할 곳이나 고쳐야 할 곳을 편지해 주기 바란다. 다음과 같은 격언을 기억하자. "나에게 더 많은 빛을 준 자들은 어느 날 영원한 생명을 가지게 될 것이다"(집회서 24:34).

---

* 이 글은 1128년경 클레르보의 버나드가 그의 로마서 주석에서 은혜와 자유의지 문제에 대해 쓴 것이다.

1. 하나님의 은혜

1 언젠가 대화하는 중에 내가 체험한 하나님의 은혜를 언급한 적이 있다. 모든 일 가운데 하나님의 은혜가 함께 하시고 또 그가 인도해 주셨음을 느꼈다고 말했다. 따라서 내가 은혜의 도우심을 입어 성숙에 이르게 되었음을 알았다.

함께 있던 사람 중에, "모두가 하나님께서 하신 것이라면, 당신이 한 일은 무엇입니까? 무슨 상급을 바라겠습니까?" 하고 질문한 사람이 있었다. 그에 대한 나의 응답은 "그 문제에 대한 당신 자신의 대답은 무엇입니까?"라는 것이었다.

그는 대답하기를 "당신의 행위가 어떠할지 미리 예상하시는 은혜 속에서 당신에 앞서 행하시는 하나님께 영광을 돌리시기 바랍니다(요 9:24). 하나님께서는 하나님을 향한 당신의 행위 가운데서 모든 주도권을 쥐고 계시며, 당신에게 거룩하고 덕스러운 삶을 주셨습니다. 당신이 받았고, 또 새롭게 받을 그의 모든 은혜에 대하여 배은망덕하지 말고 공적인 예배에서 이를 인정합시다"라고 했다.

나도 대답하기를 "정말 좋은 충고이십니다. 만일 당신이 나에게 그것을 추구하는 힘을 주실 수만 있다면, 이론적으로 무엇을 해야 할지 아는 것은 실제로 행하는 것보다 더 쉽기 때문입니다. 맹인의 길을 인도하는 것과 그에게 타고 갈 마차를 제공하는 것은 아주 다릅니다. 충고하는 것과 중간에 쓰러지지 않도록 필요한 모든 것을 비치해 주는 것은 별개의 문제입니다"라고 했다.

〈거룩한 삶에 필요한 두 가지 형태의 도움〉

그러면 우리가 주로 삼은 은혜에 대해 말해보자. 우리에게 거룩함의 길을 보여주는 사람들이 모두 우리가 그 방향으로 가는데 필요한 도움을 제공하지는 않는다. 나에게는 다음의 두 가지가 매우 필요하기 때문이다. 그것은 가르침을 받는 것과 그 가르침에 따라 살아가도록 도움을 받는 것이다.

당신은 나에게 충고함으로써 나의 무지를 말끔히 씻어줄 놀라운 교훈을 줄 수 있다. 그러나 바울 사도가 표현한 소감은 진실되다. "성령도 우리의 연약함을 도우시나니"(롬 8:26).

더욱이 나를 권고하심으로 진실로 인도하시는 분은 또한 성령을 통하여 당신이 나에게 충고한 것을 행할 수 있도록 틀림없이 나를 도와주신다. 내가 올바른 것을 하고 싶어하는 것조차도 이미 그분의 도우심을 받은 것이다. 도우심을 받지 않고서는 그 일을 하고 싶어하지도 않을 것이다(롬 7:18). 그렇지 않다면 내가 더 나아갈 수 있다고 믿는 근거와 마땅히 해야 한다고 알고 있는 것을 행하는 근거를 나는 갖지 못할 것이다. "너희 안에서 행하시는 이는 하나님이시니 자기의 기쁘신 뜻을 위하여 너희에게 소원을 두고 행하게 하시나니"(빌 2:13).

"그런데 모두가 하나님이 하신 일이라면 우리의 공로는 어디에 있으며, 우리의 열심의 근거는 어디에 있느냐?"고 말할 것이다.

사도 바울이 우리에게 가르쳐 주는 바를 들어보자. "우리를 구원하시되 우리가 행한 바 의로운 행위로 말미암지 아니하고 오직 그의 긍휼하심을 따라"(딛 3:5). 무엇을 말하는가? 스스로 공로를 세울 수 있다고 생각하는가? 자신의 의로 구원받을 것이라고 믿는가? 왜 그렇게 믿는가? "성령으로 아니하고는 누구든지 예수를 주시라 할 수 없느니라"(고전 12:3). 예수 그리스도의 말씀을 어떻게 잊어버리겠는가? "나를 떠나서는 너희가 아무 것도 할 수 없음이라"(요 15:5). 다시 말하면 "그런즉 원하는 자로 말미암음도 아니요 달음박질하는 자로 말미암음도 아니요 오직 긍휼히 여기시는 하나님으로 말미암음이니라"(롬 9:16).

〈자유 선택(free choice)의 역할〉

2　"그렇다면 자유 선택의 역할은 무엇입니까?" 하고 말꼬리를 잡을 것이다. 한 마디로 "구원받는 것"이라고 대답하겠다. 선택하는 자유를 빼앗아가면, 구원받을 것이 없다. 두 가지가 함께 하지 않으면 구원의 역사는 이루어질 수 없다. 자유 선택을 일으키는 주체와 마찬가지로 그것을 일으키는 원인이

필요하다. 하나님은 구원의 조성자이시다. 자유 선택의 기능은 자체의 독특한 주체이다. 하나님이 홀로 이것을 주실 수 있으며, 자유 선택만이 이것을 받을 수 있다.

이로부터 우리는 주는 행위가 주는 자의 동의 없이 일어날 수 없는 것과 마찬가지로 자유 선택에 의해서 받아들이는 것도 받는 자의 동의 없이 일어날 수 없다는 결론을 내리게 된다. 자유 선택이 은혜와 합동하여, 즉 동의(consent)의 행위에 의하여 우리의 온전함을 제공한다는 말이 옳은 것은 이러한 의미에서이다. 그렇다면 동의하는 것이 구원받는 것이다(행 2:47; 고후 6:2).

〈동물적인 욕구〉

자유 선택과 동물적인 욕구는 별개의 문제다. 야수가 이 영적인 온전함을 가질 수 없는 것은 하나님의 뜻에 양순하게 순종하는 데 필요한 동의가 결여되어 있기 때문이다. 야수는 하나님의 명령을 묵묵히 따를 수도 없고, 그분의 약속을 믿을 수도 없으며, 그분의 은전(benefits)에 대해 감사를 돌릴 수도 없다.

자발적인 동의와 동물적인 욕구 사이에는 엄청난 차이가 있다. 우리는 동물과 한가지로 후자를 지니고 있다. 육체의 쾌락에 유혹을 받는 동물적인 욕구는 자유롭게 성령께 동의하는 능력을 가지지 못한다. 이것은 사도 바울이 로마서에서 "육신의 생각은 하나님과 원수가 된다"(롬 8:7)고 말할 때 표현을 달리하여 "육체의 지혜"라고 지적한 이유이다. 육체의 욕구는 하나님의 법에 순복하지 않는다. 그렇게 할 수조차 없다. 그러나 자연적인 욕구가 우리와 동물을 연결시킨다고 할지라도, 자유 선택은 우리를 동물로부터 완전히 구별시킨다.

자유 선택의 의미

자유 선택은 사람을 자유롭게 하는 특징적이고 습관적인 영혼이다. 그것은 강요받거나 제한받을 수 없다. 그것은 의지로부터 나오며 필연성의 결과가 아니다. 선택의 자유에 의해서가 아니면 주어지지도 않고 빼앗기지도 않는다. 자유 선택이 자신에 반(反)하여 강요받는다면 그것은 더 이상 선택의 자유가 아니다. 그렇게 되면 강제가 된다.

의지가 부재하는 곳에서는 동의도 부재한다. 자유롭게 주어진 것만이 동의라고 부를 수 있기 때문이다. 따라서 동의가 있을 때 자유 선택도 있다. 자유 선택이 있는 곳에는 자유 자체가 있다. 나는 본래 자유 선택이라 불리는 것이 이것이라고 믿는다.

2. 자유의 본질은 무엇인가?

3   이제까지 말한 것을 좀 더 분명하게 밝히고, 나아가서 우리의 목적을 좀 더 체계적으로 이해하고자 한다. 자연세계에서 생명은 감각과 동일하지 않고, 감각인식은 욕구와 동일하지 않으며, 욕구는 동의와 동일하지 않다는 것은 변하지 않는다. 이 사실은 이들 범주들을 각각 특정하게 정의해 보면 좀 더 분명해질 것이다.

생명(Life)의 정의

어떤 몸 속에 있는 생명은 그 몸의 한도 내에서만 존재를 가지는 내적이고 자연적인 활력(dynamic)이다.

감각(Senses)의 정의

감각은 몸 밖에서도 볼 수 있는 것으로서 몸 안에 있는 불가결한 활력이다.

욕구(Appetite)의 정의

욕구는 모든 감각을 통합하여 질서 있고 민활하게 하는, 동물이면 다가지는 자연적인 속성이다.

동의(Consent)의 정의

이와 달리 동의는 의지의 완전한 표현에서 오는 찬동 행위이다. 앞서 말한 바와 같이 스스로 결정하는 영혼의 습관으로 자유 자체이다.

의지(Will)의 정의

마지막으로 의지는 감각과 욕구를 다스리는 이성적인 움직임이다. 어느 방향으로 움직이든지, 의지는 항상 그와 분리할 수 없는 동반자로서 이성과 동행한다. 이것은 의지가 변함없이 이성에 의해 촉발되거나, 이성의 수단을 통해서 촉발된다는 것이 아니다. 그러나 의지는 결코 이성 없이 움직이지 않는다. 의지는 사실 이성에 반대해서 생각할 수도 있다. 다시 말하면, 이성을 의지 자체의 조언과 판단으로 사용한다. 그러나 이성을 도구로 삼지 않고 의지는 결코 작동하지 않는다.

이성 없이 의지가 결코 작동하지 않는다는 동일한 의미에서 복음서 기자는 "이 세대의 아들들이 자기 시대에 있어서는 빛의 아들들보다 더 지혜로움이니라"(눅 16:8)고 말한다. 다시 말하여 "그들은 악을 행하는데 지혜롭다"(렘 4:2). 참으로 이러한 의미에서 지혜의 자유는, 이성을 이용하여 행동하지 않는 한, 심지어 악을 행하는 데까지도 피조물 가운데 존재할 수 없다.

4 그런데 이성이 주어진 것은 의지를 교훈하고 파괴하지 않기 위해서이다. 그렇지만 의지가 자체의 판단에 맞추어 자유롭게 움직이지 못하도록 방해를 받거나, 심지어 의지가 최소한의 필연성에 의해 방해를 받는다면 이성은 의지의 파괴를 가져올 것이다. 그러한 필연성은 의지로 하여금 욕구나 혹은 잘못된 것으로 몰아가는 영혼에 동의하도록 밀어붙일 수도 있다(이것은 그렇게 해서 동의하는 자들을 하나님의 영과 무관하고 심지어 적대하는 동물로 만들어 버릴 것이다).

한편 필연성은 이성으로 하여금 은혜의 조명을 따라 선한 것을 구하도록 강요할 수도 있다. 이러한 수단에 의해 이성은 전적으로 신령해져서 모든 일을 판단할 수 있으며, 다른 사람의 판단에 내맡기지 않게 될 수 있다(롬

4:4; 고전 14장). 그리하여 의지가 스스로 선택한 것을 행하지 못하도록 이성이 방해한다면, 자유 선택은 필연성과 더불어 존재할 수 없다.

자유 선택 없이 이성적인 인간은 의로울 수도 불의할 수도 없다.

이성적인 사람은 필연성에 의해서, 즉 의지의 자유로운 동의 없이, 의로울 수도 불의할 수도 없다. (따라서 사람은 이 때문에 낙담하거나 우쭐대서는 안 된다.) 어느 경우에서나 행복하거나 불행해지는데 필요한 능력, 즉 의지가 결여되어 있다.

앞에서 보았던 생명과 감각과 욕구 등의 다른 요소들은 그 자체가 우리를 행복하거나 불행하게 만들 수 없다. 만약 그렇지 않다면 나무는 생명 때문에, 동물은 감각과 욕구 때문에 슬픔이나 축복에 처하게 될 것이다. 그러나 이것은 물어볼 필요조차 없다. 따라서 우리가 의지라고 부르는 것이 우리를 인간 존재로서 기타 다른 것들로부터 구별시켜 준다.

〈자유의지는 행복을 경험한다〉

우리로 하여금 행복이나 불행의 느낌을 경험하도록 하는 것은 의지의 필연성이 아니라 자유 선택이다. 이 느낌은 우리가 행복한 상태에 놓여 있는지 아니면 악한 상태에 놓여 있는지 그 여부와 관계가 있다. 이것은 내가 동의 혹은 자유 선택의 가치를 인정하는 이유인데, 자유와 의지 사이에는 불가분의 관계가 있기 때문이다.

판단은 이성과 연관되어야 하고 결코 이성으로부터 분리시켜서는 안 된다는 것도 옳다. 이 동의는 의지로 인하여 그 자체가 정말 자유롭고, 이성으로 인하여 정말 스스로를 판단한다.

또한 판단이 자유와 연관되어야 한다는 것도 옳다. 스스로 자유롭게 처신하는 것은 무엇이나 — 설령 죄에 빠질지라도 — 죄를 범하는 행위 자체를 스스로 판단하기 때문이다. 그리고 그것은 참된 판단이다. 만약 어떤 사람이 의롭게 고난을 받으려 한다면, 그가 뜻하는 바를 공로로 얻게 될 것이기 때문이다. 그러나 아무것도 하지 않으려 한다면 그 일 때문에 정죄 받지 않을 것이다.

5   여러 가지 중에서 한 가지를 자유롭게 선택하지 않는다면, 그것이 좋건 나쁘건 간에, 어떻게 그에게 그 책임을 전가할 수 있겠는가?
　　필연성은 그에게 전가된 것이 좋건 나쁘건 변명의 여지가 된다. 필연성의 존재는 자유의 부재를 내포하기 때문이다. 그리고 자유가 없는 곳에서는 물론 원죄를 떠나서는 어떤 공로도 있을 수 없고, 심판도 있을 수 없다. 이것은 분명히 전혀 문제가 되지 않는다. 여기서 의심할 여지 없이 전개되는 논리를 보아둘 필요가 있다. 동의의 자유가 수반되지 않는 모든 행동은 전적으로 공로의 가치가 박탈되며, 좋다고도 나쁘다고도 생각될 수 없다. 따라서 사람에게 속하는 모든 것 즉 그의 생명, 감각, 욕구, 기억, 영혼과 기타 기능들은 이들 모두가 전적으로 의지에 복종하지 않는 만큼 필연성에 복종한다.
　　그러나 의지에 관해서는 그것이 그 자체에 불순종할 수 없기 때문에, 누구도 자기가 의도하고 싶지 않은 것을 의도하지 않는다. 따라서 선택의 자유를 빼앗긴다는 것은 불가능하다.

의지의 행위는 의지에 의해서만 바꾸어질 수 있다.

〈판단은 의지에서 나온다〉
　　의지의 행위는 바뀔 수 있다. 그러나 그렇게 하려면 또 다른 의지의 행위가 있어야 한다. 따라서 자유는 결코 상실되지 않는다.
　　의지가 스스로 의지 행위를 빼앗을 수 없는 것과 마찬가지로 스스로 이 자유를 빼앗을 수도 없다. 사람이 아무 일도 하지 않기로 하거나, 자신의 의지가 아닌 것에 복종하기로 한 일이 일어난다면 그는 의지의 능력을 상실할 것이다. 이런 까닭에 우리는 유아나 정신적으로 결함이 있는 사람 혹은 막 잠들어 있는 사람에게는 선악 간에 심판의 책임을 전가하지 않는다. 이 상태에서는 더 이상 자신의 이성을 다스리지 못하고, 자신의 의지나 자유의 판단을 사용하지 못한다.

　의지는 자체 이외에 자유를 알지 못하기 때문에 그 판단이 오직 그 자체에서만 나온다는 것은 옳다. 무거운 영혼도, 상실된 기억도, 쉼이 없는 욕구도, 무딘 감각도, 무기력한 원기도 그 자체가 사람을 무죄로 만들거나 유죄로 만들지 않는다. 이 조건들은 때로 필요한 인간의 경우이며 의지의 동의 없이는 결코 일어날 수 없음이 알려져 있기 때문이다.

3. 자연과 영광과 은총의 삼중적 자유

6　　의지만이 본래 자유롭다. 그것은 강요되지도 않고, 필연적으로 되지도 않는다. 그 자체를 부정하도록 강요될 수도 없고 강제로 다른 것에 동의하도록 강요될 수도 없다.

　인간으로 하여금 의롭거나 불의하며, 바르거나 그르거나, 행복하거나 슬픔에 잠길 수 있는 능력과 자격을 가진 존재로 만드는 것이 바로 자유이다. 이러한 상태들 중 어느 하나로 끌어가는 것은 동의다. 이것은 자유의지 속에 수반된 것이다. 동시에 자유의지는 바울 사도가 "주의 영이 있는 곳에는 자유함(liberty)이 있다"(고후 3:17)고 말할 때 이야기하고 있는 자유가 아니다.

죄로부터의 자유

　고린도서의 말씀 중에는 바울이 다른 곳에서 지적하고 있는 바와 같이 죄로부터의 자유라는 의미가 있다. "너희가 죄의 종이 되었을 때에는 의에 대하여 자유로웠느니라 그러나 이제는 너희가 죄로부터 해방되고 하나님께 종이 되어 거룩함에 이르는 열매를 맺었으니 그 마지막은 영생이라"(롬 6:20, 22). 그러나 누가 그렇게 뛰어난 자유를 사망의 정죄 아래 사는 자들에게 돌릴 수 있겠는가? 따라서 확실히 나는 자유 선택이 그 자유(freedom)를 이러한 종류의 자유(liberty)에서 가져왔다고 믿을 수 없다.

슬픔으로부터의 자유

슬픔으로부터의 자유도 있는데, 이에 대하여 바울 사도는 또한 다음과 같이 말하고 있다. "그 바라는 것은 피조물도 썩어짐의 종 노릇 한 데서 해방되어 하나님의 자녀들의 영광의 자유에 이르는 것이니라"(롬 8:21). 그러나 누가 이생의 죽을 수밖에 없는 상황에서 이러한 종류의 자유가 자신의 소치라고 할 수 있을 것인가? 그러므로 우리는 또한 자유 선택이 그 이름을 이 자유로부터 따왔다는 것을 부정할 수밖에 없다.

필연성으로부터의 자유

그런데 이상의 두 가지 자유보다 더 적절하다고 여겨지는 제3의 자유가 있다. 이것은 우리가 필연성으로부터의 자유라고 부를 수 있는 것인데, 필연성은 자유에 반대되는 것이기 때문이다. 필연성에 의해 행해진 것은 의지로부터 유래되지 않고, 그 반대도 마찬가지이다.

삼중적 자유

7   그러므로 여기서 세 가지 형태의 자유가 있다. 이것들은 죄로부터의 자유와 불행으로부터의 자유와 필연성으로부터의 자유이다. 이들 중 마지막 것은 우리 인간의 상태를 반영하고 있다. 첫 번째 것은 어떻게 우리가 은혜에 의해 회복되어 있는가를 반영한다. 둘째 것은 우리의 본향인 하늘에 우리를 위해 예비되어 있다

세 가지 자유(Liberty): 자연과 은혜와 영광의 자유

이들 세 가지 자유는 자연과 은혜와 영광의 자유로 귀착된다. 자연의 자유 안에서 우리는 하나님 보시기에 고상한 피조물로서 자유의지를 가지고 창조되었다. 은혜의 자유 안에서 우리는 흠이 없고, 그리스도 안에 있는 새로운 피조물로서(고후 5:17; 갈 6:15) 회복되도록 재창조된다. 영광의 자유 안에서 우리는 영광으로 부활하여 거기서 성령의 축복을 받아 완전한 존재

가 된다.

따라서 첫째 자유는 상당한 영예를 부여하는 명칭이다. 그러나 둘째 것은 우리에게 훨씬 큰 위엄을 부여한다. 마지막 것은 우리에게 전적인 기쁨을 준다. 첫째 것에 의해 우리는 땅에서 모든 다른 동물들을 능가한다. 둘째 것에 의해 우리는 모든 육체에 대한 지배권을 가진다. 셋째 것에 의해 우리는 죽음 그 자체를 정복한다(고전 15:26).

이것을 달리 표현하면, 첫째 자연의 자유 안에서 하나님은 인간에게 평지에 있는 양과 가축과 짐승들을 다스리는 지배권을 주셨다고 말할 수 있다(시 8:8).

은혜의 자유 안에서 하나님은 마찬가지로 영적인 "공중의 세력들을" 우리 발 아래 때려 눕히셨다. 이 세력들에 대하여 "주께 의뢰하는 자의 영혼을 들짐승에게 주지 마소서"라고 기록되어 있다(시 74:19).

마지막으로, 영광의 자유는 우리에게 부패와 죽음에 대한 완전하고 절대적인 승리를 줌으로써 우리로 하여금 자신을 완전히 정복하도록 해준다. 그러므로 사망 자체가 정복된 그 때에는(고전 15:26) "하나님의 아들의 영광의 자유"(롬 8:21) 속에 들어가게 될 것이다. 이 자유는 예수 그리스도께서 하나님 앞에 우리를 세우시고, 우리를 당신의 영원한 나라로 삼으실 때 그에 의해 주어질 것이다(고전 15:24).

〈죄로부터의 자유〉

나는 이것이 그분께서 우리를 죄에서 자유하도록 부르시는 현재의 상황에 대한 조망(prospect)뿐만이 아니라 영원한 나라에 대한 조망과도 관련이 있다고 생각한다. 그리스도께서 유대인들에게 "아들이 너희를 자유롭게 하면 너희가 참으로 자유로우리라"(요 8:36)고 말씀하실 때 이것을 이야기하신 것이다. 예수께서는 유대인들이 이 말을 자유 선택조차도, 필연성으로부터가 아니라 죄로부터 구원해 줄 수 있는 해방자를 필요로 한다는 것으로 이해하기를 원하셨는데, 인간은 자유 선택 아래서 기꺼이 죄로 빠져들어 가기 때문이다.

죄의 형벌로부터의 구원이 역시 이 은혜의 자유 속에 내포되어 있다. 자유 선택은 미련함에 의해서 형벌을 초래했고 그 형벌을 정말 안타깝게 견뎌왔다. 모든 사람들 중에서 홀로, 죽은 자들 가운데서 자유롭게 되신 분을(시 88:5) 통하지 않고서는 자유 선택이 결코 이들 두 가지 다른 악으로부터 자유롭게 될 수 없었다. 말하자면, 그분만이 죄인들 사이에서 죄로부터 자유롭다.

〈그리스도만이 죄로부터 자유롭게 하신다〉

8 참으로 아담의 후손들 중에서 그분만이 죄로부터 자유로우셨고, "죄를 범하지 아니하시고 그 입에 거짓도 없으셨다"(벧전 2:22). 그는 또한 죄의 형벌인 불행으로부터의 자유를 소유하고 계셨으나, 이것은 잠재적으로 소유하신 것이지 실제로 소유하신 게 아니다.

사도 요한에 따르면 예수님은 "이를 내게서 빼앗는 자가 있는 것이 아니라 내가 스스로 버리노라 나는 버릴 권세도 있고 다시 얻을 권세도 있다"(요 10:18)고 말씀하셨기 때문이다. 이사야 선지자 역시 하나님께서 그것을 원하시기 때문에 성자는 제물로 바쳐지게 될 것이라고(사 53:10) 예언했다. 따라서 그가 그렇게 하기로 선택하셨을 때, 그는 "율법 아래에 있는 자들을 속량하시려고 여자에게서 나게 하시고 율법 아래서 나셨다"(갈 4:4-5).

따라서 그리스도 역시 고난의 법 아래 처하셨다. 그러나 그것은 오직 고난 받는 자들과 죄인들을 해방시키고 자기 형제들의 어깨에서 죄와 고통의 멍에를 벗기시기 위해 그들과 하나가 되시려는 간절한 소원이 있었기 때문이다.

주님은 이 세 가지를 소유하셨다.

그러므로 그리스도는 자신의 인격 안에 이 세 가지 자유를 소유하고 계셨다. 당신의 인간적이고 동시에 신적인 본성 때문에 첫째 자유를 가지셨고, 신적인 능력에 의하여 나머지 두 가지 자유를 가지셨다. 참으로 첫 번째 사람인 아담이 낙원에서 나머지 두 가지 자유를 부여받고 있었는지 그 여부와, 가졌다면 어떻게 어느 정도 가지고 있었는가 하는 것들은 나중에 논의될 것이다.

4. 육체를 이탈한 상태에서 거룩한 영혼의 자유는 무엇인가?

9   이생의 죽을 몸에서 자유롭게 된 거룩한 영혼들이 하나님과 예수 그리스도와 천사들 앞에서 완전하고 충만한 즐거움을 누린다는 것은 확실한 진리이다. 그들은 죄로부터 자유롭게 되었고 고통으로부터 자유를 얻었다. 그들은 아직 부활한 육체를 입지 못했고 의심할 나위 없이 어느 정도 영광을 결여하고 있음에도 불구하고 그들이 고난을 당한다는 흔적은 찾아볼 수 없다.

필연성으로부터의 자유는 선한 존재와 이성적 존재 모두의 특징이다

선택의 자유는 하나님과 인간이 함께 가지고 있다. 이것은 죄에 의해서도, 고난에 의해서도 상실되지 않는다. 죄인보다 의인에게 이 자유가 더 크거나, 사람보다 천사에게 더 많은 것이 아니다. 은혜에 의해 선한 것을 지향하게 된 인간 의지의 동의(consent)가 사람으로 하여금 선(善) 안에서 자유롭게 행하도록 하듯이, 선 안에서 의지는 자유롭다. 선택이 자유롭게 주어지고 제한되지 않기 때문이다.
이와 동일하게, 자유 선택이 자의대로 악한 쪽으로 기운다면 역시 자발적이고 자유롭게 악을 행하도록 만드는 것이다. 자기 자신의 자유 선택이 아니고는 어떤 다른 원인에 의해서도 악을 행하도록 강요되지 않는다. 자신의 자유의지에 의해서 단순히 그렇게 하기로 선택한다.
마찬가지로 하늘의 천사들과 심지어 하나님 자신도 자유롭게 선한 대로 남아 있다. 스스로의 의지에 의해서 그렇게 하는 것이지 외부적인 필연성에서 그렇게 하지 않는다. 따라서 악마들도 역시 자유롭게 선택하여 악을 행

하고, 그것을 고수하는데 있어서 외부적인 강압이 아니라 자신의 자유로운 선택에 따른다.

따라서 의지의 자유는 설령 정신이 사로잡혀 있는 때에도 선인과 마찬가지로 악인에게도 완전하게 계속해서 존재한다. 물론 선인에게는 좀 더 일관성 있게 존재한다. 그러므로 물론 창조주가 그러한 자유를 무한히, 또 좀 더 강력하게 가지고 있다고는 하지만 피조물의 의지의 자유 역시 그런 대로 창조주처럼 완전하다.

〈죄의 속박〉

10 하여튼 누구라도 "선한 의지를 가질 수 있었으면 좋으련만 도대체 그럴 수가 없다"고 불평하면서 말할 때, 마치 의지의 자유가 파괴되거나 필연성에 종속하는 것처럼 편견을 가져서는 안 된다. 그보다도 이 사람이 말하는 것은 그가 죄로부터의 자유라고 불리는 것을 결여하고 있다는 사실에 대한 증거이다.

참으로 선한 의지를 가지려는 이 소원은 그가 의지를 가지고 있음을 명백하게 증명해 준다. 그의 소원은 오직 의지를 통해서만 선한 것을 목표로 삼게 되기 때문이다. 만약 그가 선한 의지를 가질 수 없으면서도 가지고 싶어 한다면 그에게는 자유, 즉 죄로부터의 자유가 결여되어 있음을 보여준다. 압박하지는 않는다 할지라도 그의 의지를 반대하고 있는 것은 이 죄로부터의 자유의 결여이다.

참으로 선한 의지를 가지려고 소원하는 사람에게는 이미 선한 의지가 있다고 하는 편이 더 맞는 것 같다. 마찬가지로 만약 악을 행하기를 원한다면, 이미 악한 의지를 가지고 있기 때문에 그렇게 하기를 소원한다. 따라서 우리가 선을 사모할 때 우리는 선한 의지를 가지고 있음을 알 수 있다. 그리고 우리가 악을 사모할 때 의지는 이미 악하다. 모든 경우에 의지가 어떻게 존재하느냐에 따라서 자유도 함께 존재한다. 필연성은 의지 앞에서 스스로를 양보하기 때문이다. 만약 우리가 원하는 것을 뜻할 수 없다면 자유 자체가 죄에 의해 예속된 것이다.

그러므로 자유 선택은 그 명칭을 오직 의지가 선한 것에 동의했다면 자유롭게 그 자체를 선으로 판단하고, 악한 것에 동의했다면 자유롭게 그 자체를 악으로 판단하는 그 자유로부터 따왔다고 나는 믿는다. 의지가 선이나 악에 동의할 수 있는 것은 선택에 의해서만 가능해진다.

두 가지 자유(liberty)(죄로부터의 자유와 고난으로부터의 자유)에 대하여, 전자는 자유로운 의도라고 일컬어져야 더 맞을 것 같고, 후자는 자유로운 즐거움이라고 일컬어야 맞을 것 같다. 이 자유(liberty)와 자유 선택은 우리가 본 바대로 별개의 문제다.

판단과 의도와 즐거움

선택은 판단의 행위이다.

합법적인 것과 그렇지 않은 것을 구별하는 것은 판단의 업무이다. 마찬가지로 편리한 것과 그렇지 않은 것을 심사하는 것은 의도에 속하고, 역시 유쾌한 것과 불쾌한 것을 경험하는 것은 즐거움에 속한다. 우리가 우리의 행위를 판단하듯이 자유롭게 우리의 유익을 위하여 의도하는 것을 하나님께 구할 수 있기를 바란다. 그렇지만 우리는 자유롭게 바른 것과 그릇된 것을 구별하여, 합법적인 것은 택하고 불법적인 것은 우리에게 해로운 것으로 거부할 수도 있을 것이다. 그때 우리는 죄로부터 자유롭게 될 뿐만 아니라 자유롭게 선택하고 자유로운 의도를 향유하게 될 것이다.

그러나 허용될 수 있는 것과 유익한 것만을 선택하는 축복을 가지고 있다고 가정해 보자. 그때 우리는 선한 즐거움의 자유를 완전히 소유할 것이다. 그렇게 되면 하나님을 불쾌하게 하는 모든 것들로부터 자유롭게 될 것이며, 따라서 모든 슬픔에서 완전히 자유롭게 될 것이다.

판단을 도구로 삼아 해야 할 일과 생략할 일들이 많이 있음을 깨닫는다. 그럼에도 불구하고 판단의 양심에 정반대가 될 수 있는 것을 의도를 통해 선택하거나 거부하기도 한다. 의도를 통해서 바르고 선하다고 여기는 모든 것을 우리는 자유롭게 기쁨으로 받아들이지 않는다. 그보다는 아주 안달을 하고 참아내며, 그 일은 견디기에 힘들고 무거운 일이 된다. 따라서 우리가 자유롭게 하는 의도도, 자유를 주는 즐거움도 소유하고 있지 않다는 것이 분명하다.

6 나중에 더 상세히 다루게 되겠지만 여기서 좀 더 살펴볼 문제가 있다. 그것은 아담의 죄 이전에 사람이 이들 두 가지 자유를 소유하고 있었느냐의 문제이다.

한 가지는 확실하다. 즉 우리가 하나님의 자비에 의해 "뜻이 하늘에서 이루어진 것 같이 땅에서도 이루어지이다"(마 6:10)라는 주님의 기도를 드리게 될 그날에 우리는 이 자유를 완전히 소유하게 될 것이다. 이 이중적 자유는 이성적인 존재의 자유의지가 모든 필연성으로부터 벗어나고, 인류가 죄로부터 보호되며, 고난으로부터 제외될 때 완전하게 될 것이다. 거룩한 천사들처럼 모두가 "하나님의 선하시고 기뻐하시고 온전하신 뜻"(롬 12:2)으로 입증되는 이 삼중적 자유의 축복을 누릴 것이다.

삼중적 자유를 소유하는 이 상태는 따라서 현재가 아니다. 인간은 오직 선택의 자유만을 가지고 있기 때문이다. 권고의 자유는 일부분만 소유하고 있다. 그것은 죄가 더 이상 죽을 몸에서 왕 노릇 하지 못하도록(롬 6:12) 자기 육체를 정과 욕심과 함께 십자가에 못 박은(갈 5:24) 하나님의 성도들의 선택 가운데 있다.

5. 슬픔으로부터의 자유는 이 세상에서 주어지는가?

13 이 불행한 생명 속에서(갈 1 4) 슬픔으로부터의 자유에 대해 무엇이라고 말할 수 있겠는가? 특히 악이 점점 더 퍼져갈 때 우리는 이것을 묻게 된다 (마 6:34).

이 세계는 모든 피조물이 탄식하는 곳이다(롬 8:20-22). 아무리 노력해도 모두 허사가 되기 마련이다. 사람들이 끊임없이 투쟁하고 있을 뿐 아니라 경건한 자들도 끊임없이 탄식하면서 몸의 구속을 기다리는(롬 8:23) 세계이다. 이러한 삶의 맥락 속에서 그렇게 영광스러운 자유를 누릴 여지가 정말 있을 수 있다고 믿는가? 모두가 악의 재난에 사로잡혀 있다고 여겨질 때, 슬픔으로부터의 자유는 정말로 가능한가?

참으로 순결과 의로움과 슬픔으로부터 면제받지 못하며, 따라서 의인은 끊임없이 소리 높여 외친다. "오호라 나는 곤고한 사람이로다 이 사망의 몸에서 누가 나를 건져내랴"(롬 7:24). "내 눈물이 주야로 내 음식이 되었도다"(시 42:3). 밤과 낮을 계속하여 번민이 계속될 때 정말 삶을 향유할 의지가 남아 있는가? 더욱이 바울 사도는 "누구든지 경건하게 살고자 하는 자는 박해를 받으리라"(딤후 3:12)고 가르치고 있다.

그러므로 미덕도 이러한 아픔에 면제되지 않는다면, 악덕도 그런 것 같다. 즐거움에 접할 때 잠시라도 슬픔을 유예시키고 회피할 수 있을까?

절대 그렇지 않다. 악덕은 슬픔을 피할 수 없다. 악을 행하기를 기뻐하고, 가장 부패한 행위를 즐거워하는 자는(잠 2:14) 스스로 미친 자의 웃음소리만 발견하게 된다. 그러한 자의 발걸음은 운명적으로 더 비참해질 따름이다. 지혜 있는 자가 말한 바와 같이 "초상집에 가는 것이 잔칫집에 가는 것보다 낫다"(전 7:2).

육체의 기쁨에도 고통이 있다

〈삶에는 고통이 따른다〉

먹고 마시고, 좋은 옷을 입는 것과 같은 육체적 즐거움에 대하여 우리는 안다. 그러나 이것들 역시 고통으로부터 벗어나지 못한다. 음식은 배가 고플 때만 맛이 있고, 물은 갈증이 날 때만 시원하기 때문이다. 먹고 마심으로 배부른 것마저도 짐이 되고 즐거움이 되지 못한다. 일단 배고픔과 갈증이 가시고 나면 최고급 요리를 아무리 갖다 놓아도 더 이상 식욕이 당기지 않을 것이다.

더운 사람만이 그늘진 곳을 찾을 것이다. 춥고 어두운 데 있는 사람만이 햇빛을 찾을 것이다. 따라서 그에 대한 욕구가 없이는 아무런 즐거움도 없다. 필요가 없어지면 처음에 맛본 즐거움도 더 이상 남아 있지 못한다. 그 대신 무료해지고 심지어 참을 수 없게 된다.

따라서 이생에 있는 모든 것에는 어떻게든 이런저런 고통이 따른다는 것을 인정해야 한다. 상대적인 고통의 진리만이 이 사실을 완화시켜 줄 뿐이다. 한 예로 가벼운 일은 무거운 부담에 비하면 위로가 된다. 어려운 시험을 당하고 있을 때 중간에 좀 나아졌다가, 악화되었다가 하면 약간의 행복도 느끼게 된다. 그것이 우리의 고통을 참을 수 있도록 도와주기 때문이다.

즐거움의 자유를 누리는 명상생활

때때로 명상 생활을 실행하는 사람들은 성령에 사로잡혀서 하늘의 것을 맛볼 수 있다. 이러한 경우에 이들은 정말 슬픔에서 벗어나는 것인가?

그렇다. 그들은 벗어난다. 그들은 마리아처럼 더 좋은 편을 택하였고, 이것을 빼앗기지 않을 것이다(눅 10:42). 이 기쁨은 오래가지 않지만, 하늘에 예비된 또 다른 실존의 영역을 상기시켜 준다. 이것은 참으로 복된 삶이다. 그렇지만 복된 삶과 고통이 동일한 사람 속에서 일어나기 때문에 오직 성령에 의해서 그 사람은 전자를 소유하고 후자를 느끼는 것으로부터 벗어날 수 있다. 따라서 명상하는 자는 이 세상에서 — 아주 부분적이고(고전 13:9-12) 그 기회가 많지는 않지만 — 즐거움의 자유를 누릴 수 있다.

의로운 자는 의도의 자유를 누린다

이 자유는 의인이 누린다. 다시 말하여, 부분적으로만 누릴 수 있으나, 좀 더 풍족하게 누린다.

선택의 자유

이것은 우리가 살펴본 바와 같이 누구에게나 속한다. 이성을 사용하는 모든 자에게 속하기 때문이다. 따라서 선인도 누리고 악인도 누린다. 이생에서나 내생에서나 마찬가지다.

6. 선한 것을 의도하기 위한 은혜의 필요

16   선택의 자유는 다른 두 가지 자유가 수반되지 않는 한 항상 어느 정도 제한을 받는다는 것을 나는 보이고자 했다. 바울은 이 무능력에 대해 이야기하면서 말하기를 "너희가 원하는 것을 하지 못하게 하려 함이니라"(갈 5:17)고 했다. 선택하는 자유를 가지고 있으면서도 원하는 것을 자유롭게 행할 수 있는 능력을 갖지 못한다. 여기서 나는 선한 것을 원하는 능력에 관해서가 아니라 단지 선택하는 능력에 관해서 이야기하고 있다. 선을 행하려는 의지는 완전이기 때문이다. 악을 원하는 것은 악이다. 그렇다면 의지는 선이나 악을 선택할 수 있다.

바르게 선택하는 사람에게 구속의 은혜는 선한 것을 성취하도록 도와준다. 그러나 실패할 때는 우리 자신의 무능력 때문이다.

자유의지는 우리로 하여금 선택하도록 한다. 그러나 선한 것을 선택하도록 하는 것은 은혜다. 우리에게 의지의 기능이 부여되어 있기 때문에 선택할 수 있다. 그러나 은혜로 말미암아 우리는 선한 것을 선택할 수 있다. 두려움과 하나님에 대한 두려움은 별개의 것이다. 사랑한다는 것은 감정을 가지고 있음을 의미한다. 그러나 이 감정이 미덕이 되는 것은 이것이 하나님과 연관을 가지게 될 때만 그렇다. 따라서 원한다는 것과 선한 것을 선택한다는 것과는 전혀 별개의 문제이다.

〈미덕은 훈련된 감정이다〉

17   단순한 감정은 우리 모두에게 자연스러운 것이다. 그러나 우리가 받은 훈련은 오직 은혜를 통하여 성숙될 수 있다. 따라서 미덕은 계속해서 조절되고, 성숙되는 가운데 훈련된 감정이다.

두려워할 이유가 없는데도 아주 두려워하는 사람이 있다고(시 14:5) 기록되어 있다. 이것은 잘 통제되지 못한 두려움이다. 그러나 다윗은 "내가 여호와를 경외하는 법을 너희에게 가르치리로다"(시 34:11)고 말했다. 또 과도한 소원을 가진 사람들에게 "너희가 구하는 것을 알지 못한다"(마 20:22)고 예수께서 말씀하셨다. 따라서 예수님은 말씀과 또한 모범으로써 어떻게 의지의 방향을 바로잡아야 하는지 가르쳐 주셨다. 가장 좋은 실례로, 수난을 앞에 두고 예수께서는 "그러나 나의 원대로 마시옵고 아버지의 원대로 하옵소서"(마 26:39)라고 말씀하셨다.

따라서 우리는 두려워하고 사랑하는 방법뿐만이 아니라 뜻을 세우는 방법까지도 주님으로부터 배워왔다. 이 일들 가운데서 우리는 피조물에 불과하다. 그러나 선한 일을 원하고, 하나님을 두려워하며, 사랑함으로써 진실한 하나님의 자녀가 되기 위해서는 그분의 은혜가 필요하다.

선한 자유의지와 악한 자유의지의 비교

18   어느 정도 우리는 의지의 자유를 가지도록 창조되었다. 그러나 우리가 하나님의 나라로 복귀하는 것은 오직 선한 의지에 의해서다. 의지를 자유롭게 만드셨던 분은 또한 의지를 선하게 만드시고, 따라서 우리는 그분의 피조물의 첫 열매가 된다(약 1:18). 그러나 만일 이 은혜가 주어지지 않았다면 우리 스스로 남아 있기보다는 아주 존재하지 않는 것이 더 나았을 것이다. 자신에만 의지하여 살기 원하는 자들은 선악을 알고(창 3:5) 신들(gods)처럼 행하게 된다. 그러나 그들이 스스로 신들처럼 행하게 될 때, 실제로는 자신들이 악마에게 속해 있음을 발견하게 된다.

따라서 우리가 자기 의지 속에서 자신에 의지하여 살아갈 때에 우리는 역설적으로 악마에게 속해 있음을 발견한다. 반면에 우리가 "선한 의지"에 복종할 때에는 하나님께 속할 수 있게 된다. "주께서 자기 백성을 아신다"(딤후 2:19)는 말씀은 이 의미일 것이다. 자기 백성이 아닌 자들에 대하여 "내가 너희를 알지 못하노라"(마 25:12)고 말씀하시기 때문이다.

일단 우리가 '악한 의지'에 의해서 악마에게 속해 있다면, 우리는 더 이상 하나님의 왕국에 속해 있지 않다고 결론지을 수 있다. 아무도 두 주인을 섬길 수 없기 때문이다(마 6:24). 그러나 '선한 의지'에 의해 하나님께 속하게 될 때, 더 이상 악마에게 속하지 않게 된다. 우리가 하나님께 속하였건 악마에게 속했건 우리 자신에 대한 책임은 사라지지 않는다. 모든 경우에 자유 선택의 행사가 중단되지 않기 때문이다. 그릇되게 선택하면 이에 따라 심판을 받는다. 그리고 바르게 선택하면 축복을 받는다. 그러나 우리가 의지가 없다면 그러한 선택을 할 수 없을 것이다. 따라서 우리의 의지는 아주 중요하다. 우리를 악마에게 예속시키는 것은 우리 자신의 의지이다. 그렇지만 우리가 하나님 나라의 백성이 되는 것은 우리의 의지가 아니라 하나님의 은혜에 의한 것이다.

〈우리의 의지는 하나님에 의해서만 완전해질 수 있다〉

진실로 우리의 의지는 하나님의 선하심에 의해 선하게 창조되어졌다. 그렇기에 그 의지는 창조주에 의해서만 완전해질 수 있다. 나는 의지의 완성이 의지 자체에서 비롯되는 것이 아니라, 창조주이신 하나님께로부터 온 것임을 지적하고자 한다.

완전해진다는 것은 단순히 존재하는 것보다 훨씬 많은 것을 의미한다. 좋은 것은 우리에게 돌리고, 나쁜 것은 하나님께 돌리는 것은 신성모독이 될 것이다. 그래서 사도 바울은 자신의 본성적 모습을 인정하고, 자신이 은혜에 의하여 되고자 하는 모습과 정반대의 상태에 있음을 인정했다. "원함은 내게 있으나 선을 행하는 것은 없노라"(롬 7:18). 그는 자유 선택을 가지고 원할 수는 있었다. 그러나 완전한 의지를 갖기 위해서는 자신에게 은혜가 필요하다는 것을 깨달았다. 악한 것을 원하는 것은 의지 기능의 결점이기 때문이다. 선한 것을 선택하기 위해서는 또 다른 능력이 요구된다. 선한 것만을 원하는데 이르게 되면 참으로 의지가 완성된 것이다.

19 따라서 언제나 선한 것을 원하는 이 의지의 완성에 이르려면 이중적인 은혜의 선물, 곧 지혜와 능력이 필요하다. 참된 지혜가 필요한데, 이것은 의

지가 선한 것을 향하도록 방향을 잡아준다. 또 의지를 선한 것 안에 굳건히 세울 수 있는 완전한 능력이 필요하다.

완전히 선한 의지

그런데 완전한 회심은 선한 것을 향해 돌아서서 허용될 만한 것만을 향유하는데 있다. 선택의 완전한 확립은 선한 것만을 향유하는데 있다.

그 존재의 시초로부터 영혼은 두 가지 선(善)의 표현을 가지고 있다. 첫째로 창조의 실재인데, 모든 것이 선하신 창조주에 의해 창조되었기 때문에 창조된 모든 것 역시 선하다는 의미이다. "하나님이 지으신 그 모든 것을 보시니 보시기에 심히 좋았더라"(창 1:31).

둘째로, 선택의 자유에서 나오는 특별한 형태의 선(善) 안에서 인간의 영혼은 창조주의 형상대로 창조되었다(창 1:26). 이들 두 가지 선의 측면과 함께 제삼의 측면이 있는데, 말하자면 자유롭게 창조주를 향하여 다시 한번 회심하는 것이다. 이것을 숭고한(sublime) 것으로 간주하는 것은 옳은 일이다.

그렇다면 선(goodness)은 세 가지 형태로 나눠질 수 있다. 창조의 일부로서의 선과, 그 자체의 자유 선택의 영역에 있는 더 좋은 선과, 하나님과의 구속적인 관계에 있는 가장 높은 선이다.

이 가운데 세 번째 선은 하나님의 신적 위엄에 대하여 의지가 자유롭게 전폭적으로, 또 아주 경건하게 회심하는 것을 의미한다. 이때 완전한 의로움 가운데의 복종은 충만한 영광과 연결된다. 이러한 종류의 의는 영광 없이 존재할 수 없고, 이러한 영광은 의 없이 존재할 수 없기 때문이다. 따라서 "의에 주리고 목마른 자는 복이 있나니 그들이 배부를 것이다"(마 5:6)는 말씀은 옳다.

〈참된 축복은 무엇인가〉

20 그러한 축복은 위에서 언급한 두 가지 성질을 갖고 있는데, 즉 참된 지혜

와 충만한 능력이다. 의에 관한 지혜와 영광에 관한 능력이다. 그런데 '참되다'는 말과 '충만하다'는 말이 덧붙여진 것은 '참된' 지혜를 육체적인 인간의 지혜와 구별하고, '충만한' 능력을 "장래 권세를 남용하여 고통 받게 될"(외경 지혜서 6:6) 자들로부터 구별하기 위한 것이다.

의도의 자유와 즐거움의 자유가 선택의 자유와 결합하지 않고서는 참된 지혜나 충만한 능력은 발견되어질 수 없다. 이런 까닭에 자유 선택으로부터 어떤 일을 원할 수 있을 뿐만 아니라 다른 두 가지 자유에 의해서 그 일을 또한 행할 수 있는 사람만이 참으로 지혜롭고 능력이 충만하다고 간주될 것이다.

그러나 그렇게 할 수 있는 사람은 누구인가?(롬 3:21) 이 세상과 오는 세상에서 이 자질들이 발견되는 곳은 어디인가? 그러한 사람이 있다면 그 사람은 "나는 할 수 없다"(롬 7:18)고 고백한 사도 바울보다 더 선한 사람일 것이다. 만약 그가 아담이었다면 그는 결코 낙원에서 추방되지 않았을 것이다.

7. 아담에게 이 삼중적 자유가 부여되었는가?

이제 이 문제를 다룰 때가 되었다. 최초의 인간은 이 삼중적 자유를 누리고 있었는가? 선택의 자유와 의도의 자유와 즐거움의 자유를 가지고 있었는가? 달리 말하면, 필연성과 죄와 슬픔으로부터의 자유를 가지고 있었는가?

첫째 자유에 대해서는 대답하기가 쉽다. 그들도 선택했기 때문이다. 다른 두 가지 자유도 가지고 있었는가? 만약 그렇지 않다면, 상실할 것도 없을 것이다. 그러나 그들은 낙원으로부터 추방되었고, 따라서 틀림없이 어떤 변화가 생겼다. 선택의 자유는 확실히 보존되었다. 그러나 단순한 범죄 사실을 넘어 아담은 죄로부터도, 또 슬픔으로부터도 자유하지 못한 몸 안에 있었다. 그 자유들이 아담에게 부여되었었다면, 그것들은 그로부터 상실될 수 있었을 것인가? 만약 아담이 이 자유들을 가지고 있지 않았다면, 완전한 선택을 할 수 있었을까? 아니면 그가 그것들을 가지고 있었을 가능성이 있다면, 단지 불완전하게 가지고 있었을까?

의도의 자유와 즐거움의 자유에는 각각 두 가지 수준이 있다

21 각 자유에는 높은 수준과 낮은 수준이 있다. 의도의 자유에는 죄를 지을 수 없는 높은 수준의 것과 죄를 짓지 않는 자유라는 낮은 수준이 있다. 마찬가지로 즐거움의 자유에는 슬프게 될 수 없는 자유라는 높은 수준과, 슬프게 되지 않는 자유라는 낮은 수준이 있다.

따라서 인간은 완전한 선택의 자유와 함께 이들 낮은 수준의 자유들을 받아들였다. 그가 범죄했을 때 모두 다 잃어버렸다. 의도의 자유를 완전히 잃어버림으로써, 인간은 죄를 짓지 않을 수 없게 되었다. 마찬가지로 즐거움의 자유를 잃어버림으로써 슬프게 될 수밖에 없었다. 그의 형벌을 위해 완전한 선택의 자유만이 그에게 남아 있을 뿐이었다. 그러나 그가 다른 자유들을 잃어버리게 된 것은 이 자유를 통한 것이었다.

죄만 지으려 하는 의지에 예속되어(롬 6:17 이하) 아담은 마땅히 의도의 자유를 잃어버렸다. 죄 때문에 그는 사망에 종노릇하게 되었고(롬 5:12), 이에 따라 즐거움의 자유를 잃어버렸다.

〈모든 자유는 상호관계에 있다〉

22 인간은 세 가지 자유를 받았다. 한 가지를 남용함으로써 다른 두 가지를 잃어버렸다. 그는 하나님께 영광을 돌리는 대신 자유를 남용하여 자신의 부끄러움이 되고 말았다. 성경 말씀과 같이, "사람은 존귀하나 장구하지 못함이여 멸망하는 짐승 같도다"(시 49:12).

모든 살아있는 피조물 가운데 인간에게만 자유 선택의 특권 가운데 일부로서 죄에 대한 선택의 능력이 주어졌다. 이 능력은 죄를 선택하라고 주어진 것이 아니라 완전한 자유 손에서 죄를 거부함으로써 좀 더 영광스럽게 나타날 수 있도록 하기 위하여 주어진 것이었다. 그러나 범죄로 인하여 인간은 이 영예를 잃어버렸다. 이것은 이 은사를 주신 분 편에 그 실패가 있는게 아니라 그것을 받은 자 쪽에 그 실패가 있는 것이다. 인간은 이 은사를 남용했다. 범죄하는데 의지를 사용했다. 악마와 그의 졸개들이 반역을 시도했을 때에도 죄를 짓지 않는 자유를 보전했던 천사들이 있었다. 이들은 달리 행할 수 없었기 때문이 아니라 그렇게 하기를 원하지 않았기 때문에 죄를 거부했다.

23 이와 마찬가지로 죄인의 타락은 의지라는 은사에 그 원인이 있는 게 아니고, 그 은사의 남용에 그 원인이 있다. 불행하게도 타락 가운데서 인간은 동일한 의지를 사용하여 다시 회복될 수 없었다. 이제는 죄를 짓는 것만을 원하기 때문이다.

8. 죄의 권세가 깨진 후에도 자유 선택은 남아 있다

〈죄가 자유 선택을 말살하지는 않는다〉

24 그렇다면 이것은 인간이 스스로 죄를 짓지 않을 수 없기 때문에 자유 선택을 상실했다는 의미인가?
  그렇지 않다. 그러나 인간은 일찍이 죄를 짓지 않는 능력을 가질 수 있었던 자유 의도(free counsel)를 상실했다. 이것을 잃어버렸음을 안다는 것은 또한 한때 그를 슬픔으로부터 지켜줄 즐거움의 자유를 상실했음을 의미한다. 따라서 죄로부터의 자유와 슬픔으로부터의 자유를 상실했음에도 불구하고 인간은 아직 선택의 자유는 가지고 있다. 지혜와 능력의 상실은 이 선택의 자유에서는 일어나지 않는다. 선한 것을 원하는 것은 아닐 때라도 인간은 아직 의지를 가질 수는 있다.

25 인간의 의지능력이 손상되지 않았다 하더라도, 그에게는 참된 지혜도 없고 사실 도덕적인 능력도 없다.

26 그런데 바로 여기에 그리스도께서 개입하신다. 그분 안에서 인간은 필요한 "하나님의 능력과 하나님의 지혜"(고전 1:24)를 소유할 수 있다. 지혜가 되시는 그분은 인간에게 참된 지혜를 회복시켜 주실 수 있고, 따라서 그분의 자유로운 의도를 회복시켜 주실 수 있기 때문이다. 능력이 되시는 그분은 인간에게 그분의 자유로운 즐거움을 새롭게 해주실 수 있다. 그렇지만 인간이 이 은사들을 완전히 받기 위해서는 내생까지 기다려야 한다. "이 죽을 몸 안에"(롬 7:24) 있는 동안에는 "이 악한 세대"(갈 1:4)를 지나면서 기다려야 하고, 우리가 가진 의도의 자유를 통하여 죄를 지으려는 의지에 대항해 싸워야 한다. 우리는 또한 의를 위하여 우리가 가진 즐거움의 자유를 누림으로써 생기는 역경을 두려워해서는 안 된다.

27 따라서 앞으로 계속해서 자유 선택을 남용하지 않도록 의도의 자유를 배워야 한다. 언젠가 우리는 완전한 즐거움의 자유를 누리게 될 것이다. 그러므로 우리는 은혜의 수단을 통해 우리 안에 있는 하나님의 형상을 회복하는 과정에 있다.

9. 창조주의 형상과 모양은 이 삼중적 자유 안에 표현되어 있다

28 나는 인간의 삼중적 자유가 창조주의 형상과 모양(창 1:26)을 표현하고 있다고 믿는다. 선택의 자유 속에 형상이 들어 있고, 다른 두 자유 속에 하나님의 모양이 들어 있다고 할 수 있을 것이다. 그런데 선택의 자유에 영원하고 불변하는 신성(deity)에 해당되는 실체적인 형상의 흔적이 좀 더 깊게 남아 있기 때문에 선택의 자유가 흐려지지 않는다는 것이 과연 가능한가?

자유 선택은 영원성과 같다

자유 선택은 없어지지도 않았고, 줄어들지도 않았다. 반면에 다른 두 가지 자유에는 상실 즉 회복될 수 없는 상실이 있다.

29 거룩한 천사들은 지금도 다른 두 가지 자유를 누리면서, 죄를 지을 수 없고 슬픔의 방해를 받지 않는 상태에 있다. 그들은 이 상태에서 산다. 물론 하나님은 항상 이렇게 살아 계신다. 사실 우리는 이 땅 위에서 죄나 슬픔 없이 완전하게 있을 수 없으나, 은혜의 도우심으로 죄나 슬픔에 의해 정복당하는 것을 피할 수 있다. "자신의 죄가 가려진 자는 복이 있도다"(시 32:1 이하). 그런데 최고의 천사는 최고의 자유와 하나님의 모양을 가지고 있고, 우리는 최하의 것을 가지고 있다. 물론 악마는 하나도 가지고 있지 않다.

30 지옥에서는 이 자유들, 곧 하나님의 모양에 속한 자유들이 모두 사라진다. "그 손발을 묶어 바깥 어두운 데에 내던지라"(마 22:13). 이 결박이 완전한 자유의 박탈 이외에 무엇을 가리키겠는가?

31 의도와 즐거움의 자유 속에 담긴 하나님의 모양을 닮은 것 가운데 아무것도 지옥에 남아 있을 수 없다. 그러나 그곳에도 형상은 영구적이고 불변한 채 자유 선택 속에 남아 있다.

10. 그리스도 안에서 하나님의 모양이 인간에게 회복된다

32 "그가 나타나시면 우리가 그와 같을 줄을 아는 것은 그의 참모습 그대로 볼 것이기 때문이니"(요일 3:2). "하나님의 영광의 광채시요 그 본체의 형상이시라"(히 1:3). 그 능력의 말씀으로 만물을 붙들고 계시는 하나님의 아들보다 누가 더 잘 변형될 수 있을 것인가? 그는 일그러진 것을 개혁하고, 약한 것을 강하게 하고, 죄의 그림자를 쫓아내어 인간을 지혜롭게 하고, 우리로 하여금 악마의 세계의 압제에 대항하도록 힘을 주실 수 있었다.

33 자유 선택이 이전의 상태로부터 개혁될 수 있도록, 자유 선택을 그 아래 순종하도록 만들 수 있는 바로 그 본체의 형상이 나타났다(빌 2:6). 지혜가 형상(image)에 대하여 의도하듯이, 본체의 형상(form)도 이 세상에서 그 역

할을 다한다. 본체의 형상은 온 세상에 다다른다. 바로 이것이 지혜가 세상을 다스리듯이 자유 선택이 그 몸을 다스리려 하는 방법이다.

34 죄가 그 죽을 몸(롬 6:12)을 다스리도록 허용하기보다는 의의 종(롬 6:13)이 되도록 해야 한다. 인간은 또한 더 이상 죄의 종이 될 수는 없다. 죄를 범하지 않기 때문이다(롬 6:18). 따라서 죄로부터 해방되어 의도의 자유를 회복하기 시작하고, 하나님의 형상에 합당한 모양이 됨으로써 자기의 존엄성을 변호할 수 있게 되었다. 그러나 이 합당한 제물은 자원함 속에서만 이루어질 수 있다. 하나님께서는 즐겨 내는 자를 사랑하시기 때문이다(고후 9:17).

35 스스로 모범을 보이시고 우리로 하여금 이에 따르도록 권유하시는 분의 도우심이 없이는 이것을 성취할 수 없다. 주의 영에 의해 영광에서 영광으로 그와 동일한 형상으로 변형되며, 일치하게 되는 것은 오직 그분 안에서 그리고 그분에 의해서이다(고후 3:18). 그러므로 마치 자유 선택이 이에 동등한 기능을 가지고 선과 악을 선택할 수 있는 것처럼, 자유 선택으로 이 일이 되어진다고 생각하지 말아야 한다. 우리가 타락 이전에는 정말 그렇게 할 수 있었다. 그러나 이제는 성령의 능력을 통해서 그렇게 할 수 있을 뿐이다.

11. 선택의 자유는 남아 있다

36 이미 살펴본 바대로 창조주는 인간에게 신적 위엄을 가진 덕령을 부여하셨다. 즉 선택하라는 것이다. 우리가 복음서에서 "아버지께서 이끌지 아니하시면 아무도 내게 올 수 없으니"(요 6:44). 또 "사람을 강권하여 데려다가 내 집을 채우라"(눅 14:23)는 말씀을 보게 되는데, 이것은 자유 선택의 상실을 의미하지 않는가?

다른 본문들은 의지와 그 자유가 손상되지 않았음을 보여준다. "오직 각 사람이 시험을 받는 것은 자기 욕심에 끌려 미혹됨이니"(약 1:14). 또 "내 지체 속에서 한 다른 법이 내 마음의 법과 싸워 내 지체 속에 있는 죄의 법으로 나를 사로잡는 것을 보는도다"(롬 7:23).

따라서 안팎으로 아무리 시험에 싸인다 할지라도 역시 선택의 자유가 아직 그 결과를 실제로 결정한다. 의도의 자유와 즐거움의 자유에 관해서는 강한 육체의 욕망과 반역하는 인생의 불행으로 인하여 영혼이 별로 자유스럽지 못하다. 바울이 죄의 법에 사로잡혀 있는 것을 불평할 때 그것은 완전한 의도의 자유를 가지지 못했기 때문이다.

12. 죽음이나 형벌에 대한 두려움이 자유 선택을 빼앗아 가는가?

37   그런데 두려움, 즉 죽음이나 기타 여러 가지 형벌에 대한 두려움 때문에 선택을 강요받는 사람들은 어떻게 되는 것인가? 사도 베드로가 하나의 실례가 될 수 있다. 그는 스스로 원한 것은 아니지만 진리를 부인했던 것처럼 보인다. 주님을 부인하느냐 아니면 죽느냐 하는 문제였다. 죽음을 두려워하여 그는 부인하고 말았다.

38   실제로 잘못된 것은 베드로가 죽기보다는 거짓말하는 것을 택했다는 데 있다. 예수께서 "닭 울기 전에 네가 세 번 나를 부인하리라"(마 26:34)고 말씀하실 때 베드로의 연약한 의지가 폭로되었다. 그 순간 갑작스럽게 두려움이 엄습하기 이전에도 베드로는 연약한 의지밖에 소유하지 못했다. 위기를 당하여 이것이 드러났을 뿐이다. 그가 아예 그리스도를 사랑하지 않았다면 마지못해서가 아니라 더 잽싸게 부인했을 것이다. 그러나 그 이전에 그리스도를 더욱 사랑했었다면 그는 부인하지 않았을 것이다.

39   그렇다면 무엇을 말하고자 하는가? 앞에서 우리가 선택의 자유를 주장한 것은 잘못이었는가? 의지도 강요될 수 있음을 알게 될 것인가?

아니다. 우리는 위에서 베드로가 강요받지 않았음을 보았다. 사실은 그가 죽음을 피하려고 의지를 사용했다는데 있다. 혀를 주장하는 의지가 이미 그렇게 하려고 하지 않았다면 달리 어떻게 어린 여종이 사도를 시험하여 그렇게 끔찍한 신성모독을 저지르도록 할 수 있었겠는가? 그 후 베드로가 지나친 자기 사랑을 꺾고 더욱 주님을 사랑하게 되었을 때, 그는 온 마음과 영혼과 힘을 다해 사랑했다(막 12:30). 더 이상 그의 혀는 죄의 도구가 되려하지 않았다(롬 6:13). 그 대신 그는 용감하게 단언하여 대답했다. "사람보다 하나님께 순종하는 것이 마땅하니라"(행 5:29).

자유 선택에 반대되는 능동적이고 수동적인 강제

40 사실 자신이 의지에 반대되는 데도 어쩔 수 없이 강요받은 두 가지 형태의 강제가 있다.

첫째로 수동적인 강제가 있는데, 이것은 행위자의 의식적인 동의 없이 일어날 수 있다. 그러나 능동적인 강제는 결코 이렇게 일어날 수 없다. 따라서 우리가 자원하지 않는 한 결코 악을 우리에게 전가할 수 없다. 그러나 우리가 악에게 설복당할 때, 환경을 따라 그렇게 된 데 대한 과실이 있음을 인정해야 한다.

더 심각한 것은 우리가 자유롭게 선택하는 능동적 강제이다. 설령 우리 마음에 슬픔이 가득하여 그렇게 했다손 치더라도 그것은 그리스도를 부인하는 일이 될 것이다. 따라서 핍박을 받을 때 사람들이 아무리 만행을 저질러도 그 상황은 단지 우리의 의지가 약한지 그렇지 않은지를 보여줄 뿐이다.

자유 선택은 육체와 영혼 사이에 있다

41 사람은 어느 쪽이든 자유롭게 갈 수 있다. 육체의 정욕으로 약해졌다 하더라도 아직 하나님의 영과 그분의 계속적인 은혜를 받을 수 있다(롬 8:26). 인간은 마치 중력의 힘으로 골짜기에 떨어지거나 아니면 계속해서

가파른 비탈길을 올라갈 수 있는 등산객과 같다. 그는 시편 기자의 약속과 함께 산에 오를 수 있다 — 시 36:6.

13. 인간의 공적은 모두 하나님의 선물이다

42　지금까지 자유 선택 이외에 다른 곳에서 정죄 받을 이유를 찾아볼 수 없음을 살펴보았다. 영혼은 자신의 어떤 공덕으로도 구원을 바라볼 수 없다. 오직 그의 자비로 구원을 얻을 것이다. 은혜의 도움 없이는 선을 행하려는 모든 노력이 허사이기 때문이다. 은혜 없이는 그러한 노력조차 시작될 수 없을 것이다.

성경이 말하고 있는 바와 같이 사람의 감각은 쉽사리 악에 빠지게 된다(창 8:21). 따라서 공덕도 자신으로부터 오지 않고 오직 위로부터, 즉 "빛의 아버지로부터"(약 1:7) 오는 것이다. 홀로 영생의 공덕을 제공하시는 분, 즉 이러한 선과 완전한 은사를 주시는 분에게서 온다.

하나님은 은사와 상급을 주신다

우리의 영원의 왕이신 하나님은 인류의 구원을 위해 땅에 오셨고, 당신이 주시는 모든 은혜를 은사와 상급으로 나누어 주셨다.

한편으로 하나님은 우리로 하여금 미덕 속에서 우리의 자유를 행사하도록 도와주는 은혜로운 은사들을 주셨다. 다른 한편 미래에 관한 은혜의 약속에 근거하여 소망을 주셨다. 바울은 이 양 측면으로 우리의 관심을 끌면서 "거룩함에 이르는 열매를 맺었으니 그 마지막은 영생이라"(롬 6:22)고 말한다. 더 나아가 그는 말하기를 "그뿐 아니라 또한 우리 곧 성령의 처음 익은 열매를 받은 우리까지도 속으로 탄식하여 양자 될 것 곧 우리 몸의 속량을 기다리느니라"(롬 8:23)고 했다. 바울은 성화를 "성령의 처음 익은 열매", 다시 말해서 현 상황에서 우리가 하나님의 양자가 되도록 성령에 의해 거룩하게 되는 미덕이라고 본다. 세상을 포기한 자들에게 복음서 기자는 약속하기를 "여러 배를 받고 또 영생을 상속하리라"(마 19:29)고 했다.

〈구원은 하나님의 은사이다〉

그렇다면 구원은 자유 선택의 공로가 아니라 주님의 은혜다(시 3:8). 참으로 하나님은 우리의 구원인 동시에 구원에 이르는 길이시다. 하나님은 당신에 대해 말씀하시기를 "나는 내 백성의 구원이라"(시 35:3) 하셨고, 또 "내가 곧 길이라"(요 14:6)고 하셨다. 우리의 구원이신 분이 또한 구원에 이르는 길을 내셨다. 따라서 아무도 자랑할 수 없다(고전 1:29).

구원과 생명이 우리 본향의 특징이라면 나그네 길의 축복은 은혜의 축복이다. 다윗이 말한 "선을 행하는 자가 아무도 없다"(시 14:3)는 것은 참이며, 이에 더하여 "하나님 이외에는 선한 자가 없다"(눅 18:19). 하나님께서는 우리의 공덕이 필요하지 않으나 자기 피조물의 유익을 위하여 그들이 공덕을 성취할 수 있도록 은혜로 역사하신다.

인간 속에 있는 하나님의 삼중적인 행위

44 하나님은 생명책에 그 이름이 기록된 자들의 구원을 세 가지 방법으로 완성하신다. 즉 그들의 동의 없이, 그들의 동의와 반대되더라도, 그들의 동의를 얻어 역사하신다.

종종 하나님의 피조물들은 비이성적인 피조물들이 항상 유익을 얻는 것과 마찬가지로 자기들에게 주신 하나님의 축복을 전혀 깨닫지 못한 채 유익을 얻는다. 하나님은 또한 많은 사람들이 바로(출 9:16)나 발람(민 22:18)이나 갈대아인들(합 1:6)처럼 악하고, 또 반역 가운데 있음에도 불구하고 그들을 이롭도록 하신다. 해를 끼치려는 욕망에도 불구하고 그들은 은연중에 하나님의 목적을 이루게 된다.

또한 하나님의 사자들처럼(이들을 통해서 이들과 함께 하나님은 역사하신다) 하나님께서 원하시는 것은 무엇이나 기꺼이 하려는 사람들이 있다. 그런 사람들 가운데 사도 바울은 "내가 한 것이 아니요 오직 나와 함께 하신 하나님의 은혜로라"(고전 15:10)고 인정할 수 있었다. 그는 그 행위가 자신에게 속해 있음을 시인했지만, 동시에 역시 하나님의 은혜였음을 인정할 수 있었다. 자신을 단지 하나님의 도구로 생각하는 것을 좋아했기 때문이다. 자신의 자유 선택을 행사하면서 그는 하나님의 동역자가 되는 것을 선택했다.

각자가 공덕을 쌓아 얻는 상급은 무엇인가?

⟨공덕(merit)은 오직 동의에 의해서만 존재한다⟩

45 위에서 언급한 세 가지 상황 가운데서 첫째 경우에는 공덕이 없고, 둘째 경우에는 과실만 있을 뿐이며, 셋째 경우라야 참 공덕이 있다. 돌과 같은 무생물이나 동물과 같은 피조물은 공덕을 쌓지 못한다. 감각은 지니고 있으나 동의하는 능력을 갖지 못하기 때문이다. 악마나 악인은 어떤 공덕을 쌓을 수 있다. 동의를 할 수 있기 때문이다. 그러나 선한 것을 거부했기 때문에 형벌을 쌓게 될 뿐이다.

복음을 전파하면서 자신을 단순한 삯꾼이 아니라(고전 9:16) 기꺼이 섬기는 자로 묘사할 때 바울이 말하고 있는 것은 셋째 경우이다. 그러한 자들에게만 의의 면류관이 예비되어 있기 때문이다(딤후 4:8). 자기 의지의 동의를 통해 순종하는 자들에게 의의 면류관이 주어지는 까닭이다. 바울은 다시 자신과 그와 함께 한 자들을 언급하면서 "우리는 하나님의 동역자라"(고전 3:9)고 말한다.

하나님은 인간이 하나님을 통해, 하나님을 위해 일하려고 의지할 때마다 그를 인정하신다. 이런 까닭에 우리는 감히 자신에게 "하나님의 동역자"라는 칭호를 붙일 수 있다. 자신의 자발적인 동의로써 하나님의 의지와 연합하였기 때문에 이렇게 동역자들은 성령과 함께 하나님의 나라를 받을 만하다.

14. 구원의 역사에 있어서 은혜와 자유 선택

〈그렇지만 모든 미덕은 하나님의 은혜에 속한다〉

그렇다면 구원의 역사에 있어서 자유 선택의 역할은 무엇인가? 단지 자유롭게 동의하는 것인가? 그렇다. 어떤 공덕도 동의 그 자체 속에 있지 않다. 스스로 전혀 아무 공덕도 가지지 못하기 때문이다(고후 3:5). 모두가 하나님께로부터 온다.

모두가 하나님께 속하였다

"너희 안에서 행하시는 이는 하나님이시니 자기의 기쁘신 뜻을 위하여 너희에게 소원을 두고 행하게 하시나니"(빌 2:13). 이것은 내 말이 아니라, 자신의 자유 선택뿐만 아니라 자신이 할 수 있는 모든 것을 ― 그것이 생각이건 의지건 행위이건 간에 ― 모두 하나님께 돌리고 있는 사도의 말씀이다. 만약 그렇다면 하나님이 우리 안에서 이 세 가지 모두를 행하시므로 우리에게 선한 생각과 의로운 의지와 행위의 완성까지 부여하신다면, 첫째 경우에는 우리 없이 일하시고, 둘째 경우에는 우리와 함께 일하시며, 셋째 경우에는 우리에게 의해 일하심에 틀림없다. 바로 우리의 생각을 불러일으키심으로써 우리의 행위를 예상하신다. 우리의 타락한 의지를 변화시키는 가운데 우리의 동의 속에서 우리와 연관을 맺으신다. 그리고 우리의 동의가 선한 일을 행하도록 힘을 주셨을 때 당신이 행하신 모든 일이 선하심을 계시해 주신다.

우리가 자신의 행위를 예상할 수 없다는 것은 분명하다. 그러나 선한 사람이 아무도 없음을 아시는 분은 은혜 속에서 모든 구원의 행동을 예상하신다. 따라서 우리 구원의 시작은 오직 하나님 안에서만 발견되는 것이지, 우리 안에 있거나 우리와 함께 시작되는 게 아니다. 그러나 동의와 역사(work)가 우리 안에 있지 않다고 하지만, 역시 우리가 없이는 불가능하다.

동의와 행동 모두를 위해서 선한 의지가 필요하다

우리에게 아무 역할도 부여되지 않는 제1단계인 주도의 단계나, 종종 우리의 두려움이나 저주받을 위선에 의해 부패되어 있는 마지막 단계인 행동의 단계는 우리에게 아무 공덕도 줄 수 없다. 오직 둘째 단계인 자유 선택이 공덕을 가져다준다.

선한 의지는 언제나 그 자체로서 족하다. 만약 이것이 결여되면 다른 어떤 것으로도 대치시킬 수 없다. 의도는 공덕을 쌓을 수 있다. 행동은 실례(example)가 될 수 있다. 그런데 이것들보다 앞서 있는 선한 생각은 우리를 타성에서 벗어나게 할 수 있다.

〈하나님의 은총은 자유 선택을 일으킨다〉

그러므로 이것들이 우리 내부에서, 우리와 함께 무의식적으로 일어나고 있을 때 이것들을 자기 의지의 결과로 여기지 않도록 신중을 기해야 한다. 우리의 의지는 연약하다. 또한 이것들을 하나님 편에 있는 필연성으로 돌려서도 안 된다. 거기에 필연성이란 존재하지 않는다. 오직 하나님의 은혜에 돌릴 수 있다. 하나님께는 은혜가 충만하기 때문이다.

선한 생각의 씨를 뿌리면서 자유 선택을 불러일으키는 것은 오직 하나님의 은혜이다. 하나님은 의지의 경향을 변화시킴으로써 우리를 치료하신다. 행동에 옮기도록 의지를 변화시켜 주신다. 영혼이 타락을 경험하지 않도록 구해 주신다. 그렇지만 하나님의 은혜는 첫째 경우에만 앞서 가면서 자유 선택과 행동하고, 나머지 경우에는 자유 선택과 함께 간다.

모두가 은혜로 시작해서, 모두가 은혜로 마치지만 동시에 자유 선택이 은혜와 함께 일하는 방식으로 진행된다. 이것은 은혜가 사역(work)의 절반을 차지하고, 나머지는 자유 선택이 맡아서 한다는 말이 아니다. 각기 은혜 안에서 자기 기능을 다한다. 그러므로 은혜가 모든 사역에 다 관련되듯이, 자유 선택 역시 그러하다. 그러나 여기에 한 가지 조건이 있는데, 모든 것이 자유 선택 속에서 이뤄지는 일이지만, 모두가 은혜에 속한 일이라는 것이다.

이 모든 내용 중 어디에도 사도 자신의 가르침으로부터 벗어난 데가 없다고 나는 믿는다. 계속해서 사도 자신의 말씀으로 돌아가고 있기 때문이다. "그런즉 원하는 자로 말미암음도 아니요 달음박질하는 자로 말미암음도 아니요 오직 긍휼히 여기시는 하나님으로 말미암음이니라"(롬 9:16). 사도는 헛걸음하는 자의 언어를 사용하고 있지 않다(갈 2:2). 그보다는 원하는 자나 달음박질하는 자가 원하고 뛸 수 있도록, 스스로 오직 하나님께로부터 받은 것에 그 신뢰를 두어야 한다는 의미로 말하고 있다. 한 마디로 "네게 있는 것 중에 받지 아니한 것이 무엇이냐"(고전 4:7)고 묻는다.

하나님의 삼중적인 역사

자신의 존재를 얻고, 성화되고, 영원한 구원을 받았을 때, 이것들 중에 우리 인간이 수행했거나 수행할 수 있었던 것이 무엇인가? 자유 선택으로 가능했던 것이 무엇인가?

천지가 창조될 때 그곳에 있지 않았으므로 우리는 스스로를 창조하지 않았다(욥 38:4). 또 죄 속에서 스스로 회복하여 은혜로 나아갈 수도 없었다. 죽음 가운데서 부활할 수도 없었다. 치료받아야 되고 구원받아야 할 자들을 위해 틀림없이 예비되어 있는 모든 선한 일들을 행할 능력도 없었다.

〈하나님이 홀로 허락하시고 구원하시고 거룩하게 하신다〉

창조와 구원에 관한 한 이 모두가 아주 분명하다. 하나님의 의에 대해 무지한 채 자신의 의를 세우려 하고 하나님의 의에 복종하지 않는 자들(롬 10:3)을 제외하고는 누구도 칭의에 대하여 이것을 의심조차 하지 못한다.

창조주의 능력과 구속주의 영광을 인정하면서도 거룩하게 하시는 분의 의에 대해서 알지 못할 만큼 그렇게 무지할 수 있을 것인가? 그러므로 예언자는 말하기를 "여호와여 주는 나의 찬송이시오니 나를 고치소서 그리하시면 내가 낫겠나이다 나를 구원하소서 그리하시면 내가 구원을 얻으리이다"(렘 17:14)라고 했다. 예레미야는 오직 하나님 안에서만 거룩함과 구원의 옷을 모두 덧입게 됨을 우리에게 보여준다.

그러나 누가 의는 하나님께로부터만 온다는 것을 무시할 수 있겠는가? 누가 스스로 의롭다 할 수 있겠는가? 이러한 까닭에 다윗은 스스로 인정하기를, "여호와여 영광을 우리에게 돌리지 마옵소서 우리에게 돌리지 마옵소서 오직 주는 인자하시고 진실하시므로 주의 이름에만 영광을 돌리소서"(시 115:1)라고 했다. 그가 덧입기를 바라던 것, 다시 말해서 의의 옷과 영광의 옷은 하나님께로서 오는 것이기 때문이었다.

스스로 의롭다 하는 자는 하나님을 알지 못한다

그렇다면 의가 오직 하나님께로서 온다는 것을 깨닫지 못하는 사람은 누구인가? 스스로 의롭다 하는 자이다.

그리고 스스로 의롭다 하는 자는 누구인가? 자신의 공덕이 은혜가 아닌 다른 출처에서 생긴다고 상상하는 사람이다.

상급을 주시는 분이 먼저 그것을 만드셨던 분이다. 그분의 기쁘심을 입은 자는 말하기를 "여호와께서 내게 주신 은혜를 무엇으로 보답할까"(시 116:12)라고 했다. 다시 말해서 그분이 먼저 주셨던 것을 돌려드린다는 것이 아닐까? 시편 기자는 자기 존재의 근원과 의의 근원을 부인함으로써 두 가지 모두를 잃어버리지 않기 위하여, 자신의 존재와 의가 오직 하나님께 속하였다고 선언한다. 근원을 부인하면 자신을 그 근원으로부터 단절시킴으로써 스스로 정죄하게 될 것이기 때문이다.

시편 기자는 응답할 필요성을 느끼는 세 번째 의미를 발견한다. "내가 구원의 잔을 들리이다"(시 116:13). 그런데 구원의 잔은 주님의 보혈이다. 우리로 하여금 하나님께 되갚을 수 있게 해주는, 우리 자신의 것이라 할 만한 것이 없다면 무엇을 원천으로 삼아 하나님께 보답할 수 있는가? "내가 주의 이름을 부르리이다"라고 말한다. 그 이름을 부르는 자마다 구원을 얻을 것이기 때문이다(행 2:21; 3:12).

하나님 자신의 이름 이외에 우리가 하나님께 보답할 수 있는 것은 아무것도 없다.

〈하나님의 은혜는 삼중의 방법으로 자유 선택을 도와준다〉

이런 까닭에 참된 자유를 가진 사람들은 자유 선택의 행사와 관련하여 자유 선택이 아니라 하나님의 은총의 삼중적인 작용을 인정한다. 이 작용의 제1부는 창조이고, 제2부는 구속이며, 제3부는 완성이다.

첫째로 우리는 예수 그리스도 안에서 의지의 자유를 가지도록 창조되었다(엡 2:10). 둘째로 우리는 자유하는 영 안에서 예수 그리스도에 의해 회복되었다(고후 3:17). 셋째로 우리는 영원한 상태에서 완성에 이르러 그리스도와 함께 세우심을 받을 것이다. 아무 존재가 없는 것은 존재를 가지신 분에 의해 창조되어야 하기 때문이다. 일그러졌던 것은 예수 그리스도에 의해 개혁될 필요가 있었다. 그 몸의 지체들은 오직 그 머리 되신 예수 그리스도 안에서 마지막 완성을 얻을 수 있다.

이상과 같은 일들은 우리 모두가 "그리스도의 장성한 분량이 충만한 데까지 이르리니"(엡 4:13) "그와 함께 영광 중에 나타나게 될"(골 3:4) 때 일어날 것이다. 이 완성은 우리에 의해서 성취되지는 않지만, 바로 우리 안에서 성취될 것이다. 창조가 우리 없이 이루어지지 않았고, 구속은 오직 우리 가운데 자발적으로 동의하는 자들과 함께 일어나기 때문이다. 그리고 구속(redemption)은 우리에게 의로서 전가된다.

의도와 기억과 감정

우리가 가진 공덕은 금식과 성찰과 자기 훈련과 자비 행위와 기타 모든 미덕의 실천으로서 이에 의해 속사람이 매일 새로워진다(고후 4:16).

세상 근심에 억눌려 있는 우리의 의도는 조금씩 하늘을 향해 일어설 뿐이다. 육체의 정욕에 시달리는 우리의 감정은 서서히 영적인 사랑에 의하여 고무되어 일어날 뿐이다. 과거의 과오에 대한 수치감으로 얼룩진 우리의 기억은 선한 행위를 기억함으로써 보다 순수해지고 즐겁게 된다이 세 가지 방법에 의해 속사람이 새로워진다. 올바른 의도와 순수한 감정과 선행에 대한 기억에 의해서 이러한 새로워짐이 일어난다. 선한 행위로 기억이 가득하게 되면 양심에 빛이 비추인다.

〈성령과 우리의 공덕〉

이것들이 사실 하나님의 은사이기 때문에 우리 안에서 역사하시는 분은 하나님의 영이시다. 그렇지만 우리 의지의 동의에 의해 오기 때문에 역시 우리의 공덕이 된다. "말하는 이는 너희가 아니라 너희 속에서 말씀하시는 이 곧 너희 아버지의 성령이시니라"(마 10:20)고 주님께서는 말씀하신다. 이와 마찬가지로 바울은 "그리스도께서 내 안에서 말씀하시는 증거를 너희가 구하느냐"(고후 13:3)고 묻는다. 그런데 예수 그리스도나 성령께서 바울 사도의 인격 안에서 말씀하신다면 역시 그 안에서 역사하고 계시다고 생각할 수 있지 않은가? "나를 통하여 말과 행위로 표적과 기사의 능력으로 성령의 능력으로 역사하신 것 외에는 내가 감히 말하지 아니하노라"(롬 15:18)고 그는 고백한다.

그러나 이것이 무엇을 의미하는가? 사도의 말과 행위가 자신의 짓이 아니라 그를 통해 말씀하시는 하나님께 속한 것이라면 바울의 공덕은 어디에 있는가? "나는 선한 싸움을 싸우고 나의 달려갈 길을 마치고 믿음을 지켰으니 이제 후로는 나를 위하여 의의 면류관이 예비되었으므로 주 곧 의로우신 재판장이 그 날에 내게 주실 것이라"(딤후 4:7-8)는 확신에 찬 말은 어떻게 되는가?

자신이 수행한 선행으로 인하여 바울이 면류관을 기대하고 있었다고 생각하는가? 전혀 그렇지 않다. 악한 천사들과 불구가 된 인간에 의해 행하여진 셀 수 없는 선행이 있지만 이것들은 분명 공덕이 될 가치가 없음을 알기 때문이다. 이 선행들이 그의 선한 의지와 연관되어 행하여지리라는 것이 그의 소망이 아니었을까? "내가 내 자의로 이것을 행하면 상을 얻으려니와 내가 자의로 아니한다 할지라도 나는 사명을 받았노라"(고전 9:17)고 그는 말했다.

마지막으로 모든 공덕이 달려 있는 이 의지가 사도 바울의 동기가 되지 않았다면 어떻게 그가 자기를 위해 예비되었다고 생각한 면류관, 실로 의의 면류관에 대해 말할 수 있었겠는가? 의무 없이 약속되고 값없이 주어진 것을 무엇이나 우리가 빚처럼 요구한다면 옳다고 할 수 있겠는가?

바울의 면류관은 하나님이 주시는 의의 면류관이다

바울은 "내가 믿는 자를 내가 알고 또한 내가 의탁한 것을 그 날까지 그가 능히 지키실 줄을 확신함이라"(딤후 1:12)고 말한다. 그는 하나님의 약속을 자기가 의탁한 것이라고 불렀다. 약속하신 분을 신뢰하였기 때문에 확신을 가지고 그 약속을 반복하여 이야기한다. 이 약속이 오직 은혜로 이루어졌음을 잘 알았고, 그것이 의(義) 안에서 성취될 것임을 결코 의심하지 않았다.

따라서 사도 바울이 자기가 고대했던 면류관을 의의 면류관으로 표현한 것은 잘 한 것이다. 그것이 사도에게서 난 의가 아니라 하나님께로서 온 의이기 때문이다. 하나님께서 스스로 빚지신 것을 주시며 약속하신 것을 빚으로 삼으신다는 것은 의로운 일이다. 그런데 사도가 의지한 의는 곧 하나님의 약속이다.

바울이 하나님을 알지 못하고 자신의 의를 가지려고 소원했었다면 결코 하나님의 의에 복종하지 않았을 것이다(롬 10:3). 그러나 하나님은 바울을 당신의 의에 동참하는 자로 삼아 바울이 면류관을 받을 만한 자격 있는 자가 되기를 원하셨다. 즉 하나님은 바울을 당신의 의에 동참하는 자로 삼아 그가 면류관을 받을 만한 일들을 해나가게 하셨다. 그가 기꺼이 하나님의 뜻에 따르려고 했을 때, 하나님께서는 그를 동참하는 자로 삼으셨다. 하나님의 일을 돕도록 의지가 주어졌고 이 도움은 상급으로 간주되었다.

〈의지와 상급은 모두 하나님으로부터 온 것이다〉

의지가 하나님으로부터 온다면 상급이나 공덕 역시 하나님으로부터 온다는 것이 분명하다. 의지와 행위가 오직 하나님의 은혜의 결과라는 것은(빌 2:13) 논의할 여지가 없기 때문이다.

    그런데 하나님은 의지를 선행에 사용하도록 하시고, 의지가 할 일을 공급하시기 때문에 공덕의 조성자이시다. 만약 우리가 자신의 행동에 의미 있는 이름을 붙여 공덕이라 부르고 싶을지라도 이 행위들은 단지 우리 희망의 모판과 사랑의 동기와, 숨겨진 예정의 징조와 장차 누릴 축복의 전조가 될 수 있을 뿐이다. 그러나 그것들은 우리가 왕처럼 군림할 수 있다고 가정하는 근거는 되지 못한다. 한 마디로 사도 바울의 말씀을 빌려 결론을 맺을 수 있다.

    "또 미리 정하신 그들을 또한 부르시고 부르신 그들을 또한 의롭다 하시고 의롭다 하신 그들을 또한 영화롭게 하셨느니라"(롬 8:30).

II

하나님의 사랑의 본질과 위대함

성 티에리의 윌리엄과 클레르보의 버나드의 논문

4
사랑의 본질과 존엄성*

1. 서언

1   사랑은 모든 예술을 능가하는 예술이다. 자연이 이 사실을 말해 주지만, 자연의 조성자는 하나님이시다. 음란한 감정이 사랑의 순수성을 더럽히기는 했지만, 사랑은 창조주에 의해서 우리에게 주어진 것이다. 이 사랑은 우리가 본성적으로 하나님의 제자가 아니라, 우리가 하나님의 사랑 앞에 순응할 때 비로소 가르침을 받을 수 있게 된다(요 6:45)는 것을 가르쳐 준다. 진실로 영혼 안에 이 사랑은 그 관성에 의해 그 목적과 목표를 이행해가는 능력이다.

⟨만물은 자체의 성향을 가지고 있다⟩

2   모든 피조물은 영적인 것이든 물질적인 것이든 끌어당기는 자체의 영역을 가지고 있다. 이것은 중력의 힘에 의해 영향을 받고 있는 것과 같다. 이 법칙은 아리스토텔레스와 같은 철학자에 의해서도 언명되었다. 그러나 모든 사물이 다 아래로 끌려가는 것은 아니다. 물은 떨어지지만 불은 타오른다. 모든 것이 다 이와 마찬가지로서, 사람도 이 법칙에 따른다. 그리하여 그의

---
* 이 글은 성 티에리의 수도사들에게 제일의 설교 형식으로, 1120년대 성 티에리의 윌리엄이 쓴 것이다.

몸은 아래로 내려가는 반면, 영혼은 올라가고, 그의 각 부분은 원하는 목적지로 간다.

그렇다면 몸의 자리는 어디인가? 성서는 말한다. "너는 흙이니 흙으로 돌아갈 것이니라"(창 3:19). 그러나 영혼의 자리에 대하여 지혜서는 이렇게 말한다. "흙은 여전히 땅으로 돌아가고 영은 그것을 주신 하나님께로 돌아간다"(전 12:7).

그러므로 우리는 사람이 그가 지닌 본성을 표현하고 있음을 안다. 영혼은 그것을 지으신 하나님께로 돌아가고 몸은 흙으로 돌아간다. 단지 땅으로 돌아갈 뿐 아니라 흙을 형성했던 원소들에게로 돌아간다. 흙, 불, 물, 공기 등이 각자 몸으로부터 제 몫을 되찾아간다. 이것을 부패, 혹은 자연적 분해라고 한다. 이 과정이 연결되면 모든 원소들은 본래의 자리로 되돌아간다.

〈그렇지만 죄에 빠진 영혼은 하나님을 향하지 않는다〉

그런데 모든 자연적인 요소들은 이 과정을 벗어나지 않는데, 죄악에 의해 더럽혀진 비참한 영혼과 타락한 정신만은 어떻게 원래의 곳으로 돌아가야 할지를 모른다. (혹은 매우 어렵게 배운다) 사실 영혼은 복을 바라는 소원에 이끌려 복이 아니면 아무것도 구하지 않을 것이다. 그러므로 "여호와를 자기 하나님으로 삼는 백성은 복이 있도다"(시 144:15)라고 했다. 모든 선의 창조주 이외에 다른 방법으로 혹은 다른 근원으로부터 이러한 복을 구하는 것은 쓸데없이 방황하는 것이다. 이때 이러한 가르침을 떠나 방황하게 된 영혼은 적절한 스승을 필요로 하게 된다. 이 스승은 영혼이 사랑을 통하여 찾고 있는 복을 가르칠 수 있는 사람이다. 그리하여 영혼은 어디서, 어떻게, 어떤 길을 통해서, 어떤 장소로 가야 할 것인가를 훈계 받게 된다.

〈정욕은 사랑이 아니다〉

비극적인 일이지만 육체적 사랑은 악덕을 가르치는 스승들을 가지고 있다. 이들은 스스로 타락하고 남을 타락시키는 일에 너무 교활하고 유능해서, 그들의 사랑의 대가(master)인 오비디우스(Ovid)[1] 조차도 어리석은 그의 연인들과 친구들에 의해 그가 그렇게도 열렬하게 찬양했던 것을 철회해야만 했던 것이다. 따라서 육체적 사랑의 불꽃에 대하여 정열적인 저작을 남겼던 오비디우스는 사랑의 치유에 대해서도 써야 했다. 그는 모든 열정을 불러일으키거나 새로운 열정을 만들어냄으로써 사랑의 동기를 유발시키는 그의 모든 기교들을 아낌없이 제시했다.

그리스 - 로마 시대에 이러한 타락으로부터 정욕을 향한, 통제되지 않고 넘쳐흐르는 욕망의 광기가 나온 것이다. 자연의 전체 구조는 끊임없는 욕망을 자제할 줄 모르는 가운데 악덕만을 가진 인간들의 타락과 사악한 남용으로 인해서 이지러지고 파괴되었다. 이런 것들이 사물의 자연적인 질서를 파괴했다.

〈정욕은 동물적이다〉

하나님께서 창조시에 제정하신 자연 질서에 따르면 이런 사람들의 영혼은 자신의 관성과 하나님께 대한 자신의 사랑에 의해 고양되어졌어야 했다. 그러나 육체의 유혹을 받아 비뚤하게 되고 타락한 사람들은 그렇게 하지 않았다. 오히려 그들은 동물처럼 되었다. 그래서 시편 기자는 "사람은 멸망하는 짐승 같도다"(시 49:12)라고 말한다. 하나님께서도 "나의 영이 영원히 사람과 함께 하지 아니하리니 이는 그들이 육신이 됨이라"(창 6:3)고 선언하셨다. 또한 시편 기자는 자기 동료들 때문에 "내 마음은 밀랍 같아서 내 속에서 녹았으며"(시 22:14)라고 했다.

〈마음이 정욕을 다스려야지 정욕의 압제를 받아서는 안 된다〉

마음(heart)은 창조주에 의해 육체의 좁고 중심적인 부분에 위치하게 되었는데, 그곳에서 지고한 감각의 오새뿐만 아니라 저급한 몸의 기관까지 규제하고 다스릴 수 있다. 그러므로 마음의 역할은 생각과 행위의 전 영역을 다스리는 것이다. 그러나 타락한 육체의 욕망 아래서는 마음의 감각이 야만

---

1) 오비디우스(Ovid): 로마의 시인(43BC~AD17?) — 역주

적인 욕망을 향하게 되고, 이 욕망은 인간의 감각을 추하게 하고, 무지한 열정으로 그를 다스리며, 인간으로 하여금 그가 전적으로 하나님을 위해 창조되었다고 하는 본래의 존엄성을 망각하게 한다.

오직 하나님을 위해 창조되었음에도 불구하고, 마음은 타락한 사람들과 다른 사람을 타락시키는 자들로 인해 욕망에 더 잘 어울리게 되고, 모든 악을 위한 창녀의 집과 같이 된다. 그러므로 욕망으로 들끓어 스스로를 더럽히는 사람은 얼마나 불행한가! 창조주 하나님께 속해 있으며, 어떤 피조물에게도 내어줄 수 없는 마음의 자리를 그들은 사탄의 자리로 만들어 버렸다(계 2:13). 마음은 이제 음탕한 생각과 셀 수 없이 많은 악의 보금자리가 되었다.

2. 사랑의 기원과 진보

3 이제 사랑에 대해 좀 더 언급하고자 하는데, 그 타락에 대해서가 아니라, 하나님 자신이 사랑의 근원이시므로 우리에게 사랑을 불어넣으시는 범위 내에서 이야기하기로 하자.

첫째로 사랑의 기원과, 어떻게 사랑이 연속적인 성장의 단계를 거쳐 완숙한 노령에 이르게 되는지에 대해 살펴보도록 하자. 노령(elder age)은 노쇠한 향수로 가득 채워진 것이 아니라 자비로 가득 채워져 있다. 다양한 인생의 단계가 성장하는가 아니면 노쇠하는가 하는 것은 보는 관점에 따라 좌우되지만 어린이는 젊은이가 되고, 젊은이는 장년이 되며, 장년은 노년이 된다. 각 단계에는 질적인 변화가 있다. 사람에 관해서도 차이를 보인다. 세계는 미덕을 발전시키고, 덕은 사랑으로 성장하며, 사랑은 자비에 이르고, 자비는 지혜를 가져온다.

〈사랑의 기원〉

우리가 지금 이야기하고 있는 사랑의 고상한 혈통에 대해 알 필요가 있다. 왜냐하면 사랑은 고귀한 가문 출신이기 때문이다. 진실로 사랑의 탄생은 하나님께 속한다. 거기서 사랑은 탄생되어 양육 받고, 성장하여 발전한다. 사랑은 외인(外人)이 아니라 참된 시민이다(엡 2:19). 왜냐하면 사랑은 오직 하나님에 의해서만 주어지며, 그분 안에서 계속적으로 존재하기 때문이다. 사랑은 오직 하나님으로만 말미암으며, 하나님을 위해서만 존재한다.

사랑의 탄생에 대해서 이야기할 때, 우리는 하나님의 삼위일체 되심을 상기한다. 하나님은 자신의 형상을 따라 사람을 지으셨다. 하나님께서 자신의 형상대로 사람을 지으셨으므로, 그의 삼위일체적 성격도 사람 속에서, 사람을 통하여 나타나야만 한다. 하나님께서는 이 형상에 의해 하나님의 피조물인 사람이 하나님께 꼭 붙어 있기를 원하신다. 그렇지 않으면 우리는 길을 잃고 방황하게 되며, 소외되고, 많은 피조물에 의해 혼란에 빠지게 된다. 저열하게 피조된 삼위일체성을 가진 인간은 최상의 삼위일체를 지니신 창조주와의 연합으로부터 스스로 분리되고 말았다.

〈인간 존재의 삼위일체성〉

하나님께서 사람에게 생기를 불어넣으셨을 때(창 2:7), 사람은 영적인 힘, 혹은 지적인 힘을 부여받았다. 이것이 곧 인간 안에 불어넣어진 영감의 의미이다. 사람은 또한 동물적인 힘 즉 생물적인 활력을 부여받았으므로, 살아있는 생물이 되었다. 하나님께서 사람 속에 주신 최상의 능력은 기억력으로, 이에 의해 창조주의 능력과 선하심에까지 생각이 미치게 된다. 그리고 하나님께서는 이 기억이 이성을 만들어 내고, 기억과 이성은 또한 의지를 만들어 내도록 하셨다.

〈인간에게 필요한 삼위일체 하나님〉

기억은 추구해야 할 목표를 알고 그리로 인도한다. 이성은 어떤 목표를 추구해야 하는가를 말해준다. 의지는 추구한다. 그것은 곧 추구하는 힘이다.

이 세 가지, 즉 기억, 이성, 의지는 곧 하나이다. 그러나 이것들은 셋으로서 효과 있게 움직인다. 이처럼 하나님의 삼위일체에 있어서도 한 실체와 세 인격이 있다. 삼위일체 안에서 아버지는 낳으신 분이고, 아들은 나신 분이며, 성령은 성부와 성자로부터 나오셨다. 이와 같이 기억은 이성을 낳고, 의지는 기억과 이성으로부터 나온다.

4 인간 안에 있는 영혼이 하나님께 붙어 있게 하시려고 하나님께서는 당신 자신을 기억할 것을 요구하신다. 아들은 이성을 요구하며, 성부와 성자로부터 나오신 성령은 기억과 이성으로부터 나온 의지를 요청하신다.

바로 이것이 의지의 기원이고, 탄생이며 채용(adoption)이고, 존엄성이며 고귀함이다. 은혜가 앞서가며 협동할 때, 의지는 자유롭게 성령에 밀착되기 시작하는데, 성령은 성부와 성자의 사랑과 의지가 되신다. 의지는 하나님께서 원하시는 것을 자발적으로 바라고 열망하게 되며, 기억과 이성이 응당 그렇게 해야 한다고 제시하는 것을 원하게 된다. 이 열렬한 의지가 사랑이며, 사랑은 곧 선을 위한 열망이다. 의지 자체는 선을 원하는 단순한 태도이다. 즉 성향(affectus)이다. 그것은 합리적 영혼에 뿌리박고 있으며, 선과 악을 모두 행할 수 있는 것이다.

〈은혜는 영혼의 참된 중력이다〉

이 성향(affectus)은 은혜에 의해 도움을 받을 때 선하게 된다. 그러나 홀로 남게 되면 악하게 되는데, 그 이유는 그 자체로서는 부족하기 때문이다. 창조주의 입장에서 보면, 인간 영혼은 아무 부족함도 없어야 하는데 영혼은 두 가지 방법으로 자유의지를 부여받았다.

첫째로, 은혜의 도움을 받아 의지는 덕을 향해 나아가게 된다. 그때 의지는 사랑의 이름을 가지게 되며, 곧 사랑이 된다. 둘째로, 홀로 남게 되면 의지는 이기적인 향락을 추구하게 되며, 그 안에 결핍이 생겨난다. 그리하여 탐욕, 욕망, 정욕과 같은 악덕의 이름이 붙게 된다.

5 태초부터 의지는 피타고라스의 글자인 Y처럼 매우 자유롭게 창조되었다. 만약 의지가 처음에 가진 존엄성에 알맞게 사랑을 향해 고양된다면, 그때에는 하나님이 제정하신 구조에 따라서 사랑에서 자비로, 자비에서 지혜로 진

보해 갈 것이다.

〈은혜 없이 의지는 파괴적이다〉
반대로 이러한 자체 질서가 없으면, 의지는 하나님의 공의로운 규정에 의해 파멸로 치닫게 될 것이다. 만약 하나님의 은혜로부터 오는 도움이 없다면, 의지는 혼란의 어둠 속에 뒤덮이게 되고, 악의 소굴 속에 빠지게 될 것이다. 오직 지옥으로 가는 이 길을 진실되게 거부할 때에라야, 의지는 한 번 더 발걸음을 옮겨 인도하시고 부양하시는 은혜(시 31:3)를 따를 수 있을 것이다.

젊음의 힘으로 채워진 의지는 하나님에 대한 경외감으로 고무되어 있으므로, 형벌에 대한 유치한 두려움 따위에는 놀라지 않는다. 의지는 하나님에 대한 참된 공경과 사랑에 의해 고무된다. 이것이 참된 경건이다. 욥이 말한 바와 같이 "주를 경외함이 곧 지혜"(욥 28:28)이다.

참된 젊음은 나이에 따른 자연적인 힘이나 능력에 있는 것이 아니다. 젊음이 갖는 자연적인 자극들을 사라지게 하지 말라! 이성은 이런 자극들의 부패를 금할 것이다. 젊음의 이상들을 타락시키는 사람은 표면상의 방황 속에서 그렇게 하기 때문이다. 이들의 영은 동물의 영과 같다(시 49:12). 그들의 육체는 나귀의 하체와 같으며, 육체는 그 광기어린 동기들에 의하여 그들을 미치게 만든다(겔 23:20).

이상과 같은 것들이 의지를 남용하는 사람들에게 나타나는 것이라면 영적인 젊음의 열정으로 의지를 옳게 사용하는 사람에게는 얼마나 큰 유익이 있을 것인가! 그러나 참된 사랑을 가진 자들이 선한 것을 향해 나아가는 것보다 타락한 자들이 심한 부패에 더 속히 빠지게 되는 것을 보면 얼마나 비극적인지 모른다.

3. 참 사랑 안에 있는 거룩한 어리석음

6 사도 바울의 거룩한 광기(insanity)에 귀를 기울여 보라. "우리가 만일 미

쳤어도 하나님을 위한 것이요 정신이 온전하여도 너희를 위한 것이니"(고후 5:13).

이 거룩한 어리석음에 대해 좀 더 듣기를 원하는가? 모세는 말했다. "그러나 이제 그들의 죄를 사하시옵소서 그렇지 아니하시오면 원하건대 주께서 기록하신 책에서 내 이름을 지워 버려 주옵소서"(출 32:32).

예를 하나 더 들어보자. "나의 형제 곧 골육의 친척을 위하여 내 자신이 저주를 받아 그리스도에게서 끊어질지라도 원하는 바로라"(롬 9:3).

명백하게 광기를 나타내고 있는 단호한 영혼의 이 성향 안에 거룩한 온전함이 있지 않을까? 어떻게 그토록 그리스도를 향한 성향으로 가득 찬 마음이 저주를 받아 그리스도로부터 떨어질 수 있겠는가?

〈거룩한 명령은 하나님이 불어넣으신 것이다〉

이것은 성령 강림 때에 사도들이 새 술에 취했기 때문이었다(행 2장). 베스도 총독이 "바울아 네가 미쳤도다"(행 26:24)라고 말했을 때 바울에게 있었던 광기였다. 바울이 미친 것처럼 보였던 것은 이상할 것이 없다. 그리스도를 따른다고 해서 사형 선고가 내려지려는 순간에도 재판관들을 그리스도에게로 회심시키려고 했으니 말이다.

베스도 총독이 말했듯이 바울 안에 이러한 미친 생각을 만들어 낸 것은 그의 많은 학식이 아니었다(행 26:24). 왜냐하면 왕은 진리를 알았으나 숨기고 있었기 때문이다. 이 사도가 자신을 재판하고 있는 사람들이 결박된 것 외에는 모든 면에서 자신과 같이 되기를 열망하게 된 것은 바로 그가 성령에 취했기 때문이었다(행 26:29).

예를 하나 더 들어보자. 그리스도를 위해서 모든 것을 포기한 사람이 그리스도를 위해 다시 세상으로 돌아온다는 것, 즉 순종과 형제에 대한 사랑을 가지고 돌아온다는 것보다 더 크고 예기치 않던 어리석음을 어떻게 생각할 수 있는가? 하늘에 이르렀던 사람이 자신을 더러운 오물 속에 던지는 것이 아닌가? 그러나 베냐민의 경우가 그러했다. 그는 그의 어리석음으로 자신의 모든 이익을 버렸다. 오직 자신을 그처럼 완전히 깨우치신 분만을 알았을 뿐이다(시 68:27).

이러한 광기는 또한 고통 속에서 즐거워하는 순교자의 광기였다. 시인 베르길리우스(Virgil)의 시 한 구절을 인용해도 좋을 것이다. 그는 심미적 열정 가운데 말하기를 "어리석음이 잘 허용되었다"고 했다.

〈거룩한 명령은 이성에 의해 구속받지 않는다〉

7   사랑과 하나님 앞에 있는 마음의 길과 경건의 열정 안에서 두드러지게 나타나는 것은 젊음의 정열이다. 이 단계에서 정열은 아직 이성의 고삐를 갖지 않는다. (또한 가져서도 안 된다.) 제멋대로의 사리사욕 규모 없는 소유욕, 부드러운 삶은 신실한 초심자들에 대한 명령으로는 어울리지 않는다. 그런데 다른 사람들에게까지 이런 정신을 갖지 못하도록 방해해서는 안 된다. 스스로 엄격하고 단호한 훈련을 가해야 하지만, 다른 사람을 향해서는 부성애와 형제애가 있어야 한다.

초심자를 인도하고 권고하는 경건은 매사에 겸손하고 부드럽고, 순종적이어야 한다. 만약 이것들 중 하나라도 결핍된다면 게으르고 미지근한 마음이 날 때 견뎌 낼 희망이 별로 없을 것이다. 혹은 정열을 경솔하게 발산한 나머지 실패하게 될 것을 두려워하게 된다. 이것이 바로 초심자가 그리스도를 위해서 자신을 미련하게 만들어야 하는 이유이다(고전 4:10).

〈거룩한 명령은 영적 지도를 필요로 한다〉

동시에 초심자는 자기가 하나님에 대해 배워야 할 가르침을 아는 현명하고 나이든 사람에게 지도를 받아야 한다. 왜냐하면 하나님의 길을 배우는데 아직 미숙한 사람은 듣는 것을 통해 인내를 가지고 오랜 경험을 얻을 때까지는 참을성을 가지고 자유를 누리거나 판단을 내릴 수 없기 때문이다. 그러므로 무엇보다 하나님께 대한 순종 속에서 자신을 훈련하도록 노력하라. "너희가 진리를 순종함으로 너희 영혼을 깨끗하게 하라"(벧전 1:22)고 사도는 말씀하였다. 이것이 선하시고 기뻐하시고 온전하신 하나님의 뜻이기 때문이다(롬 12:2).

⟨거룩한 명령은 기도를 필요로 한다⟩

8 　이러한 성향을 견지하기 위해서는 주의 깊고 인내심 있는 기도의 도움을 계속 추구해야 한다. 기도 안에서 믿음은 모든 것을 바라게 된다(고전 13:7). 하나님을 강요하는 듯이 보이는 것이 이러한 헌신이다. 모든 것을 구하는 것은 이러한 사랑이며, 사랑은 바로 기도를 통해서 모든 것을 얻는다고 느낀다. 온순한 가운데 자신의 뜻보다는 하나님의 뜻을 우선하게 되는 것이 곧 겸손이다(요 6:38).

⟨거룩한 명령은 청결을 필요로 한다⟩

　그러므로 가능한 대로 젊은 헌신자는 이 단계에서 순수한 마음, 깨끗한 육체, 침묵, 혹은 신중한 언사(speech), 부드러운 눈길, 자제력 있는 귀, 조용하고 친절한 태도, 훈련과 자기 억제들을 추구함으로써 선한 일을 하는 데 방해받지 말아야 한다.

　탐욕에 더 깊이 빠지지 말고, 부드러운 미소 속에서 은혜에 접하라. 게으르게 이곳저곳을 기웃거리지 말고, 끊임없이 영적 명상을 계속하며, 엄선된 책들을 읽으라. 감독자에게 복종하고, 선배를 존경하며, 동료를 사랑함으로써 권위를 찾기보다는 동료 사이에서 사랑스럽고 도움이 되는 사람이 되라. 엄격하거나 관대하다고 해서 당황하지 말라. 얼굴에는 진지함을 가지고, 마음속에는 모든 이에 대한 친절함을 가지며, 모든 일은 관용으로 하라.

　이 사랑의 단계는 무절제한 쾌락을 잘라 버리고 모든 악덕을 뽑아내며, 모든 잘못된 욕망을 깨부수는 시기이다. 잘라낼 필요가 있는, 음란하고 거짓된 가지(branch)와 같은 욕망들을 젊은 헌신자는 잘라낼 수 있을 것이다. 사도가 요일 2:16에서 말한 바, 욕망이기보다는 영혼의 거짓된 탐욕과 안목의 정욕, 이생의 자랑들이다. 이런 것을 벗어난 사람은 영적으로 참된 진보를 바라볼 수 있다.

4. 사랑 안에서 진보하는 즐거움과 노력

〈거룩한 명령은 근면하다〉

9 이 단계는 사랑하는 사람이 앞으로 나아가며, 힘든 일을 수행하는 단계이다(고전 9:24-26). 많은 땀을 흘리며 수고하고 노력을 다하여 일하는 단계이다. 사랑은 역시 맹목적인 것이기 때문에 사랑이 원하는 바를 하도록 하라. 그러나 사랑이 어디로부터 와서 어디로 가는지 모른다(요 3:8). 이처럼 사랑은 마치 손을 눈 삼는 맹인처럼 애정을 가지고 작용한다. 사실 맹인은 손으로 일한다. 그러나 자기가 하는 것을 볼 수 없으며, 이루어져가는 작업도 볼 수가 없다. 이 단계는 맹인이 훈련받는 것과 같다. 선생이 그를 붙들고 인도하면서 어떻게 하면 일을 예술적이기보다는 효율적으로, 또 유용하게 할 수 있는가 하는 것을 가르친다.

맹목적 사랑은 정직한 삶과 삶의 표준에 의해 밖으로부터 오는 것이다. 그러나 속사람이 긴 훈련을 통해서 유순하게 되면, 그 속사람은 훈련의 형태에 의해 내적으로 영향을 받아 형성되어질 수 있을 것이다. 그렇게 형성되는 사람은 평화로운 구원의 열매를 맺게 된다(히 12:11). 또한 그는 단순히 외부적인 것이 아닌 본질적인 모습에 있어서 이런 규율들의 유용성을 이해하게 된다.

〈거룩한 명령은 양심적이다〉

아직 성향(affectus)을 설명하지 않았으나 이성의 바람과 후견(tutelage)에 대해 다루었다. 이에 대하여 시편 기자는 겸손하게 "주의 규례들을 항상 사모합니다"(시 119:20)라고 노래할 수 있었다. 나는 앞에서 자기 눈으로 보지 못하는 맹인에 대해서 말한 적이 있다. 그러나 그의 손은 여전히 움직이고 있다. 큰 일이 진전되기를 바라는 사람도 이와 같다. 이 사람은 작은 일에도 충성해야 한다(눅 16:10). 이러한 영역에 있어서 우리는 이미 창조주로부터 특권, 즉 자신의 육체를 지배하는 능력을 받았다.

젊은이들은 선한 의지에 의한 봉사에 대해서도 알아야 한다. 또한 그들은 바울이 말하고 있는 바를 행해야 한다. "너희 육신이 연약하므로 내가 사람의 예대로 말하노니 전에 너희가 너희 지체를 부정과 불법에 내주어 불법에 이른 것 같이 이제는 너희 지체를 의에게 종으로 내주어 거룩함에 이르라"(롬 6:19). 이것은 다음과 같은 의미로 들린다. "사랑이 성숙해서 자비가 되고, 영혼이 완전한 순수성을 가지게 될 때, 너희에게 전혀 다른 것, 곧 신적인 것을 말하고 가르치겠다."

〈거룩한 명령은 의롭다〉

반면에 인간적인 것을 받으라. 일찍이 그대는 태만과 죄로 인한 심판에서 놓임을 받았다. 모든 일에 있어서, 심지어 불법에 이르기까지 지체들을 사용하여 죄에 빠지고 말았다. 그리하여 의에 속한 것은 아무것도 없었다.

그러나 이제, 그대는 모든 지체들로 하여금 성화(聖化)를 위하여 의를 섬기도록 하였다. 만약 의의 종으로서 충실하다면, 영혼은 다윗이 "이러므로 나의 평생에 주를 송축하며 주의 이름으로 말미암아 나의 손을 들리이다"(시 63:4)라고 말한 것을 스스로 경험하기 시작하게 될 것이다. 만일 이러한 성장이 성령으로 말미암은 것이라면 사람은 몸의 행실을 죽이게 될 것이다(롬 8:13). 또한 몸으로 하나님을 영화롭게 한다면, 그 결과 영혼은 성령의 풍성하고 기름진 것들로 가득 채워질 것이다. 그리하여 마음의 영이 새롭게 될 것이다. 또한 하나님을 따라 의와 진리의 거룩함으로 지으심을 받은 새 사람을 입게 될 것이다(엡 4:22-24).

〈거룩한 명령은 습관적이 되어질 필요가 있다〉

10 이러한 영적 경험들로 말미암아 만물은 사람 앞에서 새로운 모습을 나타내게 될 것이다. 지금까지 얻으려고 애썼던 영적 은사들이 이제는 친근하게 다가올 것이다. 거룩한 연단에 의해 겸손하게 된 몸은 단순히 습관적인 것에서 벗어나서 — 그것이 좋은 습관일지라도 — 좀 더 자발적인 영의 봉사에 들어가게 된다. 새 사람의 내적 구조는 하나님의 선하심을 명상하는 가운데서 밝혀질 때까지(고후 3:18), 날마다 새로워지기 시작할 것이다(고후 4:16).

이제 빈번하면서도 예기치 못했던 성도들의 영광된 모습이 되살아나 영혼을 밝혀주기 시작하며 계속되는 영적 소원을 가지고 매진하게 된다. 지혜가 기쁨으로 대로를 걷기 때문이다. 욥이 말했듯이 지혜는 '번갯불을 손바닥 안에 넣으시고 그가 번갯불을 명령하사 과녁을 치시도다 그의 우레가 다가오는 풍우를 알려 주니 가축들도 그 다가옴을 아느니라"(욥 36:32-33).

〈거룩한 명령은 지속적이다〉

이때로부터, 오랫동안 동요했던 영혼은 알 수 없이, 달콤하고 값진 애정을 모으기 시작하는데, 이 애정은 영혼에게 있어 달콤한 휴식이 된다. 애정이 떠나가서 영혼이 사모하는데도 되돌아오지 않는다면, 이 사람은 매우 고통을 겪게 된다. 왜냐하면 영혼은 마치 시골에서 자라면서, 시골 음식에 익숙한 사람이 궁중의 요리를 맛보기 시작한 것과 같기 때문이다. 만약 그가 궁전으로부터 수치스럽게 쫓겨나서 내동댕이쳐질 때는 다시 가난한 집에 적응하기가 매우 어렵다. 따라서 영혼은 마치 아주 굶주린 사람처럼 간절하고 끈덕지게 계속해서 궁전 문 앞에 돌아오게 된다. 거지처럼 영혼은 문이 열릴 때마다 무엇을 주지 않을까 해서 두리번거린다.

때로 부끄러움도 잊은 채 영혼은 지혜 속에 깊숙이 자리 잡은 식탁에 앉으려는 열망을 가지고 모든 장애물을 극복하고 무례하게도 자리를 차지하고 앉는다. 영혼은 "나의 친구들아 먹으라 나의 사랑하는 사람들아 많이 마시라"(아 5:1)는 말씀을 들으려고 열망한다. 이로부터 영혼의 내부에는 거룩한 가난에 대한 사랑, 알려지기를 원하지 않는 마음, 세상의 혼란에 대한 두려움, 끊임없는 기도와 계속되는 찬양이 생겨나게 된다.

5. 은혜에 대한 소홀이 가져오는 위험한 손해

11   이 단계에서 스스로 경계하지 않으면 방해(hindrance)의 시험에 빠지게 될 것이다. 여러 가지 방해물이 지금까지 복을 받아 잘된 영혼을 침체시키려 할 것이다. 때로는 게을러져서 다시 피곤하고 미지근하게 될 것이다. 충실하신 아버지로부터 여행을 위해 받은 것은(마 15:32) 모두 적당한 것으

로 생각되기 시작할 것이다. 그리하여 여행의 이정표를 세우고 쉬면서 더 이상 앞으로 나아가지 못할 것이다.

〈육체적으로 무기력해지면 도덕적으로 부주의해진다〉

더 심한 경우에는 하나님의 은혜를 짓밟게 될 것이다. 하나님이 관용을 베푸시는 것을 기화로 해서 빈껍데기뿐인 자기 확신을 만들어 낸다. 입과 마음으로 교만하여져서 결코 하나님이 자기를 버리지 않을 것이라고 가정한다. 따라서 하나님께서 찾아오셔서 위로하시는 은혜를 받을 때마다 스스로 저주를 먹고 마시게 된다(고전 11:29). 그리하여 하나님의 뜻을 신뢰하지 않고 자기 의지의 행사에 신뢰를 둔다.

시편 기자는 말하기를 "여호와를 미워하는 자는 그에게 복종하는 체할지라도 그들의 시대는 영원히 계속되리라 또 내가 기름진 밀을 그들에게 먹이며 반석에서 나오는 꿀로 너를 만족하게 하리라"(시 81:15-16)고 했다. 그들이 양육을 받았으나, 적이라는 사실을 명심해야 한다. 만족했지만 거짓말쟁이임을 알아야 한다. 그들은 밀 중에서도 가장 좋은 밀로 양육 받았음을 알아야 한다. 그들에게 반석만 주어진 것이 아니라 반석의 물이 주어졌다. 이것을 먹고 그들은 만족했으나, 적으로 증명되었다. 왜냐하면 만약 그들이 적이 아니었다면, 결코 그렇게 빨리 만족을 얻을 수 없었을 것이기 때문이다.

일단 만족한 사람은 지금까지 추구했던 것을 더 이상 찾지 않게 되는데, 그 이유는 이미 충족하게 가지고 있기 때문이다. 그가 가진 것은 그에게 충분하다. 이것은 사도의 다음과 같은 말씀에 해당하는 경우이다. "한 번 빛을 받고 하늘의 은사를 맛보고 성령에 참여한 바 되고 하나님의 선한 말씀과 내세의 능력을 맛보고도 타락한 자들은 다시 새롭게 하여 회개하게 할 수 없나니 이는 그들이 하나님의 아들을 다시 십자가에 못 박아 드러내 놓고 욕되게 함이라"(히 6:4-6). 이러한 남용은 하나님의 아들을 다시 십자가에 못 박는 것이다(히 10:29).

⟨육체적으로 무기력해지면 하나님의 은혜를 남용한다⟩

선을 이루기 위하여(롬 3:8) 악을 행함으로써 하나님의 은혜를 남용하는 것은 방자하게 죄를 범하는 것이며, 자기가 범한 내적인 죄를 그리스도의 십자가 탓으로 돌리는 것이다. 이야말로 스스로 하나님의 아들을 다시 십자가에 못 박는 것이 아니고 무엇이겠는가?

그 결과가 무엇인지 그들이 듣기만 해도 좋으련만! 땅이 그 위에 자주 내리는 비를 흡수하여 밭가는 자들이 쓰기에 합당한 채소를 내면 하나님께 복을 받는다. 그러나 "만일 가시와 엉겅퀴를 내면 버림을 당하고 저주함에 가까워 그 마지막은 불사름이 되리라"(히 6:7-8).

이제 사도 자신이 말씀하시는 구원에 더 가까운 좋은 일들로 눈을 돌려 보자. "사랑하는 자들아 우리가 이같이 말하나 너희에게는 이보다 더 좋은 것 곧 구원에 속한 것이 있음을 확신하노라"(히 6:9).

그래서 이미 선한 소망이 충만하고 하나님이 축복하신 젊음(시 43:4)을 소유한 젊은 여인(lover)들은 그리스도의 장성한 분량이 충만한 데까지 자라기 시작한다(엡 4:13). 이제 사랑은 강해지고 비췸을 받기 시작하여, 더 강한 덕과 더 큰 위엄을 지닌 이름의 성향(affectus)으로 바뀌기 시작한다.

교화(enlightenment)된 사랑을 자비(charity)라고 부른다. 사랑은 요한이 "하나님은 사랑이시라"(요일 4:16)고 말했듯이, 하나님으로부터 오는 것이다. 비록 이것이 간단한 찬미이지만, 이 구절은 모든 것을 말해 준다. 자비, 역시 하나님께 속한 것이다. 선물의 성격과 그것을 주는 자의 성격에 따라서 생각되는 자비는 선물을 주는 자의 실체와 선물의 질을 가리키는 이름이 된다. 그러나 강조되어야 할 것은 하나님께서 자비의 선물이라 불리신다는 것이다. 자비의 덕은 다른 모든 덕을 넘어서는 것인데, 자비는 연합하고 하나님처럼 되기 때문이다.

자비(사랑)에 관해서 우리는 무엇을 말할 수 있는가?

우리는 자비를 본 적도 없고 안 적도 없으며, 다만 들었을 뿐이다(렘 6:24). 바울 사도는 자비를 알았다. "내가 또한 가장 좋은 길을 너희에게 보이리라"(고전 12:31)고 말함으로써, 자비를 최고의 길이라고 극찬하면서 자신을 그 속에서 낮추고 있다.

〈바울의 사랑의 송가〉

12 "내가 사람의 방언과 천사의 말을 할지라도 사랑(자비)이 없으면 소리나는 구리와 울리는 꽹과리가 되고 내가 예언하는 능력이 있어 모든 비밀과 모든 지식을 알고 또 산을 옮길 만한 모든 믿음이 있을지라도 사랑(자비)이 없으면 내가 아무 것도 아니요 내가 내게 있는 모든 것으로 구제하고 또 내 몸을 불사르게 내줄지라도 사랑이 없으면 내게 아무 유익이 없느니라 사랑은 오래 참고 사랑은 온유하며 시기하지 아니하며 사랑은 자랑하지 아니하며 교만하지 아니하며 무례히 행하지 아니하며 자기의 유익을 구하지 아니하며 성내지 아니하며 악한 것을 생각하지 아니하며 불의를 기뻐하지 아니하며 진리와 함께 기뻐하고 모든 것을 참으며 모든 것을 믿으며 모든 것을 바라며 모든 것을 견디느니라 사랑은 언제까지나 떨어지지 아니하되 예언도 폐하고 방언도 그치고 지식도 폐하리라 우리는 부분적으로 알고 부분적으로 예언하니 온전한 것이 올 때에는 부분적으로 하던 것이 폐하리라 내가 어렸을 때에는 말하는 것이 어린 아이와 같고 깨닫는 것이 어린 아이와 같고 생각하는 것이 어린 아이와 같다가 장성한 사람이 되어서는 어린 아이의 일을 버렸노라 우리가 지금은 거울로 보는 것 같이 희미하나 그 때에는 얼굴과 얼굴을 대하여 볼 것이요 지금은 내가 부분적으로 아나 그 때에는 주께서 나를 아신 것 같이 내가 온전히 알리라 그런즉 믿음, 소망, 사랑, 이 세 가지는 항상 있을 것인데 그 중의 제일은 사랑이라"(고전 13:1-13).

이것이 쉽고 가벼운 주님의 멍에이다(마 11:30). 이 짐은 멍에를 맨 사람으로 하여금 감당하게 해주고 가볍게 해준다. 이 복음의 가벼운 짐은 주님께서 "이제부터는 너희를 종이라 하지 아니하리니 종은 주인이 하는 것을 알지 못함이라 너희를 친구라 하였노니"(요 15:15)라고 하신 말씀에 해당하는 자들에게는 유쾌한 것이 된다. 율법의 명령을 수행할 수 없었던 사람들이 이제 은총으로 말미암아 복음의 짐이 가볍다는 것을 알게 된다. "살인하지 말라"(눅 18:20)는 명령을 지킬 수 없었던 사람들이 이제는 형제들을 위하여 쉽게 자기 목숨을 내준다(요일 3:16). 이러한 원칙은 나머지 계명에도 똑같이 해당된다.

만약 감당할 수 없을 만큼 무거운 짐이 노새에게 실려진다면, 노새는 이 짐을 지지 못할 것이고, 따라서 네 바퀴 달린 마차를 동원해야 할 것이다. 전 세계에 두루 퍼진 복음도 이와 같다(시 19:5). 너무 무거워서 노새가 나를 수 없었던 짐을 복음은 나르고 있다. 이제 별로 힘들이지 않고도 복음은 두 배의 짐을 나른다.

날개와 깃털의 도움이 없이는 날 수 없는 작은 새에게서처럼 복음은 날개와 깃털의 무게를 더해주어 힘들이지 않게 날도록 해준다. 이것은 목으로 넘어가지 않는 딱딱한 빵 껍데기도 우유나 다른 액체의 도움을 받으면 잘 삼켜지는 것과 같다.

〈사랑은 노력을 요구한다〉

13 사랑(love)에는 노력과 성향(affectus)이 포함되는데, 이 모두가 자비(Charity)로 이끌어간다. 자비의 손은 밝아진 눈의 도움을 받을 때 훨씬 쉽게 움직인다. 먼저 손으로 일을 시작하지만, 곧 손으로 눈을 둔질러서 밝히 볼 수 있도록 한다. 이것이 바로 다윗이 "주의 법도들로 말미암아 내가 명철하게 되었나이다"(시 119:104)라고 공언한 것이다.

영혼은 자기의 감정을 분별함으로써 자기 일을 이해하기 시작한다. 그리하여 여러 덕목들이 사람의 존재 안에 스며들기 시작하여 하나님이 선하시듯이 사람의 마음도 바르고 거룩하게 되어, 거룩하고 의로우며 경건한 삶을 살기 시작한다. 자기의 거룩한 삶 속에서, 모든 사람에 대한 공의 속에서, 그리고 하나님께 대한 헌신 속에서, 이제 영혼은 이러한 관계 안에서 살게 된다.

이러한 은혜의 성장에 따라, 의의 성향(affectus)은 의로운 영혼 속으로 들어가 영혼의 모든 면, 즉 생각과 감정과 행동에 있어서 전적으로 의롭게 된다. 의와 관계된 모든 것에서 영혼은 전 존재에 걸쳐 완전하고도 확고하게 영향을 받기 때문이다. 이런 까닭에 바울 사도는 "자비(사랑)는 언제까지든지 떨어지지 아니한다"고 말한다. 우리가 거울로 보는 것처럼 희미하게 알거나 또는 수수께끼를 알 듯이 모호하게 아는 한 우리의 감정과 일은 궤도를 이탈하기도 하고 효과가 감소되기도 하는 경우가 종종 있는 것이 사실이다. 그러나 자비의 성향(affectus)은 그 기질상 항상 온전하며 그 능력이 지속된다.

6. 안정된 사랑과 불안정한 사랑

〈지속적인 감정을 가지려면〉

14   성향(affectus, 하나님을 향한 지속적인 움직임으로서)과 감정(피조된 사물들을 향한 돌발적인 움직임으로서)은 전혀 다르다.

성향은 광범위한 능력과 항구적인 덕을 지닌 마음을 소유한다. 성향은 은혜로 말미암아 견고하게 되고, 안정성을 가지게 된다. 그러나 감정은 때와 대상에 따라서 달라진다. 원죄 때문에 연약한 육체는 범죄하고 실패하며, 때로는 심각하게 상처를 입기도 한다. 마음은 능동적일 때보다는 수동적일 때 상처를 받게 되며, 내적으로 부당하게 고통을 당한다. 마음이 전적으로 자비를 상실하게 되는 것은 아니지만, 마음은 한숨을 쉬게 되고 다음과 같이 하나님께 탄식하며 부르짖게 된다. "오호라 나는 곤고한 사람이로다 이 사망의 몸에서 누가 나를 건져내랴"(롬 7:24).

이런 이유 때문에 바울 사도는 "내 자신이 마음으로는 하나님의 법을 육신으로는 죄의 법을 섬기노라"(롬 7:25)고 말하였다. 그는 또 이렇게 말한다. "이제는 그것을 행하는 자가 내가 아니요 내 속에 거하는 죄니라"(롬 7:17). 그러므로 하나님께로부터 난 사람은, 육체가 외적으로 범하는 죄를 인정하지 않고 미워하는 한, 속사람의 평가에 따라서는 죄를 범하지 않는다(요일 3:9). 내적으로 그를 하나님께로부터 탄생시킨 영적 중생에 의해 그는 보호를 받는다. 죄로 인해 때로 상처받아 연약해질 때에도 자비의 뿌리가 그 안에 깊게 남아 있는 한 결코 파멸되지 않는다. 그 대신에 그는 다시 일어나서 회생한다. 좋은 열매를 고대하면서 더 풍성하고 생기 넘치게 된다.

이런 까닭에 사도 요한은 "하나님께로부터 난 자마다 죄를 짓지 아니하나니 이는 하나님의 씨가 그의 속에 거함이요 그도 범죄하지 못하는 것은 하나님께로부터 났음이라"(요일 3:9)고 말한다. 이 힘 있는 말씀을 깊이 생각해 볼 필요가 있다. "죄를 지을 수 없다", 즉 죄를 견딜 수 없다는 것은 하나님께로부터 난 자는 의도적으로 죄를 짓고 싶어하기보다는 죄를 참아내기 때문이다. 죄의 법을 섬기고 죄와 유혹의 공격을 받는 것처럼 보일지라도 자기 마음으로 섬기는 하나님의 법에 자기 육신까지 복종시키기를 원한다.

〈사랑은 죄를 정복한다〉

베드로가 범죄 했을 때(마 26:6) 사랑을 상실했던 것은 아니다. 입술로는 거짓으로 그분께 속하지 않는다고 말했을 때 자비보다는 진리에 대해서 더 큰 죄를 범한 것이다. 사실 그는 온 마음과 함께 그분께 속하였다. 따라서 자비의 진리는 거짓된 부인(denial)을 애통해하는 눈물을 씻어가 버렸다.

다윗 역시 그가 범죄했을 때 자비를 잃지 않았다(삼하 11~12장). 그가 가진 자비가 격렬한 유혹의 바람으로 일시 마비되었다고 말하는 것이 옳을 것이다. 그가 가진 자비는 결코 파괴되지 않았고, 단지 유혹을 받아 현혹되었다. 그를 책망하는 선지자의 음성을 듣고 그는 곧 깨어났다. 즉시 그는 입을 열어 아주 간절한 사랑을 가지고 고백했다. "내가 여호와께 죄를 범하였노라." 따라서 그는 곧 용서의 말씀을 들을 수 있었다. "여호와께서도 당신의 죄를 사하셨나니 당신이 죽지 아니하리이다"(삼하 12:13).

〈사랑은 믿음과 소망을 그 속에 품고 있다〉

15 우리는 사랑이 믿음과 소망 속이 있음을 안다. 그러나 자비는 자체적으로 스스로 존재한다. 자비 없이 존재하는 믿음과 소망을 생각하는 것은 가능하나, 자비는 믿음과 소망 없이 생각될 수 없다. 믿음은 사랑이 무엇인지 그 실체를 정립해 주기 때문이다. 소망은 우리에게 사랑을 약속해 준다.

믿음과 소망 안에서 사랑하는 자는 사랑할 수 있는 것을 믿고 소망하면서 사랑한다. 사랑은 믿음과 소망의 대상을 소유하고 있다. 사랑은 믿음과 소망을 품에 안고 있다. 그 결과 사랑은 믿음과 소망의 하나님을 사랑하기 때문에 그분을 뵙고 싶어한다. 자비는 보기 때문에 사랑한다. 자비는 그 자체가 하나님을 보는 눈이다.

영혼은 사실 자체의 감각을 가지고 있다. 영혼은 하나님을 보는 그 자체의 시각 혹은 눈을 소유하고 있다. 육체가 생명의 수단을 통하여 영혼에 결합되는 다섯 가지 감각을 가지고 있는 것처럼 영혼은 사랑의 수단을 통하여 하나님께 결합되는 다섯 가지 감각을 가지고 있다. 이런 까닭에 사도는 "너희는 이 세대를 본받지 말고 오직 마음을 새롭게 함으로 변화를 받아 하나님의 선하시고 기뻐하시고 온전하신 뜻이 무엇인지 분별하도록 하라"(롬 12:2)고 말한다. 여기서 우리는 육체적인 감각이 일종의 노쇠에 빠지게 하고 우리를 세속적으로 만든다는 증거를 가지게 된다. 성령의 도우심을 받아 우리는 하나님을 아는 지식 속에서 새롭게 되어(골 3:10) 하나님의 뜻과 선하심에 따르는(엡 1:9) 새로운 생명(롬 8:4)에 이르게 된다.

7. 사랑의 다섯 가지 감각

⟨사랑의 촉각⟩

16 영혼과 육체가 연결되는 다섯 가지 동물적인 혹은 물체적인 감각이 있다. 가장 낮은 촉각에서 시작하여 미각, 후각, 청각, 시각으로 전개된다. 이와 마찬가지로 사랑에도 영혼에 활기를 불어넣는 다섯 가지 영적 감각이 있다. 이것들은 부모의 사랑과 같은 육체적 사랑, 사회적 사랑, 자연적 사랑, 영적 사랑, 그리고 하나님의 사랑이다. 육체의 다섯 가지 감각과 생명의 수단에 의하여 육체는 영혼과 결합된다. 다섯 가지 영적 감각과 사랑의 수단에 의하여 영혼은 하나님과 결합된다.

첫째로, 부모의 사랑은 촉각에 비교될 수 있다. 이 성향(affectus)은 모든 사람에게 자동적으로 일어나며, 보통 느낄 수 있는 것이다. 모든 사람에게 자연적으로 주어져 있으며, 피하고 싶어도 누구나 이 감각과 만나는 것을 피할 수 없을 정도로 아주 자연적이기 때문이다. 촉각은 사람의 육체적인 존재 전체에 퍼져 있으며, 다른 물질적인 대상과의 접촉을 통해 촉발된다. 유일한 조건은 접촉하는 물체 중의 하나가 살아있어야 한다는 것이다. 어디를 가든지 우리의 육체는 촉각 없이 존재할 수 없다.

이와 마찬가지로 우리의 영혼은 사랑의 감각 없이 존재할 수 없다. 그러나 그 사랑이 무소부재하기 때문에 성서는 그 사랑을 크게 권하지 않는다. 그보다는 그 사랑이 과도해지지 않기 위해서 억제된다. 주님께서 말씀하신 바와 같이 "자기 부모와 처자와 형제와 자매와 더욱이 자기 목숨까지 미워하지 아니하면 능히 내 제자가 되지 못한다"(눅 14:26).

〈사랑의 미각〉

17 둘째로, 사회적 사랑은 미각에 비교할 수 있다. 이것은 형제의 사랑과 거룩한 교회의 사랑이다. 후자에 대해서 기록하기를 "형제가 연합하여 동거함이 어찌 그리 선하고 아름다운고"(시 13:1)라고 했다. 미각을 통하여 생명이 육체에 투여되듯이 주님께서는 생명의 육체에 사랑을 주셨다. 미각이 물질적으로 작용하지만 그럼에도 불구하고 영혼에 영향을 미치는 내적인 맛을 산출하기 때문이다. 이런 이유 때문에 사랑의 감각은 특별히 생물학적으로 생기를 북돋워 준다는 의미에서 육체적이다.

사회적인 사랑은 육체적으로 함께 살고 비슷한 직업과 비슷한 구미를 가지고 있다는 상호 의무에 의해 연결되고 지속적인 이 사랑은 상호 봉사에 의해 자라난다. 이런 까닭에 우리는 이 사랑의 성격상 대부분 육체적이라고 말한다. 그렇지만 이 사랑은 역시 상당한 정도로 영적인데, 미각을 돋우는 맛이 존재하는 것과 마찬가지로 형제 사랑의 성향이 그 성향 속에서 불붙고 있기 때문이다. 이에 대하여 기록되기를 "머리에 있는 보배로운 기름이 수염 곧 아론의 수염에 흘러서 그의 옷깃까지 내림 같고 헐몬의 이슬이 시온의 산들에 내림 같도다"(시 133:2-3)라고 했다.

⟨사랑의 후각⟩

18   셋째로, 후각은 모든 사람이 동일한 본성을 공유하고 있기 때문에 자연히 사랑하게 되는 자연적인 사랑에 비교할 수 있다. 우리는 되돌아올 것을 생각하지 않고 모든 사람들에게 사랑을 쏟는다. 이 사랑은 우리의 존재 깊이 숨겨진 곳으로부터 와서 영혼 속으로 뚫고 들어가며 따라서 인간적인 것은 아무것도 스스로 소외되도록 허용하지 않는다.

그러나 이 감각은 — 나는 이것을 냄새로 간주한다 — 육체보다는 영혼에 속하는 것으로 보인다. 이 감각은 코의 인식에 의해 육체의 내부로 뚫고 들어간다. 이 흡입은 육체를 통한 것이나 꼭 육체만이 아니라 영혼에도 영향을 미친다. 따라서 이러한 자연적인 사랑은 사회적인 유대 등에 의하여 모든 사람들을 한 혈통으로 묶는 자연적인 유대를 뛰어넘기 때문에 단순히 생물학적이기보다는 영적인 것으로 보인다.

⟨사랑의 청각⟩

19   넷째로, 청각은 영적 사랑, 즉 자기 원수에 대한 사랑과 비교할 수 있다. 청각은 우리의 내적 감각에 영향을 미치지 않는다. 그것은 고막을 흔드는 소리의 진동처럼 우리 밖에 있다. 청각은 와서 들어보라고 영혼을 부른다.

이와 마찬가지로 마음속에 있는 어떠한 본성의 능력도, 어떠한 필요에 대한 어떠한 성향도 우리로 하여금 이처럼 자기 원수를 사랑하도록 불러일으키지 않는다. 이렇게 할 수 있는 것은 오직 순종이고, 이 순종은 청각을 통해 표시된다. 이 사랑은 하나님의 아들을 닮아가도록 촉진하기 때문에 영적이라고 말해진다. 이것은 또한 주님께서 말씀하신 바와 같이 하나님의 양자의 존엄성을 표현하고 있다. "너희 원수를 사랑하며 너희를 박해하는 자를 위하여 기도하라 이같이 한즉 하늘에 계신 너희 아버지의 아들이 되리라"(마 5:44-45).

⟨사랑의 시각(sense of sight)⟩

20   다섯째로, 시각은 신적인 사랑과 같다. 시각이 주요한 육체적 감각인 것과

마찬가지로 신적인 사랑은 우리의 감정 중에서 첫째 되는 위치를 차지하고 있기 때문이다. 눈만이 볼 수 있지만, 다른 모든 감각들이 눈의 시각을 통해서 본다고 말한다. 우리는 만져 보고 맛 본다 등등으로 말한다(시 34:8; 45:10).

따라서 선한 감정에 의해 사랑받는 모든 대상은, 하나님을 위해서가 아니면 아무것도 사랑해서는 안 된다는 것이 빛보다 더 분명하기 때문에, 신적인 사랑에 의해 사랑받는다고 말해진다. 어떤 대상은 그 자체 때문에 크게 사랑받는 것이 아니라 그보다는 그것이 사랑받아야 되는 이유 때문에 사랑받는다. 이로부터 다음과 같은 결론이 나온다. "하늘과 땅에 있는 각 족속에게 이름을 주신 아버지로부터"(엡 3:14-15).

시각은 사실 영혼이 가진 일종의 힘이다. 그것은 때 묻지 않고, 강력하며, 순수하다. 이와 마찬가지로 신적인 사랑은 크신 분과 함께 작용하기 때문에 강력하고 순수하다. 누군가가 말했던 바와 같이 "무엇이든지 속된 것이나 가증한 일은 결코 그리로 들어가지 못하기"(계 21:27) 때문이다. 하나님은 자신 때문에 사랑되지 않는 다른 모든 사물들과 함께 당신이 사랑되어지는 것을 허락하시지 않는다.

시각은 육체에서 수위의 위치를 차지하고, 또 두뇌의 주요하고 탁월한 부분에 자리 잡고 있다. 그 아래에 다른 모든 감각 기관들을 질서와 위엄과 선행 능력에 따라 배치한다. 그리고 앞서 논증했던 바와 같이 이 감각들은 시각에 가까우면 가까울수록 더 중요하다. 시각에서 멀리 떨어지면 떨어질수록 더 육체적이다. 그러므로 촉각은 모든 것들 중에 최저이고, 나머지 것들보다 더 구별이 잘 되지 않는다. 촉각은 온 몸에 속해 있지만, 주로 손에 속해 있다.

〈사랑의 정신〉

인간 특유의 지성적 영혼으로서 정신은 영혼의 정상이다. 정신이 다른 모든 사랑들을 그 지배하에 둘 수 있도록 정신은 하나님의 사랑의 자리로 간주되어야 한다. 다른 어떤 감각 속에도 정신의 열과 빛으로부터 자체를 숨기는 것이 아무것도 있어서는 안 된다. 정신은 영적인 사랑에 좀 더 가깝고, 생물적이고 육체적인 사랑으로부터는 아주 멀다. 이것은 "마음을 다하며 목숨을 다하며 힘을 다하며 뜻을 다하여 주 너의 하나님을 사랑할"(눅 10:27) 때에 그렇다.

시각은 육체 속에서 좀 더 특별한 위치를 차지하고 있으므로, 역시 육체가 지닌 생기의 원리를 뛰어넘는 어떤 것을 가지고 있는 것으로 보인다. 그것은 시각이 정신의 기억 능력을 모방하려고 하기 때문이다. 시각은 한순간에 하늘 한가운데로 날아 올라갔다가 다음 순간에는 지구의 저쪽 끝으로 스쳐 지나갈 것이다. 따라서 계시된 하나님의 사랑 역시 하나님의 능력을 조금이라도 닮아가기 위해서 믿는 자의 영혼 속에 자기 자리를 요구한다.

동시에 영혼은 하나님 앞에서는 아무것도 아닌 것처럼 유한하고 피조적으로 보여진다. 그렇지만 사랑으로 모든 것이 아버지의 손 안에 있음을(요 16:15) 신뢰할 때 "모든 것이 합력하여 선을 이룸을"(롬 8:28) 깨닫게 되어 있다. 바울이나 게바나, 생명이나 사망이나, 지금 것이나 장래 것이나, 모든 것이 사랑에 속하기 때문이다(고전 3:22). 참으로 축복의 세계 전체가 신실한 자에게 속한다.

8. 이성과 사랑이 영혼에 불굴의 용기를 준다

21 하나님을 보기 위한 시각, 즉 자연의 조물주에 의해 창조된 영혼의 자연적인 빛은 사랑이다. 그런데 이 시각(vision)을 위해 빛 되신 하나님께 그 초점을 맞추어 하나님을 끊임없이 찾고 있는 두 눈이 있다. 이 기능을 사랑과 이성으로 비유하는 게 좋을 것이다. 한 쪽의 노력은 역시 다른 쪽에 의존하고, 따라서 둘이 결합될 때 아주 효과적이다. 그러나 서로 분리되어 있을 때는 별로 소용이 없다. 이 경우에는 아가서에 표현되어 있는 상황과 같다. "네 눈으로 한 번 보는 것으로 내 마음을 빼앗았구나"(아 4:9).

〈영혼이 가진 두 가지 근원〉

시각(vision)의 양 근원은 자체적인 방식으로는 곤란이 많다. 전자인 이성은 하나님이 아닌 것을 제외하고는 하나님을 볼 수 없다. 반면에 후자인 사랑은 하나님께 속한 것을 제외하고는 안식을 얻을 수 없다. 사실 아무리 노력을 기울여도 기껏해야 이성이 파악하고 발견할 수 있는 모든 것은 이것이 나의 하나님인가 하고 말하는 것이다. 이성은 스스로 발견한 것이 하나님이 아님을 밝혀낼 수 있을 뿐이다.

이성에는 한계가 있고 자체를 제한하는 방법을 갖고 있다. 그러나 사랑은 자체의 약점에 의해 더 앞으로 나아가고 자체의 무지에 의해 더 많은 것을 파악한다. 그러므로 이성은 하나님이 아닌 것을 통해서 하나님이 되는 것을 향해 나아가는 것으로 보인다. 사랑은 하나님이 아닌 것을 버려두고 하나님이신 것 안에 빠져 즐거워한다. 사랑은 하나님으로부터 나왔기 때문에 자연히 그 근원으로 돌아가는 것을 갈망한다. 이성은 최대의 냉정을 유지하며, 사랑은 최대의 행복을 누린다.

〈이성과 사랑이 서로 어떻게 돕는가〉

그렇지만 앞에서 말한 바와 같이 이성이 사랑을 가르치고 사랑이 이성을 계도(enlighten)할 때처럼 양자가 서로 돕게 될 때에는 이성은 사랑의 성향 속에 흡입되고 사랑은 이성의 한계 안에 스스로를 한정시킨다. 이때 양자는 서로를 위해 최대의 일을 할 수 있다.

그런데 이것들이 성취할 수 있는 능력은 무엇인가? 열정적인 영혼이 오직 체험의 기술을 배움으로써 진보를 이루지만, 그럼에도 불구하고 그것을 "체험하지 못한 자들에게는 전해줄 수 없는" 것과 같다. 마찬가지로 잠언 기자는 말하기를 "마음의 즐거움도 타인이 참여하지 못하느니라"(잠 14:10)고 했다.

〈사랑의 훈련〉

22 이 순간 이후로 온화함과 사랑의 즐거움으로 순조롭게 양육 받은 영혼은 역시 때때로 아버지처럼 보살피시는 하나님의 훈련에 의해 상처를 받는다.

그러나 이 모든 것들을 통해서 영혼은 이기기 위해 강해진다. 사랑의 칼은 영혼을 세상에 대한 사랑과 욕망으로부터 잘라내고 떼어낸다. 이것은 더 이상 세상에 있지 않게 하기 위해서 하나님이 데려가신 에녹과 같다(창 5:24).

죽음에 의해 육체는 모든 감각에 대해 죽게 된다. 그리고 영혼은 그 죽음에 의해 진보하며, 그 모든 기능이 되살아나고 강해진다. 이제 영혼은 결단력을 가지고 지속적이고 현명하게 발걸음을 옮겨 제 길을 간다(시 17:5). 이제까지는 무지와 의심과 동요에 붙잡혀 있었고, 따라서 감히 앞으로 나아가 선을 찾으려고는 거의 할 수 없었기 때문이다. 그러나 단순한 자의 불굴의 용기가 곧 주님의 길이다(잠 10:29).

〈세상에 대한 영혼의 무관심〉

이제 영혼은 세상에 대해 무감각해서, 많은 세상적인 활동과 욕망에 대해서는 죽어간다. 사도 바울이 말한 것처럼 "세상이 나를 대하여 십자가에 못 박히고 내가 또한 세상을 대하여 그러하니라"(갈 6:14). 상반된 소욕에 의해 분리되었으므로 서로가 서로를 돌보지 않는다. 서로 접근할 수도 없었을 것이고, 서로에게 관심을 두지도 않았다. 바울과 세상은 서로에게 십자가에 못 박혔다.

그럼에도 불구하고 바울의 생명 전체가 하늘에 있었지만(빌 3:20) 필요할 때 그는 사람들과 함께 땅에 있었다. 간절한 소원을 가지고 "떠나서 그리스도와 함께 있고 싶다"(빌 1:23)고 바울은 말했지만 동시에 그리스도께서 세상 끝날까지 그와 항상 함께 계실 것을(마 28:20) 알았다. 그리스도께서 항상 그와 함께 계신다는 이것이 바울에게 얼마나 확신을 주었을까! 땅에 있을 동안에는 묵상 속에서 그리스도를 소유하고, 내세에서는 영광 속에서 그리스도를 소유한다. 바울이 누리고 있는 얼마나 축복되고 영광스러운 상황인가! 따라서 무거운 것이 그의 목을 조이고 있는 것처럼, 형제 사랑이 내리누르는 동안에도 하나님의 사랑은 그를 높은 곳에 올려놓았다. 따라서 그는 덧붙이기를 " 내가 육신으로 있는 것이 너희를 위하여 더 유익하리라"

(빌 1:24)고 했다.

〈하나님 안에서 영혼의 즐거움〉

23   하나님을 향하는 사랑의 욕구의 활력은 분리될 수 없도록 하나로 붙어 있다. 그들은 하나님의 얼굴 빛 아래서 심판을 보고(시 17:2), 따라서 영혼은 내적으로 말씀해 오시는 하나님의 선하신 뜻(롬 12:2)을 기쁘시게 해드리기 위해서만 행동한다. 영혼은 오직 하나님의 얼굴 아래서단 살고, 거기서 생명의 말씀을 읽고 이해하는 데서만 즐거움을 발견한다(계 22:19). 영혼이 지키며 살아나가야 하는 법(law)은 이것이다. 즉 믿음을 밝혀주고, 소망을 강하게 하며, 사랑이 불붙게 하는 일이다.

사실 성령은 성도의 영혼에게 공개적으로 무엇을 해야 하며, 어떻게 해야 하는지 가르쳐 주는 지식의 영이다. 능력의 영은 영혼이 이것을 성취하도록 힘과 덕을 갖춰준다. 그리고 영혼이 자유롭게 되어 하나님 안에서 자유를 누리고 하나님을 붙들고 있을 때 헌신의 경건을 통해서, 그리고 의지의 연합에 의해서 영혼은 하나님처럼 된다. 그러나 영혼이 다시 인간과 인간적인 일로 되돌아왔을 때, 영혼은 말과 행동 그리고 모두가 하나님의 사랑의 기름을 보여주는 흔적들 속에서 영광과 평온함으로 광채를 발한다. 영혼의 양선과 은혜는 인간을 정복하고 그들로부터 존경과 영혼이 원하는 것에 대한 순종을 얻어낸다.

가끔 영혼이 죄인들의 태만하고 타락된 형태의 악을 책망하기 위해 그 은밀한 곳으로부터 되돌아올 때, 하나님의 면전에서 심판의 엄숙함과 진리를 인하여, 영혼은 두렵고 무섭게 보일 수도 있다. 영혼이 불변하는 하나님의 진리의 법에 따라 교정될 필요가 있는 사람 앞에 설 때, 영혼이 성취할 준비가 되어 있을 때, 그리고 영혼이 진지함과 공의로써 모든 것을 행하려고 할 때, 영혼은 사랑으로 바뀌어간다. 그 분노가 이제는 사랑의 훈련으로 이해되기 때문이다.

〈하나님 안에서 영혼의 유순함〉

에스겔이 환상 중에 본 — 생명이 영과 함께 움직이던 — 바퀴와 같이(겔 1:20), 영혼은 하나님의 뜻을 성취하기 위하여 움직인다. 그 바퀴들은 자기 일을 하려고 뒤를 돌아보지 않는다. 앞으로 가도록 명령을 받으면, 그들은 열심을 가지고 나아간다. 멈추라는 명령을 들으면 그들은 겸손하게 멈춘다. 다른 사람과 협동할 필요가 있으면, 그들은 사랑 안에서 그렇게 한다. 만약 그들이 고위 성직자라면 자녀들을 대하는 아버지처럼 행동한다. 그들이 아랫 사람이라면, 부모를 대하는 자녀처럼 행동한다. 그들이 동료들 사이에 거한다면 모든 사람의 종이 된다(고전 9:10).

〈경건한 영혼과 다른 사람들의 관계〉

따라서 경건한 자의 감정은 모든 사람에게 공손하다. 선을 행하려는 소원이 즐겁기 때문이다. 다른 사람들과의 만남도 기쁨 속에서 이루어진다. 함께 거하는 것도 은혜 속에서 이루어진다. 나가서 다른 사람을 보살피는 것은 사랑의 증거이다. 자기 아래 있는 사람들에게는 부드럽게 마음을 쓰고, 장로들에게는 복종하면서 사랑하며, 위에 있는 사람들에게는 공손하게 섬긴다.

모든 일 가운데 그들의 감정은 자신의 이익을 구하지 않고 다른 사람들의 유익을 구한다. 가능하다면 모든 사람의 염려를 자기 것으로 삼을 것이다. 따라서 다른 사람들과 쉽게 적응해서 법이 정하는 것이면 무엇이든지 복종하며 살아간다. 이렇게 섬기라는 성령의 보증의 인침을 받았기 때문이다(고후 1:22). 또한 그들이 곧 변화를 받아 하나님의 양자가 될 것이며 하나님의 아들로서 나타날 것임을(롬 8:15, 19) 그들은 깨닫고 있다.

9. 사랑(charity)의 학교

24 이제 사도 바울이 선함과 즐거운 형제애 가운데 연합된 이 훈련된 삶을 찬양하면서 성령의 교통이라고(빌 2:1) 부르고 있는 것을 생각해 보기로 하자. 주님께서 생명과 축복을 주시는 곳이 바로 그곳이기 때문이다(시 133:3). 이에 대하여 주님께서는 "적은 무리여 무서워 말라 너희 아버지께

서 그 나라를 너희에게 주시기를 기뻐하시느니라"(눅 12:32)고 하셨다. 이 훈련된 삶은 그 기원이 사도들에게 있는데, 그들은 성령에 의해 가르침을 받고 위로부터 약속하신 것을 받았을 때(눅 24:49) 함께 사는 방법을 그안해 냈다. 이것은 무리들이 한마음과 한 영이 되어 살도록 해주었는데, 모든 재물을 공유하고 항상 성전에 함께 있었다(행 2:44-47; 4:32).

〈사도들의 모범을 따르는 훈련된 삶〉

사람들은 집도 생계 수단도 없이 기도의 집으로서 주님의 집이 아닌 다른 곳에 살면서 이 사도적인 삶의 방식을 모방해왔다(사 56:7; 눅 19:46). 그들이 한 일은 모두 주님의 이름으로 한 것이다(시 124:8). 동일한 삶의 방식을 공유하고, 한 규칙 아래 살고, 자기 것은 하나도 가지지 않는다. 심지어 자기 몸이나 의지마저도 자기 것이 아니다.

이 사람들은 저녁이 되면 쉬고 아침에 함께 일어나 기도하고 찬송하며 함께 책을 읽었다. 그들의 확고한 결심은 고참자에게 순종하고 그들의 훈련에 복종하는 것이다. 그렇지만 그참자들은 역시 자기들이 그들에게 책임을 져야 한다는 것을 깨닫고 있다. 이들은 그다랴가 이스라엘에게 선포했던 것을 선포한다. "우리에게로 오는 갈대아 사람을 섬기리니 너희는 포도주와 여름 과일과 기름을 모아 그릇에 저장하고 너희가 얻은 성읍들에 살라"(렘 40:10).

다른 사람들을 위하여 그들은 매일 하나님께, 약속의 자손이며 자유하는 여인에게서 난 이삭으로서(창 21:6) 그들 마음의 웃음과 기쁨을 드린다. 스스로 그들은 이스마엘을 멀리하는데, 그들이 성령의 열매(갈 5:22)를 무시하고 자신을 섬기는데 빠지게 될 때에는 종의 아들로서(창 21:6) 이스마엘을 섬기게 된다. 하나님의 백성들에게 안식일의 휴식을 선포함으로써 그들은 사람들을 격려하여 세상에서 나그네가 되고, 탐욕에 의해 일어나는 모든 근심에서 해방되라고 권한다.

〈단순한 삶〉

일단 욕구가 최소한으로 줄어들면 아주 적은 것을 가지고 살게 된다. 의복은 검소하고 음식은 간소해지며, 기타 모든 것은 그들이 따르는 규칙에 의해 결정된다. 따라서 누구에게나 필요한 것 이상으로 가지는 것은 허용되지 않으며, 그것은 모두에게 충분하다. 누구나 가지도록 허용된 것을 가지고 있으면 더 많이 가지려 하도록 부추길 사람도 없다.

25 이것은 지상의 낙원이라기보다는 하나의 이상향처럼 들리지 않는가? 그렇지 않다. 이 낙원에서는 고참자들만이 선악을 알게 하는 나무의 과일을 꾸준히 먹도록 허용되어 있기 때문이다. 그들은 신중하게 그것을 시행하도록 허용되어 있다. 그러나 공동체 자체에 대해서는 순종하고 자신의 유익만을 구별하지 않는 것이 그들의 의무이다.

〈침묵의 삶〉

그들은 언제나 침묵을 유지하도록 노력하며 따라서 입으로 말하는 대신에 마음의 소원으로 서로 소통할 수 있다. 고참자들이 종종 권고로써 그들에게 자극을 주게 되면, 그들은 서로 모범을 보임으로써 격려한다. 서로를 존경하고 섬기는 가운데 하나하나 물리쳐 이기게 된다(롬 12:10). 사도가 말하고 있는 바와 같이 "서로 돌아보아 사랑과 선행을 격려하라"(히 10:24).

"홀로 있어 넘어지고 붙들어 일으킬 자가 없는 자에게는 화가 있으리라"(전 4:10)는 전도서의 말씀대로 이뤄지지 않기 위해서, 어느 누구도 독자적으로 살아가는 것이 허용되지 않는다. 자기 마음의 짐을 나눌 수 있는 친구를 선택하지 않고, 혹은 항상 혼자서 떨어져 있음으로써 형제들을 당황하게 만드는 사람은 고독하다고 생각된다.

상황의 요구가 있으면, 육체와 영혼의 문제를 위해 필요한 사항에 관한 조용한 대화가 허용된다. 그렇지 않은 경우에는 침묵으로 일관한다. 그러나 어디서나, 즉 하나님의 섭리가 다스리시는 "모든 곳에서"(시 103:22) 열심을 가지고 계속적으로 기도 공부에 헌신한다. 또한 시편 기자의 충실하고 아름다우며 열정적인 가락과, 하나님을 향하는 마음의 소원을 깊게 해주는 생명의 노래가 있다. 아름답게 작곡된 이 노래들은 음악적인 하모니에 기초를 두기보다는 솟아오르는 사랑에 따라 불려진다.

공동의 경건 훈련에서는, 스랍들처럼(사 6:2-3) 임재하신 주님을 거룩한 소원으로 둘러싸고 있는, 평온한 얼굴의 기색과 조용한 몸의 거동을 보여야 한다. 예배자는 자신이 열렬하게 주고자 할 때에 어느 누구도 줄 수 없을 만큼의 하나님의 사랑을 다른 예배자로부터 더 얻게 된다.

〈사랑이 가득 찬 삶〉

26 이 학교는 독특한 사랑의 학교다. 여기서는 이성의 판단뿐만 아니라 이성과 경험의 결실 위에 기초하고, 또 사물에 대한 진리의 바로 그 본성에 의하여, 훈련이 실시되고, 그 주제가 반복되며, 그 해결에 도달한다. 피곤한 여행자는 여기에서 자신의 필요와 자기와 함께 살고 있는 사람들의 필요 때문에 스스로 지고 온 짐 위에 앉을 수 있다. 죽지도 않고, 자기가 출발한 곳으로 되돌아갈 필요도 없으며, 앞으로 계속해서 나아가야 한다는 강박감도 느낄 필요가 없다. 자기 짐을 충실하게 지키고 머물러 있으면, 자기보다 앞서 나간 사람들과 거의 차이가 없을 것이기 때문이다. 그도 역시 승리의 개가를 부르게 될 것이다(시 30:21-24).

우리에게 압박을 가해 온 모든 것들이 우리의 짐이 아닐까? 그것은 마음의 고랑, 즉 등에 생긴 고랑으로서(시 129:3) 우리가 집착하게 되는 혈육의 정과 같은 것이 아닐까? 밖으로는 싸움이고 안으로는 두려움으로서, 그것도 매일 당하며, 오히려 날마다 속에서 눌리는 일, 곧 모든 교회를 위해서 염려하는 것(고후 11:28)이 아닐까? 그렇다. 주의 산에 오르고 야곱의 집(사 2:3)에 이르려면 아직 길이 멀다. 그러나 여기서부터는 짐 가진 사람은 통과가 허용되지 않는다.

그런데 더 이상 짐을 질 힘이 없으면 늙은 것이다. 노인에게 존경을 보내야 마땅하다. 그렇지만 무조건 나이가 많다고 존경 할만하다고 간주하는 게 아니라 그가 실행한 듯에 의해서 그렇게 하게 된다. 따라서 우리는 자기 짐을 벗고 쉴 수 있는 성숙한 지혜를 갈망한다. 이것은 병역의무를 마친 데 대한 보상과 같다.

27 지혜는 순례의 길에서 이러한 진보를 이룸에 있어서 사랑을 내버리지 않는다. 사랑은 제거된다기보다는 더 발전된다. 그렇지만 앞에서 본 바와 같이 지혜는 다른 것을 눈에 두고 준비하고 있기 때문에 사랑의 짐을 나르는데 지쳐 있다. 참으로 지혜는 주님의 기쁨으로 들어가도록 만반의 채비를 차린다(마 25:21, 23).

그러므로 지혜는 어떤 염려에 사로잡히는 것을 혐오한다. 계속해서 수고하더라도, 그 일에 전적으로 사로잡히는 것을 원하지 않는다. 지혜는 필요한 힘을 잃어버리지 않는다. 그것은 영혼과 하나님의 임재 사이에 있는 어떤 장애물도 피해서 달아나 버린다. 따라서 여행을 계속하고 있는 성도의 영혼을 격려하고 주님의 안식에 들어가도록 자극하기 위해 주의 말씀이 주어졌다. "너는 성품(soul)을 다하고 마음(heart)을 다하고 힘(strength)을 다하고 뜻(mind)을 다하여 네 하나님 여호와를 사랑하라"(신 6:5).

10. 거룩한 것에 대한 미각

28 여기서 우리는 네 가지 감정을 실천하도록 요청받는다. "네 마음을 다해"라는 말씀은 하나님께서 스스로 의지 전체를 요구하심을 내포하기 때문이다. "성품(soul)을 다해"는 우리의 모든 사랑을 요구하심을 의미한다. "힘을 다해"는 자비의 덕을 나타낸다. "네 뜻(mind)을 다해"는 지혜의 향유(enjoyment)를 요구한다.

첫째로, 의지는 영혼이 하나님을 향하도록 한다. 이때 사랑은 영혼이 앞으로 나아가도록 한다. 그때에 자비를 묵상하고 지혜를 향유하게 된다.

지혜는 정신(mind) 속에 잘 자리잡고 있다. 정신이 영혼의 가장 탁월한 기능을 반영하거나 혹은 가장 탁월한 기능이기 때문에 정신으로 불리는 것처럼, 영혼의 다른 자질 중에서 우월한 미덕이 정신에서 기인한다는 것은 옳다. 정신은 우리가 하나님께 연합되어 하나님을 향유하도록 해주는 영혼의 특별한 능력이기 때문이다. 그런데 이 향유(enjoyment)는 일종의 신적인 풍미(savor)로 구성되고, 지혜는 이 신적인 사물의 풍미에서 나온다. 이 풍미는 어떤 종류의 맛에서 유래되는데, 받은 자 이외에는 이 맛을 표현할 수가 없다. 성서는 말하기를 "여호와의 선하심을 맛보아 알지어다"라고 했다. 사도에 따르면 이 맛봄에 의해 우리는 "하나님의 선한 말씀과 내세의 능력을"(히 6:5) 맛본다. 그런데 지혜가 맛보는 이 맛에 관하여 좀 더 자세하게 탐구해 볼 필요가 있다.

〈지혜를 사랑하는 자〉

첫째로, 영혼은 올라갈 때 점진적으로 지혜의 궁전을 향해 올라간다는 것을 말해야 한다. 그렇지만 매 단계에서 지혜는 잠언서에 말씀된 대로 자기를 구하는 자를 스스로 찾고 있다. 지혜는 거리로 나가 자기를 찾는 자를 찾아서, 그들에게 즐거이 자신을 제시한다(잠 1:20-21). 지혜가 앞서가지 않으면 의지도 움직이지 않고, 사랑도 나아가지 않으며, 묵상도 자비로 이어지지 않고, 지혜도 향유하지 못하게 될 것이다. 이런 까닭에 이 맛이 무엇을 가리키는지 더 탐구해 볼 필요가 있다.

〈그리스도의 감각〉

29 예수 그리스도의 몸은 신구약성서 모두에 걸쳐 있는 보편적 교회이다. 초대교회에는 이 몸의 머리 아래 네 가지 감각, 즉 시각, 청각, 후각, 촉각이 있었다. 눈은 천사들과 같은데, 그 고상한 묵상 때문이다. 귀는 족장들인데, 순종의 덕 때문이다. 코 혹은 냄새는 선지자들과 같은데, 보이지 않는 현실을 깨닫고 있기 때문이다. 촉각은 모두에게 공통된 감각이다.

이 모든 감각들은 중보자가 강림하시기 이전에 머릿속에 있었으나, 미각(taste)이라는 감각 하나가 없음으로 인하여 몸이 아주 죽어 있었기 때문에 쇠퇴해졌다. 미각이 없으면 몸은 살아갈 수 없고 감각들은 자체를 활성화할 능력을 얻을 수 없다.

사실 온 몸의 영양 상태에 좌우되는 몸의 기능 하나를 택하여 그 모든 감각과 함께 온 몸 앞에, 그 아래에, 그리고 그 주위에 놓아보자. 미각 하나라도 결여되어 있다면, 다른 감각들은 무슨 소용이 있는가? 귀로 가는 영양분을 차단해서 코나 몸의 다른 부분으로 집어넣는다고 해도 그것은 영양분이 되지 않을 것이다. 다만 쓸데없이 될 것이다.

그러나 영혼이 다른 감각들에 전달될 수 없는 뛰어난 방법으로 그 내적 존재와 함께 섭취하는 맛으로부터는 어떤 달콤한 맛이 나올 것이다. 이것을 받을 때 기타 모든 것을 분별하고 판단한다. 이 달콤한 맛은 다른 감각들뿐 아니라 자체를 입증하고 활기를 돋운다. 머리와 몸 사이의 목구멍에 위치하고 있어서, 미각은 모두와 관계를 맺고 있다.

〈우리의 고난이신 그리스도〉

따라서 맛은 우리의 육체를 입으시고 천사보다 조금 못하게 되신 분(시 8:5; 히 2:7)을 상징한다. 인내와 겸손을 보이심으로써 스스로를 보잘것없게 만드셨다. 거룩한 족장들과 예언자들은 강력한 덕에 의해서 원수들이 땅에 엎드러지게 할 수 있었음에 반하여 그분은 제자들을 아주 다르게 가르치셨다. "누구든지 네 오른편 뺨을 치거든 왼편도 돌려 대라"(마 5:39).

30   족장들과 선지자들 뒤에 오셔서 율법과 복음, 머리와 몸 사이의 경계선에 자리잡고 인성과 수난과 부활의 신비를 통해서 율법과 선지자와 시편 중에서 몸의 영양을 위해 결정적으로 필요한 것은 무엇이나 가져오는 풍미(savor)가 되셨다. 맛이 우리 몸의 입에 대해서 하는 일을 이 인간이신 그리스도가 하셨다. 어떤 내면적인 신성의 풍미(savor)에 의해서 하나님의 지혜이신 그리스도는 우리를 위해 지혜가 되셨다(고전 1:30). 풍미 있는 것을 발견해서서 그것이 우리에게도 진미가 되고 유용하게 만드셨다.

〈우리의 기쁨이신 그리스도〉

사실 그는 자신 안에 생명을 가지시고 몸 전체에 생명을 불어넣고 위로를 주셨다. 자기 몸의 죽음을 통해(눅 15:7, 10) 자신에게 기쁨이 되시고 또 천사들에게 기쁨을 주신다. 족장들과 선지자들에게도 주의 날을 계시하심으로써 그들을 또한 기쁘게 하신다. "나의 때 볼 것을 즐거워하다가 보고 기뻐하였느니라"(요 8:56)고 했다. 모든 육체가 가지고 있는 기쁨과 생명을 주신 것이다! 이러한 즐거움에 드취되고 이 보편적이고 영적인 애착에 영향을 받아 우리는 이렇게 선포하게 된다. "태초부터 있는 생명의 말씀에 관하여는 우리가 들은 바요 눈으로 본 바요 자세히 보고 우리의 손으로 만진 바라 … 우리가 보았고 증언하여 너희에게 전하노니"(요일 1:1-2).

〈우리의 기도이신 그리스도〉

이런 까닭에 모든 기도 가운데 "예수 그리스도 우리 주를 통하여"라는 말을 붙인다. 기도와 찬미의 제사로써 우리 아버지이신 하나님께 아뢰는 것은 우리의 중보자이신 그분을 통한 것이기 때문이다. 이런 까닭에 역시 우리는 빛들의 아버지로부터 가장 좋은 은사를 바라본다. 그가 모든 완전한 은사를 주신다(약 1:17). 우리가 구하는 은사는 우리의 눈이나 코를 통해서 오지 않는다. 그것들은 우리의 입과 맛과 지혜가 되시는 그분께로부터 오며, 따라서 그분을 영접하는 모든 자에게 영양이 된다.

〈우리의 총명(understanding)이 되시는 그리스도〉

31　이것은 총명의 신이신 예수 그리스도에 의해 우리를 위해 창조된 맛(taste)인데, 다시 말해서 성서와 하나님의 모든 신비에 대한 이해이다(사 11:2). 부활 후 예수 그리스도께서 자기 제자들에게 나타나신 방법인데, "저희 마음(understanding, 총명, 이해)을 열어 성경을 깨닫게 하셨다"(눅 24:45).

이제 우리는 단순히 이해할 뿐 아니라, 성서의 내적 의미와 하나님의 신비의 덕과 신적 성례전에 이르기까지 속으로 뚫고 들어가기 시작한다. 이때 우리는 양심과 접촉하고, 경험을 수단으로 하여 하나님께 속한 것의 어떤 특별한 진미에 의해서만 올 수 있는 것을 다루기 시작한다. 자체 내에서 속으로 들어가, 은혜의 역사 자체가 그 강력한 선과 효과적인 덕에 의해 우리 속에 성취하는 하나님의 선하심과 공적을 느끼는 것은 바로 이것이다. 지혜가 실제로 그 고유의 역할을 성취하는 것은 바로 이때이다. 이때 영혼은 가치 있는 것들을 판단할 수 있다. 기름 부음을 받음으로써 영혼은 이때 모든 것을 가르칠 수 있다(요일 2:27).

〈우리의 기름 부음이신 그리스도〉

우리의 삶에 하나님의 선하심에 의하여 인침을 받으신 후에 그분은 우리에게 깊은 인상을 남기시고 우리를 견고하게 하신다. 우리에게 기름을 부으셔서 매사에 평온하게 하고 우리의 영혼 내부를 온화하게 하신다. 그러나 우리 영혼에 어떤 가혹함이나 완고함이 발견되면 그분의 영은 성도의 영혼이 건전한 주님의 기쁨을 받아들일 때까지(시 51:7-8) 부수고 으깨고 쓸어내서 깨끗하게 하실 것이다. 이때 지혜의 영에 의해 새롭게 되고 힘 있게 된 성도의 영혼은 그분의 기뻐하심 속에서 외치게 될 것이다. "여호와여 주의 얼굴을 들어 우리에게 비추소서 주께서 내 마음에 두신 기쁨은 그들의 곡식과 새 포도주가 풍성할 때보다 더하니이다"(시 4:6-7). 이에 대해서는 우리 주님의 말씀도 있다. "영생은 곧 유일하신 참 하나님과 그가 보내신 자 예수 그리스도를 아는 것이니이다"(요 17:3). 영원한 생명을 내포하는 이 지식은 얼마나 복된 것인가!

이때 이 생명, 즉 영원한 생명은 그러한 맛봄에서 오는데, 이렇게 영적으로 맛보는 것은 실제로 하나님께 속한 것을 이해하는 것이기 때문이다. 자신을 사도 중의 가장 작은 자로 표현한 사도는 그럼에도 불구하고 이 지혜로 가득하여 상쾌해지고 힘이 생겨서 이 맛봄을 통해서 다음과 같이 말할 수 있었다.

"모든 성도 중에 지극히 작은 자보다 더 작은 나에게 이 은혜를 주신 것은 측량할 수 없는 그리스도의 풍성함을 이방인에게 전하게 하시고 영원부터 만물을 창조하신 하나님 속에 감추어졌던 비밀의 경륜이 어떠한 것을 드러내게 하려 하심이라"(엡 3:8-9).

이 뒤에 곧이어서 그는 말한다. "이러므로 내가 하늘과 땅에 있는 각 족속에게 이름을 주신 아버지 앞에 무릎을 꿇고 비노니 그의 영광의 풍성함을 따라 그의 성령으로 말미암아 너희 속사람을 능력으로 강건하게 하시오며 믿음으로 말미암아 그리스도께서 너희 마음에 계시게 하시옵고 너희가 사랑 가운데서 뿌리가 박히고 터가 굳어져서 능히 모든 성도와 함께 지식에 넘치는 그리스도의 사랑을 알고 그 너비와 길이와 높이와 깊이가 어떠함을 깨달아 하나님의 모든 충만하신 것으로 너희에게 충만하게 하시기를 구하노라"(엡 3:14-19). 그렇다면 사도가 말하는 지혜의 의미 속으로 좀 더 들어가도록 가능한 한 노력해 보자.

11. 우리의 중보자이신 그리스도의 필요성

32   하나님의 네 가지 성품이 있다. 그것들은 능력과 지혜와 자비와, 진리 혹은 영원성인데, 진리와 영원성 이 둘은 하나이다. 불변하는 것이 아니면 진리가 아니기 때문이다.

이 성품들에 대해 두 가지 반응을 보여야 할 필요가 있다. 우리에게 형벌을 가할 수 있는 능력과 우리가 결코 그로부터 숨을 수 없는 지혜에 대해서 우리는 참된 두려움을 가져야 한다. 곧 거짓된 확신에 의해 제거되지 않고 가식에 의해 경감될 수 없는 두려움이다. 우리가 계명을 지키는 것처럼 꾸미거나(시 93:20) 하나님께서 '값싼 은혜'를 주신다고 가정할 때 가식(pretense)은 일어난다.

〈참된 사랑의 실재〉

참된 사랑은 자비와 진리에 기인하고, 이것은 미지근함에 의해서도, 불신의 주저함에 의해서도 꺾이지 않는 사랑이다. 사랑의 빚을 지고 있는 것은 사랑 그 자체가 아니고 무엇이겠는가? 참으로 자비의 진리와 진리의 성격은 모든 불신의 주저함을 제거한다(살후 2:10). 자비를 사랑하지 않고, 진리가 신뢰할 만함을 믿지 않고, 영원이 결코 실패하지 않음을 믿지 않는 두려움을 나는 불신이라고 부른다. 이러한 이유에서 바울은 다음과 같이 말한다. "능히 모든 성도와 함께 지식에 넘치는 그리스도의 사랑을 알고 그 너비와 길이와 높이와 깊이가 어떠함을 깨달아"(엡 3:18). 사랑의 높이는 그 능력이고, 그 깊이는 지혜이며, 그 넓이는 그 사랑이고, 그 길이는 영원성이다. 진실로 이것은 그리스도의 십자가이다.

다른 곳에서 바로 이 사도는 우리 속에 있는 최상의 지혜가 가진 덕을 더 분명하게 표현하고 있다.

"이로 말미암아 주 예수 안에서 너희 믿음과 모든 성도를 향한 사랑을 나도 듣고 내가 기도할 때에 기억하며 너희로 말미암아 감사하기를 그치지 아니하고 우리 주 예수 그리스도의 하나님, 영광의 아버지께서 지혜와 계시의 영을 너희에게 주사 하나님을 알게 하시고 너희 마음의 눈을 밝히사 그의 부르심의 소망이 무엇이며 성도 안에서 그 기업의 영광의 풍성함이 무엇이며 그의 힘의 위력으로 역사하심을 따라 믿는 우리에게 베푸신 능력의 지극히 크심이 어떠한 것을 너희로 알게 하시기를 구하노라 그의 능력이 그리스도 안에서 역사하사 죽은 자들 가운데서 다시 살리시고 하늘에서 자기의 오른편에 앉히사"(엡 1:15-20).

〈그리스도, 하나님의 진미(savor)〉

33 따라서 사도의 기도와 우리 안에 있는 하나님의 실천은 우리에게 이 지혜의 영과 그분이 누구신가에 대한 은혜로운 지식의 계시를 준다. 이때 우리는 우리 속에 하나님의 진미(savor)를 갖게 된다. 바로 그분 자신이 진미이기 때문이다. 우리에게 당신의 관대하심을 보여주심으로써 눈이 열리는 그때에 우리는 부르심의 소망이 되는 그 세계의 존재에 대한 지성을 이웃에게 전달할 수 있다. 성도를 위해 예정된 그 영원한 세계의 영광스러운 부요함을 안다는 것이 의미하는 바가 바로 이것이다. 이 모든 일 가운데서 우리를 조명해 주시고 불러 주셨던 하나님의 선하심과 관대하심을 본다.

그러나 우리가 이 하늘의 부르심에 응답할 수 있도록 우리에게 은혜가 주어질 때, 지혜의 영의 경험은 우리 속에 있는 그분의 진리의 본질과 광대함을 우리에게 계시해 준다. 이때 신적인 심미안을 소유할 정도로 이러한 성향으로 무장된 영혼은 신적 명상을 향유하고 모든 일을 분별할 수 있다.

모든 축복의 근원이신 그리스도 안에서 영혼은 일차적으로 하나님께 대한 회심에 의해서, 그 다음에는 죄의 용서에 의해서, 그 다음에는 분노 대신에 하나님의 은혜를 경험한 여러 가지 결과에 의해서 우리가 하나님의 자녀임을 맛볼 수 있다. 영혼은 모든 호의를 오직 우리 주 예수 그리스도로부터 소유한다. 그분이 우리의 중보자시요 지혜이시며, 그분 없이는 가장 지혜로운 인간도 바보이기(고전 1:25) 때문이다.

34 하나님의 관대하심은 아주 부요하셔서 당신의 보화를 모두에게 내려주신다. 그러나 어느 누구도 그분이 주시는 것을 모두 다 받을 수는 없다. 그러므로 어느 누구도 어떻게 그것을 받을 수 있는지를 가르칠 수 없다. 이 은사들이 분배되는 곳으로 올라갈 수 있는 사람도 없고, 이것들을 가지고 내려올 수 있는 사람도 없다(롬 10:6-7). 이런 까닭에 우리와 하나님 사이에 중보자가 필요하고, 그를 통해서 우리는 받을 수 있고 우리에게 주어질 수 있다(딤전 2:5).

〈우리의 멸시(humiliation)가 되시는 그리스도〉

비슷한 방법으로 삼위일체 하나님이 하나가 되어 선지자가 말하고 있는 바를 도모하신다. "여호와의 계획은 영원히 서고 그의 생각은 대대에 이르리로다"(시 33:11). 하나님은 인간의 모든 혼동과 그의 고통과 불안과 무질서를 보신 후 또한 어떻게 소외된 인간이 하나님을 떠나 미혹의 영역에 빠져 있으며, 자신의 필요를 알지도 못하고 해결하지도 못하고 있음을 보셨다. 하나님은 빛의 천사였던 악마가 당자하게 하나님의 형상을 찬탈 빙자하여 "내가 하늘에 올라 하나님의 뭇 별 위에 내 자리를 높이리라 너가 북극 집회의 산 위에 앉으리라 가장 높은 구름에 올라가 지극히 높은 이와 같아지리라"(사 14:13-14)고 말하는 것을 보셨다. 이와 마찬가지로 인간은 "네가 하나님과 같이 되리라"(창 3:5)고 말하는 뱀의 암시를 받아 짐짓 하나님이 된 것처럼 행하였다. 따라서 하나님 아버지께서는 "하나님의 영광의 광채시요 그 본체의 형상인 내 아들"(히 1:3)에게는 아들과 동등하게 되려고 질투하여 신성의 동반자가 되기를 원하는 많은 대적자들이 생겨나게 될 것이라고 말씀하셨다.

따라서 하나님은 악한 천사와 반역하는 인간 모두를 내쫓으셨다.

보이지 않는 하나님의 형상이신(골 1:15) 성자 하나님은 타락한 천사와 하나님의 형상대로 지은 바 된 인간(창 1:26-27) 모두와 아주 대조를 이루고 있다. 하나님의 형상과 모양을 따라 하나님처럼 되려는 엄청난 욕망으로 인해서 그들은 멸망하였으나, 그와 달리 성자는 홀로 이렇게 말할 수 있었다. "멸시 속에만 시기가 없는 것이다! 나는 나 자신을 경멸받는 자로서, 모든 인간들 가운데 가장 작은 자로서, 또 슬픔과 탄식에 잠긴 인간으로서 나타내리라"(사 53:3). 그러한 방법으로 인간은 역으로 그분의 겸손(humility)을 닮아가려고 애쓰게 되어, 떠나서 달아났던 참된 영광으로 되돌아가게 된다. 그때에 인간은 주님으로부터 그분의 말씀을 들을 수 있다. "나는 마음이 온유하고 겸손하니 나의 멍에를 메고 내게 배우라 그리하면 너희 마음이 쉼을 얻으리라"(마 11:29).

12. 우리가 받은 구속(redemption)의 성격

35 따라서 하나님의 아들은 스스로 자신의 길을 정하시고, 자기 교만 속에서 멸망하는 인간을 그분의 겸손의 사명을 통해서 구원하기 위하여 가까이 나아오셨다. 그는 하나님과 인간, 곧 하나님을 떠나 사탄의 노예가 된 인간 사이에 개입하셨다. 이렇게 하여 선한 중보자의 역할을 성취하셨다.

"이새의 줄기에서 한 싹이 나며 그 뿌리에서 한 가지가 나서 결실할 것이요 그의 위에 여호와의 영 곧 지혜와 총명의 영이요 모략과 재능의 영이요 지식과 여호와를 경외하는 영이 강림하시리니"(사 11:1-2).

이와 관련하여 아주 강한 운동선수가 경주를 위해 성령의 기름으로 기름 부음을 받고 세상의 경주장으로 들어가 있다고 상상해 보자. 얼마나 기쁜 마음으로 자신을 이 인간의 제도에 따라 행해지는 경주에 나던지고 있겠는가!(시 19:6). 또한 선지자들이 중보자의 강림을 선포할 때 높은 곳에서 시작해서 낮은 곳을 향하여 어떻게 나아가고 있는가를 주목해 보라! 이와 반대로 우리는 성령과 중보자의 도움을 받아 높은 곳으로 올라가려고 노력하는데, 율법과 함께 즉 두려움으로부터 시작한다.

〈우리의 순종이신 그리스도〉

그리스도는 성부에 대하여 두려움을 가지고 계셨으나, 그 두려움은 아들로서의 순결한 두려움이었고(벧전 3:2), 이 두려움 속에서 모든 일에 대해 성부께 영광을 돌렸다.

"여호와여 주의 도를 내게 가르치소서 내가 주의 진리에 행하오리니 일심으로 주의 이름을 경외하게 하소서"(시 86:11).

그리고 이와 같은 구절들은 그 외에도 많이 있다. 하나님께서 그리스도를 통해 시작하셨으나 타락 가운데 있던 사역(work)을 성부 하나님께 회복시키고, 구속하며 혁신시키기 위하여, 그리스도는 이 두려움을 통해 자신을 겸손하게 하시고 스스로 굴욕을 당하시며, 자신의 이익을 돌아보지 아니하신 모습으로 나타났다.

36 이러한 방식으로 우리의 중보자는 높이 들리심을 받았지만 성부를 향하여 경외감을 가지고 계셨고, 관대함을 베푸셔서 비참한 인간과 하나님과 화목하게 하시기 위해 굴욕을 견디셨다. 하나님께 대해서도, 인간에 대해서도 어떻게 관계를 맺어야 하는지 다 알고 계셨다. 중보의 사명을 성취하기 위해 위로부터 오는 성부의 선한 의지를 가지셨다. 그러나 아래로 땅에 있는 가엾은 죄인들로부터는 아무것도 가져갈 것이 없었다. 그의 중보가 인간으로부터 무엇인가 받아야 할 것을 요구하기 때문에, 그는 신앙을 요청하셨다. 먼저 인간에게 베푸심으로써 신앙을 요청하셨다. 그렇지만 불쌍한 인간은 그러한 은혜를 받아서, 선하심으로 자기를 아주 압도해 버리신 분만을 신뢰할 수 있을 것이기 때문에, 어떤 것도 신앙보다 더 요청하기에 적절한

것은 없었을 것이다.

그러나 소망이 없이는 누구도 그리스도를 믿을 수 없기 때문에 — 누가 소망이 없는 사람을 믿을 수 있겠는가 — 우리의 중보자는 신앙과 함께 소망을 가져오셨다. 그분은 소망 위에 두려움을 더하셨는데, 두려움이 없이는 실제로 소망이 있을 수 없기 때문이다. 이것은 곧 은혜로우신 중보자가 어느 누구도 버리지 아니하실 것이라는 소망이다. 우리의 중보자는 이렇게 인간을 위한 구원의 보증을 받아내신 후 성부께로 돌아가셨다. 그래서 그분은 홀로 기도하시려고 산으로 돌아가셨다(마 14:23).

〈우리의 중보자이신 그리스도〉

극도의 고민 속에서 그는 피땀을 흘리시며 계속하여 기도하셨다(눅 22:43-44). "아버지여 당신의 아들로 영화롭게 하소서"(요 17:1) 하고 외치셨다.

"여기 제가 당신께 드리는 것이 있습니다" 하고 말씀하셨다. "여기 제가 인간에게 줄 것이 있습니다. 여기 제가 당신께 받은 것이 있습니다. 여기 제가 인간에게 받은 것이 있습니다. 저는 중보자이며, 저의 중보의 기초는 인간의 구원의 성취입니다."

"인간은 사로잡혀서 묶여 있습니다. 강한 원수가 그를 사로잡고 있으므로, 더 강한 자가 와서 그 폭군을 물리치지 않으면, 이 원수는 인간이 가진 것을 훔쳐갈 것입니다"(마 12:29).

"그러나 위로부터 당신의 아들을 보내소서. 능력과 존귀의 하나님이여(계 7:12), 성령의 능력 안에서 제가 사로잡힌 자들을 그 강한 원수들로부터 구해내겠습니다(시 18:7). 제가 하는 일이 무엇인지 잘 알고 있기 때문입니다. 죄가 없지만 저는 죄 많은 자들을 위해 죽을 것입니다. 제가 가진 선은 사악한 원수가 할 수 있는 것보다 비교할 수 없이 많은 일을 할 것입니다. 무죄한 제가 형벌을 받음으로써 불순종한 인간 위에 가한 형벌보다 훨씬 더 많은 일을 할 것입니다."

37   이 말씀에 대답하여 성부께서는 "내가 이미 영광스럽게 하였고 또다시 영광스럽게 하리라"(요 12:28)고 말씀하셨다.

그런데 가장 강력한 중보자를, "이 세대의 통치자들이 만일 알았더라면 영광의 주를 십자가에 못 박지 아니하였으"(고전 2:8) 것이다. 그러나 이제 그는 권고의 영(보혜사 성령)을 필요로 한다. 그러나 하나님의 아들은 그의 신성의 영광을 숨기시고, 죄 없는 육체의 연약함만을 나타내셨다. 따라서 사악한 원수의 시기를 자신의 거룩한 삶에 의해서 물리치셨다. 그의 연약함을 통해 원수들은 그를 이기리라고 생각했다.

그리스도는 화해자로서 하나님에 대한 인간의 믿음을 강하게 하려고 기적을 사용하심으로써 사탄의 시기를 또한 불러일으켰다. 사탄은 속이는 자인데 스스로 속고 말아서, 죄에 대한 형벌, 곧 그 끔찍한 죽음을 당해야 할 잘못이 없는 그리스도에게 고난을 지우고 말았다. 그러나 의를 위해 불의하게 고통을 당한 의로우신 분은 자신에게 불의의 고통을 안겨 준 사망의 원수로부터 새로운 의를 얻어냈다.

죄가 없었기 때문에 이러한 죽음을 당할 근거가 그분에게 없었으므로, 이 승리를 죄악된 인간들과 함께 나누시며, 죄 없는 당신의 형벌을 통해서 참소당한 자들을 용서하셨다. 당신의 살과 피를 손에 들고 "이것을 먹고 마시라! 그리고 이를 인하여 살아라!"(요 6:57) 하고 말씀하셨다. 그리고 이것을 아버지 앞에 보이시며, "내 아버지여, 여기 내 핏값이 있습니다"(마 27:6)라고 말씀하셨다. "아버지께서는 긍휼을 베푸셨고, 또한 제 몸은 그 열매를 맺었나이다"(시 85:10). "의로 잃어버린 자들을 모두 의로 구해내기 위해 주께서는 당신 앞에 있는 의의 길로 행하실 것입니다"(시 85:13) "주께서 공의를 견고하게 세우시고 주께서 야곱에게 정의와 공의를 행하시나이다"(시 99:4).

13. 하나님의 자녀들의 지혜

38   따라서 인간은 하나님이 지혜로 행하신 그러한 중보의 열매도 만족을 얻

었다. 인간은 화해되었을 뿐만 아니라 지혜롭게 되었기 때문이다. 이제 자기가 먹는 것을 맛볼 수 있기 때문이다. 자기 구속자의 몸과 피를 하늘의 만나와(히 9:4), 천사의 떡(시 78:24-25)과 지혜의 양식으로(전 9:11) 먹고 마신다. 예수 그리스도의 몸을 먹는다는 것은 그리스도처럼 되고 성령의 전이 되는 것을 의미한다(고전 6:19). 그리고 이 성전이 은혜와 하나님께 드려진 헌신으로 장식될 때, 더 이상 외부의 다른 양분을 받아들일 수 없다. 이제는 그것을 창조하시고 장식하신 하나님 자신이 거하시는 처소이기 때문이다.

〈우리의 만족이 되시는 그리스도〉

그러므로 이렇게 된 영혼은 더 이상 물질적이고 썩어질 세상의 일에는 관심이 없고 또 그것을 사랑하지도 않으며, 따라서 인생의 행낭을 보관하는 장소를 포기하고 떠나버렸다. 때때로 영혼이 또다시 그 행낭을 사용하게 될 경우가 있겠지만, 일시적으로 사용할 뿐이고 그것을 소유하고자 하는 욕망을 갖지는 않는다. 만약 영혼이 축복을 받아 잘 되면, 계속 나아간다. 만약 역경에 처한다 하더라도 혼란은 없다. 그 이유는 영혼이 모든 것을 충분히 맛보기 때문이다. 사랑하는 영혼은 세상의 어떤 것에서도 머리되시는 그리스도를 맛볼 수 있기 때문이다.

이때 선악 간에 몸에 영향을 미치는 것은 모두 외부적이며 사람의 영혼 속에 있는 것에는 영향을 미칠 수 없다.

이런 까닭에 휘몰아치는 깊은 역경 속에서 차꼬에 채워져 감옥에 갇혀 있으면서도 바울 사도는 제자들에게 다음과 같이 기록하고 있다. "내가 내 일이 어떻게 될지를 보아서 곧 이 사람 디모데를 보내기를 바라노라"(빌 2:23). 자기 주위의 환경과 겉사람에게 되어질 일들이 필시 육체라는 겉옷에는 영향을 미치고 있지만, 실제로 그를 이루고 있는 속사람까지는 파고들어가지 못한다고 그는 말한다.

〈우리의 지혜이신 그리스도〉

바로 이 지혜에 대하여 사도는 말한다. "우리가 온전한 자들 중에서는 지혜를 말한다"(고전 2:6). 이에 관해서 우리는 어떤 도시를 방문한 적이 없지만 단지 여러 가지 풍문만 듣고 그에 대해서 묘사할 수 있는 것과 같이, 이 지혜를 듣기는 했으나 경험해 보지는 못한 입장에서 말하게 된다. 그렇지만 일단 스스로 방문한 후에는, 종전과는 아주 다르게, 또 매우 실감나게 말하게 될 것이다.

이 영적 지혜와 정반대되는 다른 지혜 즉 "이 시대의 관원의 지혜를"(고전 2:6) 바울은 말하고 있다. 그 차이는 낮과 밤, 또는 백(white)과 흑 같은 것이다. 이에 대하여 "지혜가 사악을 이겨낸다"(지혜서 7:30)고 기록되어 있다. 사악은 악의 맛이고, 지혜는 이와 정반대되는 다른 맛으로부터 온다.

따라서 이 세대의 관원의 지혜는 위로부터 오는 지혜와(약 3:15-17) 반대가 된다. 아래로부터 오는 이 사악한 지혜는 하나님의 지혜를 미워한다. 두 지혜의 부조화 속에 선악의 고유한 맛이 각각 들어 있다. 그렇지만 악한 자는 간교하여 이 부조화를 깨뜨리는 반면(욥 5:13; 고전 3:19), 선한 자는 신중하여 그것을 유지한다.

〈신중한 지혜〉

40 그러나 하나님의 지혜와 세상적인 사악함이라는 이 두 원리 사이에, 백과 흑 사이에 있는 회색처럼, 중간 지혜가 있다. 그것은 양 지혜 사이에서 잘 균형을 잡고 하늘과 땅 사이에서 오르락내리락 하는 것을 동기(motive)로 삼고 있다. 이것은 사도가 하나님께 속한 지혜와 이 세상의 관원의 지혜 사이에 두고 있으며(고전 2:6-7), 이 세상에 속한 것으로 말하고 있는 지혜이다. 그 지혜는 정직하고 유용한 일을 다루며 따라서 신중하게 계산해서 결정된다. 대부분이 신중한 분별력을 가지고 아는 것으로 구성되며, 따라서 반드시 그 자체의 판단에 따르지는 않을지라도, 유용하고 쓸데없는 것이 무엇인지, 더 정직하고 덜 정직한 것이 무엇인지 판단한다. 그러므로 많은 사람들이 이 지식을 교만해지는 지식으로(고전 8:1) 이용하는데, 그 동기가 단지 호기심을 만족시키거나 아니면 아무것도 아닌 '권의'를 인정받으려는데 있기 때문이다. 그러나 아무리 지식 있는 것처럼 되려고 노력하더라도 이

노력들 중 어떤 것도 사랑 없이는 존재할 수 없다는 것을 이성이 발견하는 그 영역까지는 참으로 올라가지 못한다.

14. 거짓 지혜와 참 지혜의 비교

41　그런데 이 인간의 지혜, 혹은 철학은 인간사에 대한 지식과 신적인 일에 대한 지식으로 구분된다. 인간적인 일에 관계되는 한 이 지혜는 아주 정통하다. 그러나 이에서 올라서 신적인 것을 다루게 될 때, 더 높이 올라갈수록 더 엉망이 되어서 떨어져 버리고, "주께서 나를 들어서 던지셨나이다"(시 102:10)는 시편 기자의 말씀이 더 분명해진다.

〈인간의 지혜의 실패〉

사도의 말씀에 따르면, 때로 자연적인 천재의 노력에 의해서 이성이 하나님에 관해서 파악할 수 있는 것은 무엇이나 지식을 갖게 된다(롬 1:19). 이것은 지혜로운 자들에 의해서 파악되는데 이는 하나님께서 그들 속에 아는 능력을 창조하시고, 그것을 그들에게 계시하셨기 때문이다. 그들은 피조된 것들을 통해서 자신이 윤리적 규범을 넘어 지식으로, 이 세계의 피조물로부터 하나님의 보이지 않는 사물로 올라간다(롬 1:20).

그것들을 이해하고 난 후 그들은 하나님의 영원한 능력과 신성을 모두 찾아낸다. 그런데 그들이 하나님께 더 나아가지도 않고 참된 신학을 가지기 위해 갈 수 있는 곳으로 나아가지도 않기 때문에, 그들에게는 변명할 여지가 없다(롬 1:20). "하나님을 알되 하나님을 영화롭게도 아니하며 감사하지도 아니하고 오히려 그 생각이 허망하여지며 미련한 마음이 어두워졌나니"(롬 1:21). "스스로 지혜 있다 하나 어리석게 되었다"(롬 1:22). 미련하게도 신학을 파괴하고 난 후, 자신의 자연적인 지식에서도 실패하였는데, "썩어지지 아니하는 하나님의 영광을 썩어질 사람과 새와 짐승과 기어다니는 동물 모양의 우상으로 바꾸었기"(롬 1:23) 때문이다.

이로 인하여 자신의 윤리마저도 지탱하는 것이 허락되지 않는다. 그 대신 하나님은 그들을 마음의 정욕대로 더러움에 내버려 두사 그들의 몸을 서로 욕되게 하셨다(롬 1:24). 그러므로 하나님께서 그들을 그 상실한 마음대로 내버려 두사 합당하지 못한 일을 하게 하셨다(롬 1:28).

〈하나님의 지혜의 승리〉

42 이와 달리 참된 지혜는 항상 악을 정복한다. 항상 하나님과 함께 거하면서(잠 8:3) 지혜는 어떻게 해야 앞으로 나아가면서도 결코 느슨해지지 않는가를 안다. 따라서 양 극단까지 다 미치며, 모든 것을 온당하게 배치한다(잠 8:1). 하나님께 속한 것에 대해서는 지혜롭게, 자연적인 지식에는 주의 깊게, 도덕적인 문제에 있어서는 신중하게 스스로 처신한다.

위에서 표현된 바와 같이 지혜로운 수도자는 일단 모든 거짓된 감정들로부터 씻김을 받고 하나님께 속한 것만을 맛보고 있으므로, 사람 앞에서 사람을 폭로한다. 모든 일에 있어 완전히 하나님의 영향 하에 있으므로, 영혼은 모든 피조물들을 하나님께서 보시는 것처럼 하나님 아래서 보면서, 모든 것을 참된 지혜의 효력에 비추어서 배치하고 배열한다. 영혼은 이와 같은 방식으로 행동하고, 동일한 방식으로 피조물들을 있는 그대로, 살아있는 그대로 판단한다. 하나님의 지혜는, 그 자체가 선언하는 바와 같이, "영원한 빛의 광채이며 하나님의 주권의 거울"(지혜서 7:26)이기 때문이다. 그 지혜는 전능하신 하나님의 흐려지지 않는 광휘이며 광대하신 하나님의 덕의 순수한 발산이다.

이런 까닭에 성도의 영혼은 그 안에 영원한 생명의 광채와 신적 주권의 거울을 품고 있다. 지혜가 피조물에게 자신을 표현할 때, 하나님의 선하심과 의의 형상을 전달하며 보여준다. 그리고 내적으로 하나님의 덕과 함께 호흡하는 것과 마찬가지로 외적으로는 하나님의 광채와 자비를 발산한다.

이런 까닭에 솔로몬은 다른 곳에서 말하기를 "사람의 지혜는 그의 얼굴에 광채가 나게 한다"(전 8:1)고 했다. 또 다른 곳에서 그는 "지혜자의 눈은 그 머리에 있다"(지혜서 2:4)고 했는데, 정신의 자연적인 능력을 통해서만 지혜가 밖을 볼 수 있고 그곳에 거할 수 있기 때문이다.

솔로몬은 또한 말하기를 "지혜자의 무리가 땅의 건강이라"(지혜서 6:26)고 한다. 미련한 자들이 항상 지혜 있는 자의 지시 하에 있다면 그때에 인간사는 얼마나 행복할 것인가! 현자만이 왕이 될 수 있거나, 모든 왕이 철학자라면 인간사가 얼마나 축복될 것인가 하고 어떤 철학자는 말했다(플라톤, 「국가론」, 473, 487). 그러나 현자들이 통치하기를 거절하고 지혜롭게 피해 달아나는 것과 같이 어리석은 자들 편에서는 내내 현자의 권위 아래 있는 것에 대하여 공포를 가지고 있다. 따라서 모두가 미련하고 온통 뒤죽박죽이고 어디에나 혼란이 있다. 현자는 골이 나서 숨어 버리고, 겨우 어린애들이 나와서 다스린다. 이들은 아침에 만찬을 벌이는 고관원이 된다. "이 나라여 화가 있도다"(전 10:16). 이제 본래의 주제로 돌아가자.

⟨신적인 지혜는 빛을 준다⟩

43 이때 지혜의 영의 빛을 받은 영혼은 정의를 사랑하고 불법을 미워한다. 이런 까닭에 하나님은 예수 그리스도 안에 풍부한 즐거움의 기름을 영혼 위에 부으셨다(시 45:7; 히 1:9). 하나님의 은혜 속에 흡수되어 영혼은 모든 사람을 기쁘게 하고 모든 사람으로부터 사랑을 받는다. 심지어 원수들까지도 이것을 보고 두려움으로 가득차서 그를 존경할 수밖에 없다. 악이 완악해진 때문에 의로움 가운데 선을 택하여 본받지는 않을지라도, 실재의 본성은 부정될 수 없기 때문이다.

현자들은 그들 속에 마음을 이해하도록 도와주는 어떤 특별한 은혜, 곧 천사의 언어를 가지고 있으며, 그들의 모습까지도 영적 은혜를 표현하는데 도움을 준다. 이것은 천사를 지배하시는 분과, 그의 천사들, 이스라엘 족속에 속한 자들과, 예루살렘의 거민들에게만 알려진 언어이다. 애굽인이나 갈대아인은 이것을 모른다. 지혜로운 자들은 현세에서 이것을 미리 맛보고 있는 것처럼 보이며, 현존재의 거룩함 속에서 장차 올 생명의 축복 속으로 이끌려 들어가기 때문이다. 그들의 내적 생명의 영화(glorification)는 신적 생명을 묵상하고 누리는데 있다. 따라서 아직 땅 위에 있지만, 현존하는 그들의 몸에는 죽음 후에 완전히 받게 될 영화가 어느 정도 주어진다.

〈신적인 지혜는 능력을 준다〉

앞에서 말했듯이 우리가 함께 연합하여 살 수 있도록 해주는 그 은혜를 경험하고 난 후, 현자들은 역시 하나님께 구속되어 스스로 하나님을 향유한다. 모든 육체의 갈등은 그들로 하여금 선행을 하게 하는 수단에 불과함을 깨닫기 때문이다. 역경을 당하고 쇠약에 빠지더라도 속사람은 새롭게 되기 때문이다(고후 4:16). 사도가 말한 바대로 "내가 약한 그 때에 강해지기"(고후 12:10) 때문이다. 그들의 감각은 이미 와 있는 몇 가지 새로운 영적 은혜를 감지한다. 그들의 눈은 한 곳에 모여 있고, 그들의 귀는 훈련되어 있다. 종종 기도에 열중하다 보면 알지 못하는 향기를 풍겨내는데, 이는 현자들이 보통 미각까지 뚫고 들어오지만 보통 미각으로는 접근할 수 없는 온화함을 누리고 있기 때문이다. 그것은 서로 만져봄으로써 자비가 촉발된 때 발견된다. 그들은 자신들 속에서 영적 즐거움의 낙원을 만들어 내는 것처럼 보인다. 그들의 얼굴과 태도와 생활의 예의와, 행동과 그들이 제공하는 헌신된 봉사와 상호 용납과 친밀함과 일치가 모두 그들이 한마음과 한 영으로 보이도록 그들을 하나로 묶어준다. 따라서 순결한 양심과 서로를 대하는 은혜로운 삶의 양식을 통해서 그들은 오늘날에도 장차 그들을 위해 충만하게 그 생명이 예비되어 있는 육체적인 영광을 기대한다.

15. 현자의 복된 완성

44　모든 형태의 삶이 햇빛 아래 드러나고, 서로 간의 관계로 얽혀 있다고 보이듯이 우리 존재의 원리인 생명을 실제로 보지는 못하더라도 우리는 서로 의존하면서 살고 있다.

〈하나님의 지혜는 통합시킨다〉

마찬가지로 오는 세상에서 하나님은 각 사람에게 모든 것이 되시며 또 각 사람 안에 있다고 보여질 것이다. 신적인 생명은 자연적인 눈에 보여지지 않고, 다만 영화롭게 된 몸이 각 사람 안에 있는 하나님의 임재를 나타낼 것이다.

우리가 이 형상의 영역에 살고 있는 한 물질적이고 접촉적인 방법을 제외하고서는 어떤 것도 거의 이해하지 못하기 때문에, 물질적인 성례전은 우리를 하나님께로 인도하고, 우리가 서로 소외되어 있는 것을 방지해 줄 것이다. 이런 까닭에 종교라는 말은 "다시 묶는다"는 religare에서 유래되었다고 말한다. 그러므로 신실한 영혼에게 있어서 성례전은 이 수단에 의해 물질적인 것이 영적인 것을 향하여 인도되고 또 영적인 것은 영적인 존재와 물질적인 존재 모두의 창조주를 향하여 인도되도록 도와주는 방편일 뿐이다. 진실로 이때 영혼은 방해가 되는 모든 것들을 넘어서서 인도될 것이다.

〈하나님의 지혜는 영원하다〉

땅에 속한 염려와 육체적인 장애를 모두 뒤로 던져 버린 후 영혼은 하나님 이외에는 모든 것을 잊어버리고 하나님밖에는 아무것에도 주의를 기울이지 않을 것이기 때문이다. "내 사랑하는 자는 내게 속하였고 나는 그에게 속하였도다"(아 2:16). "하늘에서는 주 외에 누가 내게 있으리요 땅에서는 주 밖에 내가 사모할 이 없나이다 내 육체와 마음은 쇠약하나 하나님은 내 마음의 반석이시요 영원한 분깃이시라"(시 73:25-26).

이때 죽음이 온다. 이 생명으로 가는 입구를 불신자들은 '죽음'이라고 부르기 때문이다. 그러나 믿는 자들에게는 넘어가는 것(passover)이 아닐까? 육체의 죽음에 의해서, 우리는 하나님 안에서 완전히 살기 위해 이 세상에 대해서는 완전히 죽는다. 우리는 완전한 장막으로 들어가고, 축복의 집으로 들어간다(시 42:4). 이 논문의 서두에서 말한 바와 같이 인간의 요소는 각기 그 자체의 질서에 따라 나온다. 따라서 육체는 그가 나온 땅으로 돌아간다. 그리고 영혼은 때가 되면 일으키심을 받아 영화롭게 되어 그를 창조하신 하나님께로 돌아갈 것이다.

45   그런데 이 하나님께로 가는 생명의 전이(transition)란 무엇일까?
완전한 축복과 영원한 사랑 안에서 모든 의무가 벗어지고 모든 장애가 극복되고 난 후, 성도의 영혼은 땅에서 경험했던 것보다 훨씬 더 완전하게 하나님과 연결된다. 이때 영혼은 다음과 같은 말을 듣는 자 중의 하나가 될 것이다. "너희는 신들이며 다 지존자의 아들들이라"(시 82:6). 이것이 기쁨의 근원으로서 예루살렘을 구하는 자들과(시 136:6), 성령의 기름 부음이 모든 것을 가르쳐주는(요일 2:27) 자들의 운명이다. 그들은 마음에 지혜로운 성품을 가지고, 마침내 하나님이 시온에서 눈에 보이게 될 때까지(시 84:7), 하나하나 덕을 쌓으면서 성산에 오르는 자들이다. 그들은 신들(gods) 가운데 하나님(God)이시며, 복된 것 중의 지복(至福)이시고, 기쁨으로 가득한 자들의 기쁨이시며, 유일하시고 자비로우시며 절대적인 하나님이시기 때문이다.

〈하나님의 지혜는 성취된다〉

올라감이 시작될 때 선한 열망의 목표에서부터 마지막 완성의 목표에 이르기까지 지혜는 그 능력을 발휘하여 올라가고 있는 자들이 떨어지지 않도록 힘을 제공한다. 지혜는 역경도 번영도 모두 다 평온하게 해주고, 모든 것을 선으로 바꾸어 준다(롬 8:28). 이때 영혼은 만물의 근원을 향해 방향을 고쳐 잡고 하나님의 임재의 비밀 속에 숨겨진다(시 31:20).

그렇지만 지혜롭게 오르려는 자는 이 올라감이 계단처럼 단계별로만 이루어질 수 있다는 것을 배워야 한다. 따라서 각 성향(affectus)은 사실 특정한 역할을 완수하기 위해 일의 계획상 자체의 질서와 시간을 가지고 있다. 하지만 모두가 서로를 기대하고 따르며, 또 서로 도우면서 함께 역사한다. 처음 된 자가 나중 되고 나중 된 자가 처음 되는 일이 종종 있다(마 20:16).

5

하나님을 명상함에 대하여*
서론적 고찰

1   얼마나 깊은지 밑이 보이지 않는 불행의 바다 속을 헤매면서 하나님께 부르짖나이다. 주여, 나의 부르짖음을 들으소서. 당신께 부르짖는 것은 당신께서 우리에게 심어주신 당신의 형상과 모양을 입증하기 위함입니다. 현재의 불행한 상태에서 꼴불견이 되도록 나를 버려두실 수 없는 분이기에 나는 당신께 부르짖나이다. 당신의 손이 나를 누르시는 것은 나의 죄악 때문입니다. 그럼에도 당신의 손은 심판하실 때처럼 움츠리셨습니다. 바다에서, 이 깊은 곳에서, 이 땅 위에서 우리를 절망에 몰아넣는 일은 하나도 허락하시지 않기 때문입니다.

2   내 하나님이여, 깊은 바다가 서로 부르짖나이다(시 42:7). 밑도 없는 깊은 불행 속에서 무한히 깊은 당신의 자비를 구하나이다. 무슨 소망이 있을까 주위를 돌아보았지만 헛될 뿐이며, 당신만이 나에게 견고한 확신과 도움을 주실 수 있다는 것을 깨닫게 됩니다. 당신 없이는 아무것도 존재할 수 없습니다. 오직 하나의 실재가 있을 뿐이며, 항상 당신만이 의존할 만한 분임을 발견합니다. 나는 내 마음이 사랑할 수 있는 것을 찾고 있습니다. 그것은 오

---

* 이 글은 성 티에리의 윌리엄이 1119 혹은 1120년에 「사랑의 본질과 존엄성」 이전에 쓴 것이다. 이것은 그가 수사들과 나눈 구두 명상이다.

직 '사랑'입니다. 시가지를 내려다보고 시골에도 돌아다녀 보았습니다. 그러나 자기 소견대로 살아가는 자는 "하나님의 생명에서 떠난 이방인임을"(엡 4:18) 발견합니다.

세상을 두루 돌아다녀 보고, 생의 위기를 포함하여 안팎으로 겪어보지 않은 것이 없지만, 더욱 절실하게 느껴지는 것은 나에게는 당신이 필요하다는 사실입니다. 이 모두는 하나님 나라가 내 속에 있다는 진리를 증거해 줍니다. 내 마음속에 계시는 당신을 발견하기 때문입니다. 당신은 밖에 계시지 않습니다. 따라서 당신이 내 존재의 가장 친절한 능력 속에 있습니다. 내 영혼이 갈망해 마지않는 분은 곧 당신이 아닐는지요?

나의 기억도 내가 속으로 그토록 원하는 것과 일치하고 있습니다. 오 하나님이여, 당신은 하나의 거대한 바다, 사랑의 바다와 같습니다. 그곳에서 나는 휴식을 찾으며, 성소를 발견합니다. 하나님이여, 사랑은 당신에게 자연스러운 것입니다. 그러하온즉 사랑을 구하신다면 당신 안에서 구하실 것입니다. 그러나 당신이 구하시는 것을 당신이 사랑하지 않으신다면, 발견하지 못하실 것입니다. 그런데 당신은 스스로 구하시는 것을 소유하셨습니다. 그것이 당신 안에 있기 때문입니다.

오 하나님이여, 당신을 떠나게 하는 이상한 신들을 구하지 않도록 나를 지켜 주옵소서. 나를 당신 안에 품으시고, 자비를 베푸시며, 당신의 기쁘신 공의 속에서 나를 일으키소서. 나의 감정도, 기억도, 나의 전존재가 모두 당신 안에 거하도록 나를 도우소서. 당신은 내 모든 존재의 근원이시며, 나의 행복의 근원이시기 때문입니다. 오 하나님이여.

당신을 사랑하는 일이 내게 주어져 있습니다. 양심과 확신 속에 더욱 열정과 소원을 가지고 당신을 사랑하는 이 축복이 내게 주어져 있습니다. 우리로 하여금 사랑스럽고, 인상적이며, 칭찬할 만하고, 부드러우며, 양순하고, 무한히 자비롭게 될 수 있도록 당신의 사랑으로 우리를 영화롭게 하소서. 나의 본성이 당신의 본성과 하나가 되게 하소서. 오 하나님이여, 당신의 포옹은 은혜의 계시와 같습니다. 당신의 위로하시는 왼편 손에는 부족함이 없나이다. 이 손으로 나의 머리를 붙드시고 일으켜 세우시나이다. 당신의 오른손으로는 신령하고 영원한 위로로써 나를 품으시고, 내 속에 기쁨으로 가득 차게 하시나이다(시 4:7). 당신의 달콤한 입맞춤으로 나의 영혼은 잠잠히 평안 속에 쉬나이다. 오 주여, 이는 당신이 나를 소망 중에 세우셨기 때문입니다(시 4:8).

1. 하나님을 향한 비상(飛上)

1 "오라 우리가 여호와의 산에 오르며 야곱의 하나님의 전에 이르자 그가 그의 길을 우리에게 가르치실 것이라"(사 2:3).

의지와 사상과 갈망과 감정, 곧 내 속에 있는 모든 것들아, 하나님께서 보시며 하나님이 보이는 그곳으로 올라가자. 염려와 걱정, 불안과 고통, 관심, 그리고 이것들에 얽매여 몸부림치는 모든 것들을 노새(즉 나의 육체)와 함께 반드시 뒤에 남겨놓고 나와 소년은(나의 지적 능력을 의미한다) 산으로 급히 올라갈 것이다(창 22:14). 경배한 후에 다시 돌아오리라(창 22:5).

그렇다. 우리는 돌아올 것이다. 불행히도 너무 빨리 진리에 대한 사랑은 우리를 따로 분리해주나 형제에 대한 사랑은 우리로 하여금 그대들을 완전히 버리고 떠나도록 허락하지 않는다. 그러나 그대들의 필요로 인하여 다시 돌아온다고 해도, 그 달콤한 체험을 그대들 때문에 결코 잃어버리지는 않겠다.

"만군의 하나님 여호와여 우리를 돌이켜 주시고 주의 얼굴의 광채를 우리에게 비추소서 우리가 구원을 얻으리이다"(시 80:19).

그러나 안타깝게도, 오 하나님이여, 안타깝게도 마음이 정결하지 못한 채 하나님을 보려는 욕망은 얼마나 거짓된 가식이며, 무모하고 성급한 생각이며, 무질서하고, 진리의 말씀과 지혜의 규칙에 상반되는 일입니까? 오 관대하신 절대 주권자여! 오, 지고의 선이시여! 자비를 펴사 마음의 생명을 내게 베푸셨나이다! 당신을 바라봄으로써 정결하게 되어 확신과 의를 간직하게 됩니다. 나와 동행하소서. 오 하나님이여, 그리고 내 영혼에 말씀하소서. 당신만 아시는 언어로, "나는 네 구원이라고"(시 34:4-5).

이에 대답하여, 나도 의치리이다. "주, 절대자, 유일하신 우리의 절대자시여, 당신만이 내가 바라는 것을 어떻게 볼 수 있는지 가르치실 수 있나이다." 당신은 맹인 된 거지에게 말씀하십니다. "나를 원하느냐?"(네게 무엇을 하여 주기를 원하느냐?, 눅 18:41). 내가 당신을 원한다는 것을 당신은 아십니다. 당신의 은혜 가운데서 나는 담대해지기 때문입니다. 당신은 내 마음을 아시고, 또 내 가장 깊은 곳에 있는 것을 아십니다. 계속해서 나를 유혹하던 세상의 연락과 쾌락을 구하던 모든 것과, 세속적인 명예에 대한 모든 야망과, 육신의 정욕과 안목의 정욕과 이생의 자랑을 포함하여(요일 2:16) 나를 꼬드기던 모든 일을 벗어 버렸음을 당신은 아시나이다. 내 마음이 당신을 향하여 얼마나 울부짖고 있는지 당신은 아시나이다. "여호와여 내가 주의 얼굴을 찾으리이다 하였나이다 주의 얼굴을 내게서 숨기지 마시고 주의 종을 노하여 버리지 마소서"(시 27:8-9).

2   내가 얼마나 무례하게 행동하는지 당신은 보고 계시지만, 내가 이렇게 행하는 것도 당신의 사랑을 위한 것입니다. 내가 육체적인 일로부터 돌아선 것도 사실 당신의 은혜의 선물이기 때문입니다. 그러므로 당신을 기쁘시게 해드리는 것은 모두 나에게 주신 당신 자신의 선물입니다. 나는 당신을 볼 수 없을지라도, 당신은 스스로 이것을 보실 수 있나이다. 그러하온즉 내가 가진 유일한 소원은 맞대고 보는 것입니다.

당신께 그토록 가까이 있는데, 우리를 갈라놓는 것은 무엇입니까? 왜 나는 당신 앞에서 벌거벗은 자와 같습니까? 나를 원수로 여기십니까? 젊었을 때의 죄 때문에 나를 소멸하시겠습니까? 진정으로 나는 당신께 회심하고 돌아온 게 아닙니까? 왜 자꾸만 떠나가십니까? 당신은 이스라엘에게 말씀하셨습니다. "너희는 내게로 돌아오라 만군의 여호와의 말이니라 그리하면 내가 너희에게로 돌아가리라"(슥 1:3).

당신의 은혜가 나의 가없은 마음을 잠잠하게 하셨음을 아십니다. 오 하나님이여, 내 마음은 준비되었사오니 당신이 원하시는 것을 명하소서. 나에게 당신의 규례를 아는 지식을 주옵소서. 의지를 주신 후, 내게 능력을 주옵소서. 그리하시면 내가 당신이 원하시는 것을 행하리이다.

3   그러나 나로서는 온 존재를 바쳐 당신의 강하신 증거의 음성에, 내 존재의 폐부를 찌르는 음성에 응답하리이다. 내 속의 눈은 이렇게 선언하시는 당신의 빛나는 진리 앞에 어지러워합니다. "나를 보고 살 자가 없음이니라"(출 33:20). 아직 죄 속에 있기 때문에, 당신 안에 살기 위해 자신에 대해서 죽는 법을 배우지 못했습니다(고후 5:15). 그렇지만 내가 당신을 믿는 신앙의 반석 위에, 그리스도의 신앙 위에, 참으로 당신이 함께 하시는 그 곳 위에 서게 된 것도 당신의 말씀과 당신의 은혜로 말미암은 것입니다. 거기서 나는 인내로 기다리면서, 나를 덮으시고 보호하시는 당신의 오른손에 입맞추며 그 손을 안고 있습니다.

때로 묵상 중에 당신을 향한 갈망으로 가득한 채 당신의 '등'을, 곧 나를 보시는 당신을 지나쳐 보게 됩니다(출 33:23 참조). 내 앞을 지나가시는 당신의 아들 그리스도가 성육하신 그 길을 봅니다. 이제 저는 혈루증을 앓던 여인처럼 너무 사모한 나머지 그분께 접근하여 겉옷 가라도 만짐으로써 내 병든 영혼을 몰래 고침받기라도 하겠습니다(마 9:20이하). 아니면 소원으로 가득 찬 도마처럼 그분을 볼 뿐 아니라 하나하나 만져보고 싶습니다(요 20:25). 더 나아가 도마는 그 성스러운 상처 위에 손을 얹고 싶어하였습니다. 그 상처는 하나님의 만나를 담고 있는 언약궤, 금항아리와 같으며, 우리 인간성의 영혼과 같습니다. 애석하게도 나는 그때 "만지지 말라"(요 20:17)는 명령을 받고, 게다가 계시록의 말씀을 듣게 됩니다. "개들은 밖에 있으리라!"(계 22:15).

이때 나의 양심은 공의로 나를 정죄하고 애태우며 강요하여, 나의 주제넘음과 사악함에 해당하는 형벌을 치르도록 합니다. 이렇게 되면 나 같은 떠돌이를 위한 피난처가 되는(시 104:18) 그 반석으로 돌아가서, 죄에 대해 공포를 느끼면서, 다시 한 번 나를 보호하시는 당신의 손에 입맞추고 얼싸안게 됩니다. 그러나 이것은 견딜 수 없는 나의 욕망을 부채질할 뿐입니다. 당신의 보호하시는 손길이 나에게 빛을 주는 손길이 되어서 당신의 비추시는 은혜를 내려주시는 그날을 나는 손꼽아 기다립니다. 마침내 당신의 진리에 따라 나에 대하여 죽고 당신 안에서 살게 되면 수건을 가리지 않고 당신의 얼굴을 바라보게 될 것입니다(고후 3:16). 이렇게 마주 보게 되면, 나는 당신과 연합될 것입니다.

4   오 복된 얼굴이여, 당신을 보면서 나는 바로 당신과 연합할 수 있게 됩니다. 그 모습은 야곱의 하나님을 위한 장막이 되도록 마음을 예비해 줍니다. 그것은 산에서 주어진 모든 것을(출 25:40) 계시해 줍니다. 바로 이때 다음과 같이 노래할 수 있습니다. "내가 마음으로 주께 말하되 여호와여 내가 주의 얼굴을 찾으리이다"(시 27:8). 이런 까닭에 당신의 은총의 도우심으로 내 양심의 구석구석을 살펴볼 때 단 한 가지 소원이 있음을 발견합니다. 그것은 하나님을 보는 것입니다. 사방의 땅끝에서도 구원자이신 당신을 볼 수 있었으면 하는 것이 나의 소원입니다(사 52:10). 그분을 사랑하는 것이 실로 생명이기 때문에, 나의 소원은 그분을 사랑할 수 있도록 그분을 보는 것입니다. 이러한 갈망으로 지친 나머지 스스로 자문해 봅니다. "누가 볼 수 없는 자를 사랑할 수 있겠느냐(요일 4:20). 보이지 않는 것이 어떻게 사랑을 받을 수 있겠는가?"

2. 갈망하는 영혼

5   그렇다면 여기서 나의 마음을 면밀하게 훈련해야 합니다. 그 훈련은 곧 끊임없이 내 마음을 살펴보는 것입니다. 당신의 축복과 사랑은 부드럽게 당신과 당신의 절대적이고 주권적인 사랑을 향하여 나아가도록 나를 도와주는 손발과 같기 때문입니다. 그러나 안타깝게도 이러한 체험은 쾌락을 포기하지 않고서는 누릴 수가 없도록 되어 있습니다. 그 체험은 등경과 투쟁과 좌절로 점철되어 있고, 그 달콤함 속에는 고통이 섞여 있습니다. 당신께서 나의 제물에 기뻐하시는 것처럼 당신을 명상하는 것은 나에게 즐거움을 가져다줍니다. 그러나 내가 내 자신을 드리지 않고, 당신이 친히 행동 가운데

자신을 나타내지 않으시면 그 즐거움은 충만한 것이 되지 못합니다.

이 명상 속에 내 영혼이 온 힘을 다 쏟아 넣지만, 부싯돌과 같이 틀을 짜기 위한 쇠가 필요합니다. 당신을 사랑하는 일이 가능하도록 해주는 당신의 성품들을 사용하여, 당신의 손과 발이 나를 도울 수 있는 것과 마찬가지로 나도 당신, 곧 지고(至高)의 사랑이시며 절대적인 선이신 당신께 도달하려고 나의 온 힘을 다 기울입니다. 그러나 애를 쓰면 쓸수록 내 자신은 아주 비참하게 자신에게로 밀려나서 주저앉게 되며, 심지어 그 이하로 내려가는 것 같습니다.

따라서 자신을 바라보고, 돌아본 후 스스로 판단을 내려 볼 때, 나는 하나의 골치 아픈 문제 덩어리가 됩니다.

그러하나 주여, 당신의 은혜로써 내 온 마음속에 당신을 사모하는 소원과 당신을 사랑하는 사랑을 지니고 있음을 확신하게 됩니다. 내가 당신을 사모하고 사랑할 수 있는 것도 당신의 도우심이 있기 때문입니다.

그런데 내가 그처럼 사랑할 때 그것이 어떤 사랑인지 알 수 있습니까? 소원을 소원하고(to desire desire) 사랑을 사랑한다는(to love love) 것은 무엇을 의미합니까?

만약 우리가 어떤 것을 소원한다면, 소원에 의해서 그렇게 하는 것이며, 우리가 사랑하는 것은 사랑에 의한 것입니다. 그렇지만 내가 사랑을 사랑할 때 내가 사랑하는 것은 내가 사랑하기 원하고, 그에 의해서 모든 것을 사랑하는 사랑이 아닙니다. 그 사랑의 과정에서 내가 사랑하는 것은 내 자신입니다. 그렇지만 내가 온 영혼을 바쳐 찬양하고 사랑하는 주님을 사랑하고 있을 때는, 주님 자신과 그분의 사랑 이외에 다른 것을 발견하게 된다면, 내 자신을 싫어하고 혐오해야 될 것입니다.

소원은 또 어떻게 되겠습니까? 내가 소원을 소원한다고 말할 때, 이미 자신 속에 소원이 있음을 발견합니다. 그러나 이때 그 소원은 당신을 소원함으로써 온 것입니까? 그렇다면 당신이 바라시는 소원, 곧 당신을 소원하는 소원을 어디서 가질 수 있습니까? 도대체 어디에서 그렇게 간절하고 지극한 소원이 올 수 있습니까?

6   따라서 자신을 돌아보는 눈이 혼란되고 침침해지며, 심지어 어두워질 때, 속히 열어 달라고 나는 기도합니다. 그렇지만 아담의 눈이 열렸던 때처럼(창 3:7) 부끄러움 가운데서 열리는 것은 안 됩니다. 그보다는 당신의 영광을 바라볼 수 있도록 열릴 것입니다(출 33:18). 이때 내 자신의 궁핍함이나 보잘것없음을 모두 잊어버리고 나의 전 존재는 일어나서 당신의 사랑의 품으로 달려가 내가 사랑하는 당신을 보고, 계속 바라보아야 할 당신을 사랑할 수 있을 것입니다.

이렇게 하여 자신에 대하여 죽음으로써 본질상 죄에 빠져 있는 내가 당신 안에서 살아가기 시작할 것입니다. 주여, 당신의 지혜의 은혜, 혹은 당신의 은혜의 지혜에는 그 보상이 있기 때문입니다. 합리적인 논증이나 논의는 모두 우리가 솟아오르는 당신의 즐거움과 충만한 당신의 사랑의 기쁨을 향해 올라가도록 인도해 주지 못하기 때문입니다. 놀랍게도 부지런히 찾고, 쉬지 않고 두드리는 자만이 받게 될 것입니다(마 7:7).

그러나 주여, 이런 일은 좀처럼 일어나기 어렵습니다. 이런 일이 있을 때 나는 외칩니다. "주여 여기가 좋사오니, 초막 셋을 세웁시다." 하나는 믿음을 위해서, 하나는 소망을 위해서, 하나는 사랑을 위해서!(마 17:4). 그러나 내가 "여기가 좋사오니"라고 말할 때 무슨 말을 하고 있는지 알기나 하는지요? 즉시 죽은 것처럼 땅에 엎드려, 주위를 돌아보지만 아무것도 보이지 않게 되기 때문입니다(마 17:4; 계 1:17).

이때 내 자신은 옛날로 되돌아와 마음에는 슬픔이, 영혼에는 고통이 가득함을 발견합니다. 이때 나는 이렇게 외치게 됩니다. "여호와여 어느 때까지니이까 나를 영원히 잊으시나이까 주의 얼굴을 나에게서 어느 때까지 숨기시겠나이까 나의 영혼이 번민하고 종일토록 마음에 근심하기를 어느 때까지 하리이까"(시 13:1-2). 얼마 동안 당신의 영이 죽을 수밖에 없는 인간들에게 오며 가며 하십니까? 그러나 그 영은 함께 머물지는 않을 것입니다(창 6:3; 요 3:8).

그러나 주께서 시온의 포로를 들이키실 때 우리는 위로를 받게 될 것입니다. 그때 우리 입에는 기쁨이, 우리 혀에는 즐거움이 가득할 것입니다(시

126:1-2). 그러나 이제까지 너무 오랫동안 포로가 되었습니다. 얼마나 비참하게 되었습니까? 내가 게달(Kedar)의 장막에 거할지라도, 나의 영혼은 아주 외롭습니다(시 120:5-6). 그러나 내 마음 깊은 곳에서 당신의 위로의 진리와 진리의 위로가 내게 말씀하십니다.

3. 복된 자의 사랑에 불평등이 있는가?

7   진실로 소유의 사랑과 함께 소원의 사랑이 있습니다. 소원하는 사랑은 때로 환상으로 응답됩니다. 환상의 응답은 소유이고, 소유의 응답은 완전한 사랑입니다.

이러한 통찰력을 가지고 당신의 은혜가 내 마음을 위로하여 말씀하심에 대해 감사드립니다. 나는 당신의 종입니다(룻 2:13). 이 당신의 성령의 보증을 받아들이고 맞이하며, 이와 함께 기쁨을 가지고 당신의 약속의 성취를 바라봅니다. 당신을 사랑하기를 소원하고, 소원하기를 사랑하기 때문입니다. 그래서 완전하게 당신을 사랑하게 될 그날을 바라봅니다. 먼저 사랑해주신 당신은 사랑을 받으시기에 아주 합당하시기 때문입니다(요일 4:8).

그러나 현재의 상태에서 당신을 사랑하는 이 축복된 상태가 실제로 존재하는 것입니까? 만약 그렇다면 언제 어디서입니까? 생명의 근원이신 하나님을 그토록 갈급해하는 영혼이 아주 만족하고 충만해져서 "이제는 충분하다"고 외치게 될 수 있을까요?

그럴 수 있다고 말하는 사람이 있다면 놀라운 일이 될 것입니다. 이것은 그 사람에게 무언가 틀림없이 결함이 있다는 것을 암시할 것입니다 만약 우리 내부에 이 하사품(bounty)을 누리는데 불충분함이 있다고 가정한다면, 어떻게 우리가 완전한 상태에 도달할 수 있겠습니까? 어디에서도 결코 도달할 수 없습니까? 그렇다면 불의한 자는 어떻게 되는 것입니까? 그들이 당신의 나라를 소유하게 될 것입니까?

그런데 불의한 자는 소원도 없고 자기가 은혜를 입고 있음도 깨닫지 못하고 당신의 사랑도 이해하지 못하며 피조물로서 할 수 있는 만큼 그 사랑

5. 하나님을 명상함에 대하여 165

에 대해 보답을 해야 할 필요도 이해하지 못하는 자입니다. 그렇지만 하나님을 가까이 모시는 축복된 자리에 있고 하나님을 분명하게 바라보기 때문에 "불타는 자"라는 호칭을 얻게 된 스랍(사 6:2)의 사랑은 하늘의 왕국에서 가장 작은 자들이 가진 사랑보다 더 큰, 하나님에 대한 사랑임이 확실합니다(마 5:19).

그런데 여기에 하늘나라에 속해 있으면서 자기가 가장 작은 자라고는 말할 수 없을지 모르지만, 그럼에도 자기가 할 수 있는 한 당신을 사랑하기를 소원하는 사람이 있습니다. 이것은 천사들이 증거하기를 소원하는 것일지 모릅니다(엡 1:18). 따라서 그는 다른 사람이 더 소원한다 하더라도 경쟁의식이 없이 당신을 사랑하기를 소원합니다. 역시 그는 헌신과 경건한 본받음을 통해서 그렇게 합니다.

만약 그가 사랑 가운데서 진보를 이루게 된다면, 이때 그의 내면적인 눈은 빛을 받아 밝아질 것입니다(엡 1:18). 이때 그가 이 내면적인 실재를 가지고 성장하면 할수록, 배은망덕하지 않거나 불의한 자가 되지 않는다면, 계속 늘어가는 즐거움을 가지고 하나님을 사랑할 수 있음을 배워 알게 될 것입니다. 빚진 자로서 천사들이 하는 것처럼 사랑을 배울 수도 있을 것입니다. 그러나 자기가 얻을 수 없는 것을 소원하는 자는 가련한 상태에 있습니다. 그와 같은 좌절은 축복의 나라에서는 완전히 제거됩니다. 그 위에서는 소원하는 자는 모두 자기가 원하는 것을 얻게 됩니다.

8　이에 대하여 우리가 두슨 말을 하겠습니까?(롬 8:31). 주여, "당신의 종이 들을 수 있도록"(삼상 3:10) 말씀해 주실 것을 기도합니다. 하나님의 나라에 속한 자는, 큰 아이든 작은 자이든, 각기 자신의 규모에 따라, 모두 당신을 사랑하기를 소원합니다. 그들로 하여금 자신의 다양성을 갖도록 허용하는 것은 사랑의 통일성이 아니겠습니까? 많이 받은 자는 더 많이 사랑하는 반면, '어린' 형제라고 말할 수 있는 자들도 질투 없이 사랑하는데, 그 역시 자기가 보는 것을 소원하기 때문입니다. 그도 역시 자신의 온 능력을 다하여 자기가 소원하는 사랑을 가지고 있지 않습니까?

진리는 그것이 사랑받는 사랑이시기 때문입니다. 사랑하되 함께 사랑하고, 즐거워하되 함께 즐거워하는 자들에게 동일한 은혜로써 충만하게 하시는 것은 그분의 충만하심과 선하신 본성에 기인합니다. 그 영혼들 속에 사랑을 부어 넣으면 넣을수록 그들은 더 큰 능력을 입어 계속해서 사랑하게 될 것이기 때문입니다.

그분은 만족하시지만, 결코 지나치게 요구하지 않습니다. 만족은 항상 소원을 감소시키기보다는 증가시키지만, 또한 염려와 불안을 제거해 버립니다. 앞서 말한 바와 같이 사랑받는 이 사랑은 그에게 충만한 기쁨을 채워줍니다. 그분은 소원하는 가운데 생기는 모든 고통과, 열심 가운데 생기는 모든 질투를 풀어줍니다. 사도가 말한 바와 같이 그분은 그들에게 "영광에서 영광에 이르는"(고후 3:18) 빛을 비추심으로써 그 빛 안에서 빛을 보도록 하십니다(시 36:9). 마찬가지로 그들은 사랑 안에서 사랑을 이해하게 될 것입니다.

여기에 마르지 않고 솟아나는 생명의 근원이 있습니다. 여기에 그 부요하심으로 당신의 사랑하시는 자의 집을 가득 채우는 영광이 있습니다(시 112:3). 오, 주여, 여기서 소원하는 자는 자기가 원하는 것을 발견하고, 사랑하는 자는 항상 자기가 사랑하는 분을 발견하게 됩니다. 또한 소원하는 자는 항상 더 소원하기를 사랑하고, 사랑하는 자는 항상 사랑하기를 소원합니다. 그리고 오 주여, 소원하고 사랑하는 자를 위하여, 당신께서는 그가 결코 좌절하지도 않고, 결코 자기가 가진 것으로 뽐내지 않도록 그가 소원하는 것을 아주 충만하게 하십니다.

시편 기자가 "내게 무슨 악한 행위가 있나 보시고 나를 영원한 길로 인도하소서"(시 139:24)라고 기도한 것은 이와 관련되는 게 아니겠습니까? 완전함은 이러한 관계에 있습니다. 이와 같이 항상 순례의 길을 행하는 것은 이 속에 존재하는 것입니다. 이에 대하여 사도는 말하기를 "내가 이미 얻었다 함도 아니요 온전히 이루었다 함도 아니라 … 푯대를 향하여 … 하나님이 위에서 부르신 부름의 상을 위하여 달려가노라"(빌 3:12, 14)고 하였습니다. 이어서 말하기를 "우리 온전히 이룬 자들은 이렇게 생각할지니"

(빌 3:15)라고 하였습니다.

4. 하나님 자신을 인하여 하나님을 사랑하고 기타 모든 것을 하나님을 위해 사랑해야 한다.

9 오 인자하신 창조주여, 당신을 사랑하는 자들을 사랑하시는 당신의 사랑은 당신의 피조물들에 대한 당신의 관대하심에서 나옵니다. 이 사랑은 당신을 사랑하는 자들을 불러일으켜 당신을 소원하고 또 사랑하도록 합니다. 당신은 우리의 사랑에 의존하지 않으시기 때문입니다. 당신은 단순히 당신 자신이십니다. 당신은 변함없이 동일하시고, 항상 선하시며, 본질적으로 동일하시고, 본질적으로 또 홀로 선하시며, 당신의 모든 피조물들이 대해서도 본성적으로 선하십니다. 우리가 당신을 사랑할 때, 다시 말해서 당신을 사랑하지 않고 악 속에 존재할 수밖에 없는 우리 곤고한 피조물들이 당신을 사랑할 때, 당신에 의해서, 당신을 향하여, 그리고 당신 안에서 감화를 받습니다(빌 3:15).

그러나 당신은 항상 동일하십니다(시 102:27). 당신의 사랑은 우리로 인하여 영향을 받지 않습니다. 우리가 사랑한다고 해서 더해진 것도 없고, 우리가 사랑하지 않는다고 해서 없어진 것도 없습니다. 그렇지만 당신이 우리를 사랑하실 때는 당신 자신을 인하여 그렇게 하시는데, 궁극적인 공의(公義) 속에서 우리가 당신을, 오직 당신만을 사랑해야 한다고 소원하시기 때문입니다.

그렇다면 은혜의 큰 선물이 주어질 때 그 선물은 우리 자신의 이익을 위하여 당신이나 혹은 우리를 사랑하도록 주어진 것이 아니라, 오직 당신 자신을 위하여 당신과 우리 자신을 사랑하도록 주어졌다는 것이 사실입니까? 이렇게 함으로써 사람은 자신이 따라서 지음을 받은 하나님의 형상으로(창 1:26) 고쳐지기 때문입니다. 하나님으로서 당신이 누구신가 하는 실재에 의해서 당신은 홀로 하나님으로서 당신 자신만을 사랑하실 수 있기 때문입니다. 당신은 당신 자신을 위하지 않고서는 천사도 인간도 사랑하실 수 없습니다.

10 이렇게 하나님의 사랑을 받는 영혼은 복이 있습니다. 참으로 복이 있습니다. 또한 하나님을 사랑할 수 있을 뿐만 아니라 하나님 자신을 위해서 사랑하도록 하나님에 의해 그의 성령의 연합 속에서 행동하게 된 영혼은 복이 있습니다. 하나님 자신이 하시는 것처럼 사랑하며 입증하는 가운데, 영혼은 하나님을 사랑합니다. 다른 식으로 표현한다면 영혼은 창조주와 그의 피조물들에 의해 사랑받는 것만을 사랑합니다.

따라서 사랑은 개인적인 권리로서 어떤 피조물의 사사로운 소유물이 아니라, 오직 당신의 것입니다. 당신은 진실로 사랑이시기 때문에 사랑받으시기에 합당하십니다. 우리가 아는 바 이것은 당신의 아들이 우리를 대신하여 당신께 기도하시기를 "그들도 다 하나가 되어 우리 안에 있게 하사"(요 17:21)라고 하실 때 우리 안에 두신 그분의 뜻입니다. 이것은 목표요 완성이신 성취입니다. 이것은 성령 안에 있는 평화와 기쁨이며(롬 14:17), 하늘에 있는 고요함입니다(계 8:1).

이 땅에서 때때로 하늘의 고요함과 같이 말로 표현할 수 없는 평화의 고요함을 누리도록 우리에게 이 사랑이 주어집니다. 이 사랑은 지혜의 처소와 같은 의로운 영혼에게 옵니다. 그러나 이 평화는 한두 시간 정도로 잠시 머물다 사라집니다(계 8:1). 그러나 이에 대한 생각은 끊임없는 축연(feasting)을 제공하기에 충분합니다. 그러나 그 축복되고 영원한 생명 안에서 "주의 기쁨에 동참하라"(마 25:21)는 말씀이 울려나올 것입니다. 이때, 오직 그곳에서 우리는 완전하고 지속적인 향유(enjoyment)를 발견할 것입니다. 그러므로 이 축복은 지금 우리가 당하는 모든 장애와 어려움에 비례하여 훨씬 더 클 것입니다. 이 장애들은 모두 사라져버릴 것이기 때문입니다. 이때 영혼의 안전한 사랑은 깨뜨릴 수 없는 완전함과 부패될 수 없는 축복과 함께 영원히 보장될 것입니다.

5. 기도는 사랑의 본성이다

11 오 사랑이시여, 연기가 흩어지듯이, 육신의 정욕과 안목의 정욕과 이생의 자랑이(시 68:2; 요일 2:16) 우리 속에서 감염시키는 모든 전염병들을 당신의 앞에서 쫓아내 주십시오. 우리의 감정은 사생아의 감정과 같았습니다. 우리가 사랑이라고 부르는 이 감상적인 기질은 당신이 만드신 영혼 속에서 부패되지 않고, 당신을 위해 존재해야 하는 것이기 때문입니다. 당신만을 위하여 창조되었기 때문에 이것이 당신을 대적할 때에는 탐욕, 정욕, 방탕함과 같은 이름으로(갈 5:19) 불러도 좋을 것입니다. 그러나 이것이 부패되지 않은 채 남아 있고 또 그 존재의 목적에 순종하는 한에 있어서는 오직 그러한 사랑을 받으시기에 합당하신 당신을 향하게 될 것입니다.

참으로 당신의 종의 하나로서, 분별 있는 영혼의 사랑은 고요한 가운데 지속되는 움직임인데, 그 안에서 의지는 그 이상의 어떤 것도 구하지 않고 그 외의 어떤 것도 가질 만한 것으로 여기지 않습니다. 당신 이상의 어떤 것을 찾고 있는 자는 곧 존재할 수도 없고 또 결코 존재한 적도 없는 것을 찾고 있기 때문입니다. 당신보다 더 사랑스러운 사물도, 더 사랑스러운 사람도 없기 때문입니다.

따라서 사람이 자기 욕구 속에서 당신 이상의 무엇을 찾아 날아갈 때는, 당신만이 홀로 가지신 진정한 사랑과는 무관한 간음이나 다른 정욕과 같은 그러한 방탕함 속에서 자신을 비존재로 만들 뿐입니다. 거듭해서 말씀드리지만, 사랑은 당신께만 향할 수 있고, 오직 당신에게만 있기 때문입니다. 참으로 당신 없이는 누구도 존재하지 못하기 때문입니다. 당신 안에, 오직 당신 안에만 진정한 피난처가 있습니다. 순결과 사랑 가운데 두려움을 가지고 "주를 경외하고" 또 "그 모든 계들을 지키는 것이 사람의 본분이기"(전 12:13) 때문입니다.

6. 아들 안에 있는 하나님의 선행하는 사랑이 우리에게 사랑을 불러일으킨다

12   나의 주 나의 하나님이여, 마음을 다하고, 성품을 다하고, 힘을 다하여 당신을 사랑하도록 내 영혼 속에 있는 모든 불의를 제하소서. 내게서 당신을 사랑하는데 장애가 되는 것들이 모두 떠나게 하소서. 당신 외에 다른 것들을 더불어 사랑하거나 당신만을 위하여 사랑하지 못할까 두렵습니다. 당신은 진정한 나의 주님이시며 사랑이시기 때문입니다. 내가 당신을 인하여 어떤 것을 사랑할 때, 그때는 그 자체를 인하여 사랑하지 않고, 당신을 인하여 그것을 사랑하는 것입니다. 진실로 당신만이 홀로 주님이시기 때문입니다(시 86:8-10). 당신께 다스림을 받는다는 것은 당신에 의해 구원받는다는 것입니다.

구원의 근원이 되시며, 당신의 백성들에게 축복을 내리시는 주여, 이 구원이 당신을 사랑하고 당신께 사랑받는 은사 속에 있지 않다면, 이 구원은 무엇을 의미하는 것입니까? 이런 까닭에 당신은 당신의 오른편에 앉은 아들(시 80:17), 곧 당신께 인정함을 받은 인간이 예수라 불리기를 원하셨습니다. "그가 자기 백성을 그들의 죄에서 구원할 자이기"(마 1:21) 때문입니다.

그리스도 밖에는 구원이 없습니다(행 4:12). 그리스도는 먼저 우리를 사랑하시되(요일 4:19) 십자가에서 죽기까지 사랑하시면서, 그는 홀로 우리에게 당신을 사랑하도록 가르치셨습니다. 우리를 사랑하시는 가운데 그분은 우리를 정결하게 하셨습니다. 우리를 사랑하시는 가운데 우리로 하여금 그분을 사랑하도록 사랑을 불러일으키셨습니다. 무한한 자비를 베푸시는 가운데, 이렇게 하는 것이 그분의 사랑의 목적입니다(요 13:1).

인간 세계에는 "내가 당신을 사랑하니 당신도 나를 사랑하라"는 기본적인 원리가 있습니다. "당신이 나를 사랑하도록 내가 당신을 사랑한다"고 말할 수 있는 사람을 우리는 거의 발견하지 못합니다. 이것은 사심 없는 사랑입니다. 그러나 이 사랑의 즐거움을 선포하고 설교하는, 사랑의 즐거움의 사도로서 당신은 우리를 먼저 사랑하시고 바로 이렇게 하셨습니다. 주여, 당신께서는 우리로 하여금 당신을 사랑할 수 있도록 하기 위하여 당신이 먼저 우리를 사랑하셨습니다. 이것은 당신에게 우리의 사랑이 필요해서가 아니라, 우리가 당신을 사랑하지 않고서는 진정으로 당신이 우리를 창조하신 본래의 모습이 될 수 없기 때문입니다.

이런 까닭에 수없는 기회를 통해 수많은 방식으로 당신은 선지자들을 통해 선진들에게 말씀해 오셨습니다. 그러나 이 마지막 날에 당신은 아들을 통해(히 1:1이하), 즉 당신의 말씀(Word)을 통해 우리에게 말씀하셨습니다. 당신의 말씀을 통해 하늘이 지은 바 되었으며 그 입의 기운으로 만상이 이루어졌습니다(시 33:6). 따라서 당신을 대표한 아들에 대해 말씀하시는 가운데, 떠오르는 태양 가운데서도, 생명의 운행 가운데서도 당신이 얼마나 우리를 사랑하시는지를 선포하고 있습니다(시 19:5-6).

이토록 극진하게, 바로 이렇게 당신은 우리를 사랑해 주셨습니다. 당신의 아들을 아끼지 아니하시고, 우리 모두를 위해 내주셨기 때문입니다(롬 8:32). 그리고 그 아들은 또 우리를 얼마나 사랑하셨으며 어떻게 우리를 위해 자신을 버리셨습니까?(갈 2:20). 주여, 이것이 우리에게 주신 당신의 말씀이며, 온 세상에 어둠이 뒤덮여 있을 때 우주의 침묵을 통해서 메아리쳤던 전능하신 말씀입니다(창 1:2).

우리의 잘못을 엄하게 문책하시고, 자비로운 사랑의 송가를 받으시던 하늘의 보좌에서 그때 당신은 내려오셨습니다. 이 땅에서 그가 하신 모든 일과 그가 말씀하신 모든 것은, 심지어 모욕과 악의와 희롱과 십자가와 무덤에 이르기까지 모두가, 아들 안에 있는 당신의 말씀 이외에 다른 것이 아니었습니다. 이것은 당신에 대한 우리의 사랑을 불러일으키기 위한 사랑의 호소였습니다.

모든 영혼의 창조주이신 하나님이여, 당신은 인간의 마음에 사랑이 강요될 수 없음을 아십니다. 사랑은 솟아나야만 합니다. 강요는 자유를 앗아가고, 자유가 없으면 의(義)도 없음을 아십니다. 그런데 의로우신 하나님이여, 당신은 우리를 구원하기를 원하십니다. 당신은 의로움 속에서가 아니면 누구도 결코 구원하거나 정죄하시지 않습니다.

당신은 우리의 심판장인 동시에 변호인이 되십니다. 보좌에 앉으셔서 의로우신 판단으로 판단하십니다. 당신 스스로 창조하신 의로 판단하시기 때문입니다(시 9:4). 따라서 자비를 베푸실 자에게 자비를 베푸시고, 긍휼히 여기실 자에게 긍휼을 베푸실 때(출 33:9; 롬 9:15), 모든 입의 말문이 막히고 온 세상이 하나님께 굴복하게 됩니다(롬 3:19). 우리가 당신을 사랑하지 않았다면 공의에 따라서 우리는 구원받지 못했을 것입니다. 우리에게 주신 당신의 사랑의 선물이 없었다면 우리는 당신을 사랑할 수 없었을 것입니다. 따라서 당신은 우리가 당신을 사랑하기를 원하셨습니다. 당신의 사랑의 사도가 상기시켜 주고 있는 바와 같이 "당신이 먼저 우리를 사랑하셨는데"(요일 4:10), 당신을 사랑하는 모든 자들을 당신이 먼저 사랑하고 계시기 때문입니다.

7. 하나님은 어떻게 우리를 사랑하시는가

당신이 우리 마음속에 심어주신 사랑(성향)을 가지고 우리는 주님이신 당신을 사랑합니다. 당신이 모든 선한 감정(affection)의 근원이시기 때문입니다. 그런데 당신은 어떻게 사랑하십니까? 동일한 방식으로, 동일한 원리에 따라 타인에 대한 당신의 사랑도 어떤 다른 외부적이고 우연한 행동에 의해 자극되어 "영향을 받는" 것입니까? 그렇지는 않을 것입니다. 이러한 추론은, 당신이 만물의 창조주시라는 현실에 상반되기 때문에 우스꽝스러운 것입니다. 그렇다면 당신이 사랑에 의하여 사랑을 받지 않을 때 어떻게 당신은 우리를 사랑하시는 것입니까?

오 주 하나님, 지고(至高)의 선이시며 궁극의 선이시여, 아버지와 아들로부터 나오신 성령으로서, 사랑은 당신의 관대하심입니다. 창조의 시작으로부터 혼돈의 수면 위를 운행하셨던 것처럼(창 1:2) 자신을 모두에게 주어 그들로 하여금 자기에게 나아오도록 이끄시면서(요 12:32) 사람들의 마음 위에 계십니다(고후 4:6). 그들 위에, 그들 속에 생기를 불어넣으심으로써 악을 몰아내시고 선을 가져다주심으로써 하나님이 우리와 연합되고, 우리는 하나님께 연합하도록 하십니다.

그리하여 아버지와 아들 사이의 사랑이라고 불리는 분은 곧 당신의 성령이십니다. 성령은 아버지와 아들의 연합이며 의지이시기 때문입니다. 그런데 그 은혜로써(롬 8:11) 또한 우리 속에 거하시고, 또 우리 속에 하나님의 사랑의 감정을 심어 주십니다(롬 5:8). 우리로 하여금 하나님께 용납되도록 하고 우리를 그분의 선한 뜻과 연합시켜 주는 것은 바로 이 감정입니다. 우리를 북돋아 주는 것이 바로 이것입니다! 이 선한 소원의 능력이 이른 바 사랑, 즉 이것에 따라서 마땅히 사랑해야 하고, 참으로 이것에 따라서 당신을 사랑해야 하는 사랑인 것입니다. 그런데 사랑은 주도적이며 규모잡힌 하나님의 뜻을 달리 말하는 것뿐입니다.

그러므로 사랑받으시기에 합당하신 하나님이여, 아들에 대한 아버지의 사랑이시며 아버지에 대한 아들의 사랑이신 성령께서 아버지와 아들로부터 나올 때(요 15:26), 당신은 스스로를 사랑하시는 것입니다. 그 사랑의 위대함은 그 연합에 있으며, 이 연합은 그 실체가 하나인 그러한 것인데, 아버지와 아들이 동일한 존재이기 때문입니다. 당신의 아들의 영을 우리 마음속에 보내셔서 "아바 아버지"(롬 8:15; 갈 4:6)라 부르게 하실 때에도 우리 안에 있는 당신 자신을 사랑하시는 것입니다. 이것이 당신이 불러일으키셨던 사랑의 달콤함이며, 소원의 능력입니다. 이렇게 하여 우리로 하여금 이에 대한 응답으로서 당신을 사랑하도록 해주시는데, 이것은 사실 당신이 우리 안에서, 우리를 통해 스스로를 사랑하시는 것입니다.

우리가 처음으로 당신께 소망을 두었을 때 그것은 우리가 구주이신 당신의 이름을 알고 또 당신의 은혜에 의해 영감을 받았기 때문입니다(시 5:11). 그러나 이제는 당신의 양자의 영을 통하여 아버지가 소유하고 계신 것 모두가 우리의 것이 되었음을 확신합니다(롬 8:15). 이제 우리는 당신의 독생자로서 동일한 이름에 호소할 수 있는데, 그분의 독특한 본성에 따른 권리에 의해 그렇게 할 수 있습니다.

오 절대주권을 가지신 빛의 아버지시여(약 1:17), 이 모든 축복이 모두 당신께로부터 나왔으므로, 사랑한다는 것은 선(善), 즉 당신께서 우리에게 부여하신 모든 것을 행하는 것입니다. 아버지시여, 우리가 우리 자신을 통해서 당신을 사랑할 수 있도록 우리 안에 있는 당신 스스로를 사랑해 주십시오. 이때 우리는 당신과 하나가 되고, 우리가 이 연합에 동참하게 될 때 비로소 당신의 사랑을 받을 자격이 있습니다. 이미 말한 바와 같이 이때 우리는 당신의 아들 그리스도의 기도의 동참자가 됩니다. "아버지께서 내 안에, 내가 아버지 안에 있는 것 같이 그들도 다 하나가 되어 우리 안에 있게 하소서"(요 17:21).

주님이시여, 우리는 당신의 백성이며, 사도가 말한 바와 같이 하나님의 백성이기 때문입니다(행 17:28이하). 따라서 이방 시인들의 표현 중에서 선한 생각을 자아내는 것만을 여기에 인용합니다. 그렇습니다. 우리는 실로 하나님의 "소생(offspring)(Aratus Phaen. 5)"이며 지극히 높으신 자의 아들들입니다(시 82:6). 그러한 영적 유대 속에서 우리는 당신과 좀 더 밀접한 관계를 요청하는 자리에 나아가게 되는데, 이는 양자의 영에 의해(롬 8:15) 당신의 아들이 우리를 형제라 부르시기를 부끄러워 아니하시기 때문입니다(히 2:11). 그로 인하여, 그에 의해서 우리는 하나님의 학교에서 가르침을 받아, 감히 "하늘에 계신 우리 아버지"라고 부를 수 있게 됩니다(마 6:9).

그러므로 당신은 우리를 당신 자신의 연인으로 삼으심으로 우리를 사랑하십니다. 우리가 당신을 사랑하는 것은 당신의 사랑이신 성령을 받기 때문입니다. 당신은 성령으로 하여금 우리 마음속으로 뚫고 들어와 가장 친근한 감정을 소유하도록 하십니다. 그 감정들을 당신의 진리가 지닌 완전한 순결로 바꾸시고, 그것들이 당신의 사랑과 완전한 일치를 이루도록 하나로 묶어 주십니다.

이러한 놀라운 연합과 일치로부터 당신의 달콤함을 향유하게 되는데, 이것이 구주이신 당신의 아들의 말씀 속에 표현되어 있습니다. "그들도 다 하나가 되어 우리 안에 있게 하소서"(요 17:21). 이 연합은 얼마나 존귀한 것입니까! "아버지와 내가 하나인 것처럼"이라 덧붙여 말씀하시니 그 영광은 얼마나 큰 것입니까(요 17:11)! 오 그 기쁨과 영광과 존귀여! 지혜에도 나름대로의 긍지가 있으며, "부귀가 내게 있고 장구한 재물과 공의도 그러하니라"(잠 8:18)고 말합니다.

8. 우리는 어떻게 하나님을 사랑하는가

그런데 사랑으로 하나님과 연합될 수는 있지만 하나님의 축복을 받을 수 없다고 생각하는 것보다 더 얼토당토않은 것이 어디 있겠습니까? 참으로 충만하게 당신을 사랑하는 자들은 참으로 충만하게 축복을 받습니다. "이 축복들을 소유한 자들은 복이 있도다"하고 말한 자들이 있으나 그들의 말은 거짓입니다. 하나님을 주(主)로서 인정하는 자들만이 복되기 때문입니다(시 144:15). 사실 축복이란 무엇입니까? 선(善)만을 구하고 그것을 완전히 소유하는데 있지 않습니까? 따라서 당신을 원하되, 간절히 원하는 것은 당신을 사랑하되 오로지 당신만을 사랑하는 것입니다. 육에 속한 것이든 영에 속한 것이든, 땅에 속한 것이든 하늘에 속한 것이든 그것들이 당신 자신을 인하여 사랑하지 않는다면 당신은 다른 피조물과 함께 사랑받는 것을 허용하지 않으실 것이기 때문입니다. 이렇게 당신을 원하는 것이 선한 것을 소유하는 유일한 길입니다. 이것은 우리가 원하는 것은 무엇이나 사랑할 수 있다고 말하는 것과 같습니다. 누구나 당신을 사랑하면 당신을 소유하기 때문입니다.

우리 속에 거하시는 성령의 도우심으로써 이 모든 것들을 우리가 믿고 이해하도록 당신께서는 허락하십니다. 이 성령은 앞서 말한 바와 같이 우리의 영을 긍정하고 우리의 영과 연합하는 가운데, 스스로 원하시면 언제 어디서나 어떻게든 그가 불어넣으시는 생기를 우리에게 허락해 주십니다. 우리는 그분의 작품입니다(엡 2:10). 선한 일을 위해 지으신 바 되어, 성령은 우리의 거룩함과 의와 사랑이 되십니다. 그렇습니다. 오 하나님이여, 성령 바로 그분이 우리가 당신께 이르게 되는 우리의 사랑이십니다.

오, 접근할 수 없는 위엄이여, 우리는 당신을 포옹합니다. 사랑 안에서는 당신께 다가갈 수 있습니다. 인간의 능력이나 영혼으로도 당신을 파악할 수는 없지만, 그럼에도 불구하고 당신을 사랑하는 자는 전적으로 당신을 사랑하는 가운데, 당신의 위대함 속에서, 당신을 완전히 이해합니다. 전체로는 알되 부분적으로는 설명할 수 없고, 그 양을 헤아릴 수도 없으며 이해된 것을 형용할 수 없을지라도 그러합니다. 그러나 우리가 당신을 사랑할 때 당신의 성령이 참으로 우리 영혼 위에서 역사하십니다. 그의 내주하시는 성령을 통하여 우리 마음에 부으신 바 된 하나님의 사랑을 우리는 소유합니다(롬 5:5).

당신이 사랑하실 때 그것은 아들에 대한 아버지의 사랑과, 아버지에 대한 아들의 사랑과 같습니다. 이렇게 하여 성령이 우리 안에 거하실 때, 그는 사랑이시므로 당신께 대한 우리의 사랑이 되십니다. 그는 스스로를 향하셔서 "시온의 포로된 모든 자들"(시 126:1), 다시 말하여 영혼의 모든 감정들을 거룩하게 하십니다. 그가 이 모든 것을 행하신 이후에야 우리는 당신을 사랑할 수 있습니다. 아니 그보다는 당신이 우리 안에 있는 당신 자신을 사랑하십니다.

감정적으로는 우리가 사랑하지만 결과적으로는 당신이 사랑하시는 것이며, 우리를 당신과 하나로 만듭니다. 이것이 가능한 것은 오직 당신 자신의 삼위일체적인 연합과 우리에게 주신 성령을 통해서입니다. 따라서 모든 것이 본질적으로 여기에 귀착됩니다. 아버지에게 있어서 아들을 아는 것은 아들처럼 되는 것이며, 아들에게 있어서 아버지를 아는 것은 오직 아버지처럼 되는 것입니다. 이런 까닭에 성경은 말하기를 "아버지 외에는 아들을 아는 자가 없고 아들과 또 아들의 소원대로 계시를 받는 자 외에는 아버지를 아는 자가 없느니라"(마 11:27)고 했습니다.

따라서 성령에게 있어서 아버지와 아들을 알고 이해하는 것은 단지 아버지와 아들처럼 되는 것입니다. 그러므로 이 원리는 마찬가지로 우리에게도 적용됩니다. 우리는 당신의 형상대로 창조되었습니다(창 1:26). 그러나 아담을 통해서 아주 달라져 버렸습니다. 이제 그리스도를 통해서 우리는 매일매일 그 형상대로 새로워지고 있습니다(고후 4:16). 그러므로 하나님을 사랑하는 우리에게 있어서 하나님을 사랑하고 두려워하는 것은 그분과 한 영에 속하게 되는 것 이외에 다른 것이 아니라고 말하고 싶습니다(고전 6:17). 하나님을 두려워하고 그의 계명을 지키는 것이 인간의 유일한 의무이기 때문입니다(전 12:13).

오 하나님이여, 우리가 참으로 당신을 찬미하고 경배하며 찬양할 수 있도록 우리에게 이 성령을 주옵소서. "주의 영을 보내어 그들을 창조하사 지면을 새롭게 하시나이다"(시 104:30). 우리가 하나님께 가까이 나아가게 되는 것은(시 32:6) 범람하는 홍수 속에서나, 그 종류만큼이나 수가 많은 우리 감정의 분출 속에서나 혼동 속에서가 아닙니다.

주님이시여, 아담 자손의 파국적 타락은 그 결과로 보아 너무도 오래 계속되어 왔습니다. 그러하온즉 당신의 성령을 이 땅에 보내소서. 바다로 하여금 당신이 정하신 곳으로 물러가게 하소서(창 1:9). 메마른 땅이 생명의 강수로 인하여 변모하게 하소서(계 21:6). 까마귀가 내보내어진 후, 잎에 감람나무 잎사귀를 가지고 돌아온 비둘기처럼(창 8:7-8), 성령이시여, 오셔서 평화를 선포하소서. 당신의 거룩하심으로 우리를 정결하게 하소서. 당신의 연합으로써 우리를 하나 되게 하소서. 그러하오면 혈육관계와 같이 우리는 이름 그대로 사랑이신 하나님께 연합되리이다(요일 4:8).

그러나 주님이시여, 어떻게 당신을 사랑하는가를 아는 것이 중요합니다. 당신의 빛을 받은 성도 중의 하나가 말한 바와 같이 많은 사람들이 "진리가 그들 위에 비치고 있을 때에는 진리를 사랑하지만, 진리의 책망을 받을 때에는 더 이상 진리를 사랑하지 않습니다"(아우구스티누스, 고백록 9:23-24). 의로운 감정을 기르는 사람은 많지만, 그대로 행하지는 않습니다. 스스로 생각으로는 진리를 인정하고 사랑하지만, 그것을 실천에 옮기지는 않습니다. 참 의(義)의 하나님이여, 그들은 진정 당신을 사랑하는 것입니까? 그러한 사람들은 진리 안에서 당신을 사랑하는 것입니까?

이 세상의 철학자들은 과거에 열심히 진리를 탐구해 왔습니다. 그들은 사랑과 행위를 통하여 효과적으로 진리를 탐구해 왔으므로, 그들에 대해 "미덕에 대한 사랑은 선한 사람으로 하여금 죄를 미워하게 만든다"(호라티우스, 서간문 16:52)고 말해질 수 있고 그것은 또 적당합니다. 그러나 참된 의의 근원과 샘은 당신께만 있습니다. 참된 의는 그 목표인 당신께로 되돌아갑니다. 당신이 없으면 인간의 모든 의는 더러운 넝마조각과 같습니다(시 64:6).

따라서 당신을 사랑하지 않았던 자들은 의를 사랑하고 있지 않음을 깨닫게 됩니다. 그들이 일종의 사랑을 가지고 있고 자신의 영예를 위해 진지한 행동을 하더라도 그들은 오직 사랑으로만 역사하는 믿음을(갈 5:6) 결여하고 있기 때문입니다. 그들의 사랑 그 자체와 그들의 선한 행위는 참된 의의 근원으로부터 솟아나지 않았고, 그 목표를 향해 그들을 인도하지 않았기 때문에, 이러한 자들은 곁길로 들어선 것이며, 따라서 더 빨리 나아가면 나아갈수록 더 길을 잃게 됩니다. 오 하나님이여, 참 길은 "내가 곧 길이요 진리요 생명이라"(요 14:6)고 말씀하셨던 그리스도이기 때문입니다.

9. 사랑은 하나님의 계명에 대한 순종에 있다

당신의 진리는 역시 당신이 우리를 인도해 가시는 그 생명과 그 길입니다. 이것은 실제적이고 단순한 형태를 지닌 참되고 신적인 철학입니다.

"아버지께서 나를 사랑하신 것 같이 나도 너희를 사랑하였으니 나의 사랑 안에 거하라 내가 아버지의 계명을 지켜 그의 사랑 안에 거하는 것 같이 너희도 내 계명을 지키면 내 사랑 안에 거하리라"(요 15:9 이하).

아버지는 아들을 사랑하고 아들은 그 계명을 완전히 성취함으로써 아버지의 사랑 안에 거하신다는 말씀을(요 3:35; 5:20) 볼 때, 여기에 "사랑받는 분의 사랑받는 자(the beloved of the Beloved)"가 있습니다. 또한 제자로서 주(主)이신 그리스도를 사랑하고 죽음에 이를 때까지 흔들리지 않고 그 모든 계명들을 지켜 행할 때, 그 역시 "사랑받는 분의 사랑받는 자"가 됩니다.

당신의 진리와 사랑에 비추어 볼 때 당신께서는 모든 일이 합력하여 선을 이룬다는(롬 8:28) 것을 아시며, 우리는 그리스도의 사랑을 따라서 그것이 좋건 나쁘건 또는 무관하건 모든 것을 선하게 평가하고 선하게 사용합니다. 이미 살펴본 바와 같이 이것이 자유의 선용이기 때문입니다. 선한 행위란 우리가 악하게 오용할 수도 있는 것의 변형이기 때문입니다.

그러므로 사랑이 오용되지 않기 위해서 우리는 완전한 사랑의 법에 따라 이웃을 사랑하라는 명령을 받습니다. 그러나 하나님께서 우리 안에 있는 당신 자신을 사랑하시는 것과 마찬가지로 우리도 하나님 안에서만 자신을 사랑하도록 가르침을 받았으며, 따라서 이제는 이웃도 "내 몸처럼" 사랑하기 시작합니다(마 22:39). 자신 안에 있는 하나님을 사랑하는 것과 마찬가지로 이웃 안에서도 하나님만을 사랑하기 때문입니다.

그렇다면, 구주시여, 왜 당신은 우리에게 그러한 말씀을 하십니까? 나의 가엾은 영혼은 헐벗고 메마르고 갈 바를 알지 못합니다. 당신의 사랑의 불길로 덮혀지기를 갈망합니다. 나의 벌거벗음을 가리기 위해 입을 옷도 없습니다(계 3:17-18). 어쩔 수 없이 여기저기서 다 떨어진 넝마조각을 주어다가 꿰맬 수밖에 없습니다(창 3:7). 나뭇가지들을 모으던 지혜로운 사렙다 과부와는 달리, 나는 내 마음의 끝도 보이지 않는 허무 속에 버려진 채 잔가지나 줍고 있을 뿐입니다. 주의 집의 장막으로 나아간 것은(시 132:3) 죽기 전에 한 움큼의 밀가루와 한 종지의 기름을 얻어먹기 위한 것이었습니다(왕상 17:9).

그런데도, 주님이시여, 그리 쉽게 죽지도 않는 것 같습니다. 그보다는 죽지 않고 살아서 주의 행사를 선도하게 될 것 같습니다(시 118:17). 따라서 소금 광야에 그 거처를 둔 외로운 들나귀처럼(렘 2:24; 욥 39:5) 고독을 집으로 삼고 있습니다. 사랑의 생기를 쏟아내고, 당신의 지시에 따라 입을 열어 성령의 생기를 불어넣습니다(시 119:131).

주님이시여, 그런데 때때로 숨이 차서 눈이 잠길 때처럼 당신을 갈급해 할 때, 무엇인지 알려 주시지는 않지만 내 입에 무엇인가를 주십니다. 이것을 받을 때 나의 이해나 감각으로도 그것을 식별할 수 없음을 깨닫습니다. 그러나 계속 간직하면서 그에 대해 묵상하며 맛보기를 내가 원한다는 것은 압니다. 그런데 사라지고 말았습니다! 그것이 무엇이든 내가 믿기는 영생의 소망 가운데 내가 삼킨 것입니다.

오랫동안 그것이 내게 미친 효과에 대해 곰곰이 생각해 보았습니다. 이렇게 하는 가운데, 내 영혼의 혈관과 골수 속에 이 생명의 활기를 불어넣었으면 하고 바랐습니다. 기타 모든 다른 감정의 맛은 제거하고 이 풍미만을 영원히 맛보고 싶습니다. 그런데 그것은 속히 사라져버렸습니다. 그것을 되찾아 다시 경험해보고 싶어서 기억을 되살려 가장 뚜렷한 인상이 무엇인지 생각해 봅니다. 기억이 모자랄 경우에는 기록해 놓음으로써 도움을 삼으려 합니다. 그러나 이 모든 노력은 당신께서 복음서에서 성령에 관해 말씀하신 것만을 상기시켜 줍니다. "어디서 와서 어디로 가는지 알지 못하나니"(요 3:8).

이 체험의 특색이 무엇이건 간에 그것을 기억에 잡아두고 언제든지 마음만 먹으면 최초의 경험을 되살려 나갈 수 있었으면 하고 바랐습니다. 또한 내가 원할 때마다 이 능력을 마음껏 발휘하고 싶었습니다. 그러나 이럴 때마다 나에게 말씀하시는 주님의 음성을 듣게 됩니다. "성령은 임의로 불어온다." 내가 원할 때마다 내 속에 호흡을 불어넣지 않고, 그분이 의도하실 때 그렇게 하신다는 것을 알게 될 때 그 외의 모든 것은 무의미하고 죽은 것임을 발견합니다. 이때 나는 또다시 내 눈을 들어 바라보아야 할 분은 당신뿐이며, 오 생명의 근원이시여, 당신의 빛 안에서만 빛을 보게 됨을(시 36:9) 깨닫게 됩니다.

오 주님이시여, 내 눈을 당신께로 향하고, 당신께 머물고자 합니다. 내 영혼이 당신과 관계가 있고 당신 안에 있으며 당신을 향해 있는 것들 안에서만 성장하게 하소서. 내 힘이 연약하여 넘어질 때라도 연약함 속에서도 당신을 갈급하며 찾게 하소서(시 42:1). 오 주님이시여, 그런데 지금 이 순간 언제까지 당신은 나를 피하려 하십니까? 나의 가련하고 어쩔 줄 모르는 굶주린 영혼은 언제까지나 당신을 쫓아다녀야 하는 것입니까? 비옵기는 당신이 보시는 은밀한 곳에 숨기시고, 세상의 고통에서 벗어나게 하시며, 비밀히 장막에 감추사 말 다툼에서 면하게 하소서!(시 31:20).

그러나 이미 나귀는 다시 소리 높여 울고 있고 소년들은 사람들을 부르고 있습니다!

10. 마지막 사랑의 기도

오 주님이시여, 절대적인 신뢰 속에서, 당신께 경배합니다. 당신을 하나님으로, 존재하는 모든 것의 유일한 원인으로, 현자들의 모든 지혜가 솟아나는 유일한 지혜로, 복된 사람들이 축복받을 수 있는 유일하고 독특한 은사로 인정하기 때문입니다. 내가 찬미하고 찬양하며 경외하는 것은 당신, 유일하신 하나님입니다. 내가 사랑하는, 아니 사랑하도록 사랑받는 당신, 다시 말해서 내 마음과 정성과 힘을 다하여 갈망하는 당신이십니다(신 6:5).

당신을 사랑하는 모든 천사들과 선한 영들은 또한 나를 사랑합니다. 그렇습니다. 당신의 사랑 속에서 자신을 사랑할 수 있게 된 나까지 사랑을 받습니다! 나는 이것을 깨닫습니다. 당신 안에 거하고(요 15:4), 따라서 다른 사람들의 기도와 생각을 이해할 수 있는 자는 모두 당신 안에 있는 나의 말을 들을 수 있다는 것도 압니다. 따라서 그들에 대해서 또한 그들의 증거에 대해서 감사를 표합니다. 당신을 자신의 보배로 삼고 있는 자는 누구나 내가 당신 안에서 성장하도록 도와주며, 그들이 당신을 소유한다고 해서 시기한다는 것은 있을 수 없습니다.

배도한 영(靈)들만이 우리의 타락에서 만족을 느끼고 우리의 유익을 자신의 저주로 여기는데, 이는 그들은 참된 복락과 행복에서 벗어나 타락했기 때문입니다. 그들은 더 이상 진리에 복종하지 않습니다. 공동의 선(善)을 증오하면서, 소외된 자에게만 속해 있는 기쁨에 스스로 즐거워할 뿐입니다.

> 그러하온즉 아버지 하나님이시여,
> 창조주이신 당신으로 말미암아 우리는 살고,
> 아버지의 지혜이시여,
> 당신으로 말미암아 우리는 구속받아 지혜롭게
> 살도록 인도되며,
> 당신, 곧 우리 사랑의 대상이시며
> 감정의 근원이신 성령이여,
> 우리는 당신 안에 거하여 더욱
> 그 안에서 살기를 바라보나이다.

영원하신 삼위일체, 한 실체,
한 하나님이여,
그로부터 우리가 존재하고
그로 인해 우리가 존재하며,
그 안에 우리가 존재하는 이시여,
죄가 우리를 당신으로부터 멀리
떠나게 하고,
죄가 우리가 지닌 당신의 형상을
일그러뜨릴지라도,
우리가 멸망하는 것을 당신은 원하지
아니하십니다.

시작이신 당신께 돌아가고,
모범이신 당신을 따라가며,
우리를 화해시킨 은혜이신 당신께
경배하고,
찬송하오니,
당신께 세세무궁토록 영광이 있으오리다. 아멘.

6

하나님을 사랑함에 대하여*

주 안에서 죽기를 원하는 클레르보의 수도원장이라 불리는 버나드가 로마 교구의 추기경이며 고문인 탁월하신 하이메릭(Haimeric) 경에게 헌정함.

    지금까지 그대는 나에게 신학적인 문제의 해답을 구하기브다는 기도를 부탁하는데 익숙했습니다. 이 두 가지가 모두 내게는 부적당하다는 것을 고백하고자 합니다. 사실, 나의 위치로서는 기도하는 것이 마땅하다고 여겨지지만, 실제로 내가 마땅히 부지런하고 능력을 다하여 해야 하는 데까지는 전혀 미치지 못하고 있음을 고백해야 하겠습니다. 그렇지만 그대가 세속적인 일에만 매달리지 않고 영적인 조언을 구하고 있는 것을 보니 감사할 따름입니다. 다만 내가 가진 능력 이상으로 그대를 도울 수 있게 되기를 바랍니다.

    유식한 사람이나 무식한 사람 할 것 없이 똑같은 변명을 늘어놓는 습관이 있습니다. 행동으로 증명될 수 있을 때까지는 그것이 겸양에서 나온 것인지 아니면 무지의 소치인지 결정하기가 쉽지 않습니다. 그러므로 내가 자신 없는 철학자로 드러나지 않도록 나의 부족함을 용납해 주십시오.

---

* 클레르보의 버나드가 이 중요한 신학 작품을 언제 썼는지는 분명하지 않다. 이것이 헌정된 하이메릭 경은 1141년에 죽었다. 버나드는 이것을 1125년 얼마 후에 쓴 것 같으며, 경건의 작품으로 기록하였다.

그대의 질문에 모두 대답해 줄 수 있노라고 나는 약속하지 않으며, 다만 특별히 그대가 하나님의 사랑에 관해서 물어 온 것만을 대답해 줄 수 있을 뿐입니다. 이것마저도, 그 대답은 하나님 자신이 이미 내게 주신 것일 뿐입니다. 다른 질문들은 더 현명한 사람이 대답하도록 남겨 두십시오. 그러나 나에게는 이 하나님의 사랑이라는 주제가 듣기에도 가장 유익이 클 뿐 아니라 가장 구미에 맞고, 또 가장 확신을 가지고 다루어질 수가 있습니다.

1. 왜 우리는 하나님을 사랑해야 하나?

1 그대는 왜 그리고 어떻게 하나님을 사랑해야 하는지를 내가 말해주기 원하고 있습니다.

나의 대답은 하나님을 사랑하는 이유는 하나님 자신이라는 것입니다. 얼마나 하나님을 사랑해야 하는가에 대해서는 오직 하나의 척도가 있는데, 그것은 헤아릴 수가 없다는 것입니다.

이렇게 대답하면 충분하겠습니까? 아마도 지혜로운 사람에게는 충분할 것입니다. 그런데 지혜롭지 못한 사람들에게도 대답을 빚지고 있기 때문에 (롬 1:4) 그들에게도 대답해야 할 필요가 있는 것 같습니다. 따라서 지혜로운 사람에게는 한 마디로 족하겠지만, 단순한 사람들을 위해서는 역시 대답에 대해 해명할 필요가 있습니다. 그러므로 이 주제를 아주 깊게 다루지는 않을지라도, 좀 더 상세하게 다루는 것이 지루하지는 않을 것이라고 생각합니다.

우리가 하나님을 그분 자신을 인하여 사랑해야 하는 이유는 두 가지가 있다고 말하고 싶습니다. 의로운 면에서 그러한데 하나님은 그분 자신을 인한 사랑이십니다. 유익한 면에서도 하나님은 최고의 유익을 가지고 사랑되어야 합니다. 또다시 "왜 하나님을 사랑해야 하는가?" 하는 질문이 생길 때, 이 질문에는 두 가지 의미가 있을 수 있습니다. 그러나 대답은 동일한데, 하나님은 충분히 사랑의 원인이 되시며, 이는 하나님이 누구신가 하는데 그 이유가 있습니다.

그러면 어떻게 하나님이 사랑받으실 만한가 하는 것을 살펴보기로 하겠습니다.

하나님은 그분 자신을 인하여 사랑받아야 한다.

하나님은 우리가 아무런 가치가 없는 데도 불구하고 우리를 위해 자신을 주셨으므로 마땅히 사랑받아야 합니다. 여전히 하나님으로 존재하시면서도 자신을 주시는 것보다 더 큰 은사가 무엇이 있겠습니까? 따라서 "먼저 그가 우리를 사랑하셨으므로"(요일 4:19). 하나님께서 우리에 대해서 가지고 계시는 최대의 요구는 분명 이것입니다. 그러므로 이제는 그분은 우리의 사랑의 응답을 받으셔야 합니다.

누가 그렇게 사랑을 받을 만한 가치가 있습니까? 그분은 분명 성령께서 고백하여 말씀하기를(요일 4:2) "주는 나의 주님이시오니 주 밖에는 나의 복이 없나이다"(시 16:2)고 하는 분입니다. 그렇다면 이것은 자신의 유익을 돌아보지 않는(고전 13:5) 엄위하신 하나님의 진정한 사랑입니다.

그러면 누구에게 하나님은 그렇게 순수한 사랑을 베푸셨습니까? "우리가 원수 되었을 때에 그의 아들의 죽으심으로 말미암아 하나님과 화목하게 되었도다"(롬 5:10). 이렇게 하나님은 우리를 사랑하시되 값없이 사랑하셨습니다.

하나님은 어디까지 사랑하셨습니까? 요한복음에 기록되기를 "자기 독생자를 주시기까지 세상을 사랑하셨다"(요 3:16)고 하였습니다. 바울은 또한 "자기 아들을 아끼지 아니하시고 우리 모든 사람을 위하여 내주셨다"(롬 8:32)고 하였습니다. 아들 자신이 밝히 말씀하시기를 "친구를 위하여 목숨을 버리는 것보다 더 큰 사랑이 없다"(요 15:13)고 하였습니다.

그런데 이것은 거룩하신 분이 죄에 빠진 자에게, 또 최고의 존재자가 너무나 비참한 인간에게 내리시는 선언입니다. 이것은 인간에게는 해당되지만 천사들에게는 해당되지 않는다고 주장할 사람도 있을 것입니다. 사실 천사와 같은 존재에게는 이것이 필요하지 않습니다. 인간을 그 궁핍함 속에서 보호하시는 분은 천사들을 그러한 궁핍함으로부터 자유롭게 보존하십니다. 천사들에게는 그렇게 할 필요가 없습니다. 따라서 동등하게 사랑하시는 동일하신 하나님은 인간을 그 죄 속에 버려두지 아니하셨고, 반면에 이와 마찬가지로 천사들을 범죄로부터 지켜 주셨습니다. 두 가지 모두가 하나님의 사랑이 계시된 것이었습니다.

2. 얼마만큼 하나님은 인간의 사랑을 받으셔야 하는가

〈왜 사람은 하나님께 감사해야 하는가〉

2   이 진리를 인정하는 사람들은 왜 하나님이 그렇게 사랑받아야 하는가를 분명히 압니다. 만약 불신자들이 이 현실을 은폐하려고 한다면, 바로 이 배은망덕은 하나님께서 인간에게 맡기신 감각에 의하여 계시해 주시는 셀 수 없는 은사들에 의해 폭로될 뿐입니다. 모든 육체에 식물을 주시고, 모든 눈에 빛을 주시며, 호흡하는 모든 자에게 공기를 주시는 분이 누구입니까? 이러한 실례는 끝이 없기 때문에 일일이 열거한다는 것은 미련의 소치가 될 것입니다. 대표적인 것들, 즉 식물과 태양과 공기만 지적해도 충분합니다. 이것들을 대표적인 은사로 든 것은 다른 은사보다 더 좋은 것들이기 때문이 아니라 육신의 삶에 필수적이기 때문입니다.

그러나 한층 고상한 인간의 은사는 그의 존재의 더 고차원적인 부분에서, 즉 영혼 안에서 발견됩니다. 이것들은 존엄성과 지혜와 미덕입니다.

인간의 존엄성은 인간의 다스림을 받는 동물보다 인간을 더 우월하게 만드는 자유의지에 있습니다. 그의 지혜는, 자신이 이 존엄성을 가지고 있지만 이것이 자신이 성취한 것이 아님을 인식하고 이를 인정하는데 있습니다. 미덕은 사람으로 하여금 계속해서 열심히 조물주를 찾도록 하고, 사람이 그분을 발견하면 하나님을 굳게 붙들도록 촉진합니다.

3   그런데 인간이 가진 이 세 가지 특전, 혹은 은사에는 두 가지 측면이 있습니다.

인간의 존엄성의 증거는 우리 본성의 탁월성에만 있는 게 아닙니다. 인간이 행사할 수 있는 다스림의 권리(창 1:26)도 그 증거가 됩니다. 인간이 느끼는 두려움과 공포는 모든 동물들도 소유하고 있기 때문입니다. 인간이 이 권세를 가지고 있지만 그것이 자신의 소산이 아니라는 것, 이 특성을 인식하는 것이 지혜입니다.

마지막으로 미덕도 역시 그 이름대로 두 가지 측면을 가지고 있습니다. 미덕은 인간이 계속해서 열심히 자기의 조물주를 찾고 있음을 깨닫고, 그분을 발견하면 온 힘을 다해서 그분께 매달립니다.

〈어떻게 사랑이 은사들을 통해 감사를 강화시켜 주는가〉

지혜 없는 존엄성은 무가치하고, 미덕 없는 지혜는 해로울 뿐임을 생각하십시오. 다음과 같이 유추해 보면 이 말을 납득하는데 도움이 될 것입니다. 그대가 은사를 가지고 있다는 것을 깨닫지 못하면 은사를 가지고 있다고 해도 아무런 영광이 없습니다. 그러나 은사를 가지고 있다는 것을 알지만 그것이 자신의 소산이라고 생각하면, 자기 영광만을 구하는 것이 됩니다(롬 4:2). 그것이 하나님께로부터 온 것임을 인정하지 않는 한 하나님께는 사실 영광될 게 없습니다.

사도는 스스로 영광을 취하는 자들에 대해 기록하고 있습니다. "네게 있는 것 중에 받지 아니한 것이 무엇이냐 네가 받았은즉 어찌하여 받지 아니한 것 같이 자랑하느냐"(고전 4:7). "어떻게 그것에 대해 자랑할 수가 있더란 말이냐"고만 단순히 말하지 않았습니다. "받지 아니한 것 같이"라는 말을 함께 하고 있는데, 그 소유에 잘못이 있는 게 아니라 그것이 하나님께로부터 왔음을 인정하는 것을 거부하는데 잘못이 있음을 보여주려는 것입니다. 이것은 마땅히 헛된 영광이라고 부르는 것입니다. 거기에는 진리의 기초가 없습니다. 따라서 사도는 참된 영광과 헛된 영광을 분명하게 구별하고 있습니다. "자랑하는 자는 주 안에서 자랑하라"(고전 1:31; 고후 10:7; 참조. 렘 9:23-24). 주 안에서 자랑한다는 것은 진리 안에 거한다는 것인데, 이는 우리 주님이 진리이시기 때문입니다(요 14:6).

〈인간은 자체로서 끝나는 게 아니다〉

4   여기서 반드시 두 가지 점을 알아야 합니다.
우리가 누구임을 알아야 하며, 우리 자신이 그대로 우리가 아님을 또한 알아야 합니다. 이것을 알지 못하면 그 영광은 허무하게 될 것이며, 사실 영광도 되지 못할 것입니다. "네가 알지 못하겠거든 양 떼의 발자취를 따라가라"(아 1:8)고 말씀하시기 때문입니다. 사실 이런 일이 비일비재합니다.
  어떤 사람이 높은 영예를 차지하게 되었으나 그것이 다른 사람들이 자기에게 돌린 영광으로 알고 감사하지 않는다면, 그 사람은 짐승과 같이 될 것입니다. 그는 자기 권력으로 부패하게 되고, 자기 정욕의 노예가 되고 말 것입니다. 따라서 어떤 사람이 다른 사람들로부터 부여받은 것을 감사하지 않을 때, 그는 지혜가 아니라 자기 감각에 따라 살아가고 짐승과 다를 바가 없이 될 것입니다. 호기심의 노예가 되어, 다른 사람들보다 더 많은 것이 주어졌다는 것을 인식하지 못하기 때문에 다른 짐승들처럼 되고 말 것입니다. 그러므로 자신의 진정한 가치를 너무 낮게 평가하도록 만드는 이 무지(無知)를 두려워할 필요가 있습니다.
  그러나 무지보다 더 나쁜 것은 자신의 주제를 낮게 생각하는 것이 아니라 그 이상으로 주제넘게 생각하는 자만입니다. 이것은 자신이 본래부터 어떤 선한 요소들을 가지고 있다는 생각으로 스스로를 속일 때 일어납니다. 가장 나쁜 것은 교만(presumption)인데, 이것은 고의적으로 자신의 영광을 구하며, 자기가 스스로 성취하고 스스로 완성하고자 확신을 가지고 가정하는 것입니다. 사실 이것은 하나님의 영광을 탈취하는 것인데, 일차적으로 무지는 전혀 영광에 대해 관여하지 않는 반면에, 두 번째로 자만은 하나님 앞에서 영광을 구하지 않는 것입니다.
  그러나 세 번째 악은 순전히 교만(sheer presumption)으로서, 전적으로 하나님을 무시하며 심지어 경멸하는 것입니다. 따라서 무지가 자신을 짐승으로 만든다면, 교만은 우리를 악마로 만듭니다. 이것이 모든 죄 중에서 가장 극악한 것으로, 이것은 은사들을 마치 자신의 자연적인 권리인 것처럼 사용하고 따라서 그 주신 분(Benefactor)에게 마땅히 돌아가야 할 영광을 탈취하는 것입니다.

〈인간에게는 덕스러움이 필요하다〉

5 이런 까닭에 존엄성과 지혜와 마찬가지로 미덕이 이것들의 공통의 열매로서 필수적입니다. 만물의 창조주와 섭리자를 구하게 되고 모든 일 가운데 합당한 영광을 돌리게 되는 것은 미덕에 의해서 이루어집니다.

이와 달리 선한 것이 무엇인지 알면서도 그것을 인정하지 않는 자는 엄한 형벌에 처하게 될 것입니다. 왜냐하면 "스스로 악한 길에 섰기"(시 36:4) 때문입니다. 더 나쁜 것은 "침상에서 죄악을 꾀하는"(시 36:4) 것입니다. 사실 그는 그 영광이 자신에게 속하지 않는다는 것을 철저히 알면서도 하나님의 영광을 낚아채고 심지어 도둑질하는 악한 종입니다.

그러므로 지혜 없는 존엄성은 전혀 소용이 없고, 미덕 없는 지혜는 저주가 됩니다.

〈그러므로 인간은 모든 것을 하나님께 돌릴 필요가 있다〉

그러나 의로운 사람에게는 지혜가 해(害)가 되지 않고, 그의 존엄성도 결실을 맺게 되어, 소리 높여 주님께 부르짖으며 고백하기를 "여호와여 영광을 우리에게 돌리지 마옵소서 우리에게 돌리지 마옵소서 오직 주의 이름에만 영광을 돌리소서"(시 115:1)라고 합니다. 다시 말해서, 의인은 스스로 어떤 지식이나 영예를 내세우지 않습니다. 그보다는 오직 그 모든 선의 출처이신 하나님 자신의 성품에 그 영광을 돌립니다.

6 그런데 예수 그리스도를 알지 못하는 자들도 자연법과 영육 간에 천부적으로 부여받은 것들을 통해서(롬 1:19ff.; 2:14-15) 하나님 자신을 인하여 하나님을 사랑하도록 충분히 가르침을 받고 있다는 것을 보여주기에는 그것이 우리 욕심으로 인하여, 우리가 다루려는 주제로부터 너무 멀리 벗어난 것 같습니다.

〈따라서 자기완성은 변명의 여지가 없다〉

이제까지 말한 것을 요약하여 간단하게 반복해 보면 다음과 같이 생각할 수 있습니다. 스스로 존재하고 보고 호흡하는 모든 생명의 육체적인 필요조건들을, 모든 육체에게 식물을 주시는 분, 바로 그 근원으로부터(시 136:25) 받았다는 것을 깨닫지 못하는 불신자가 있을까요? 그것은 악인과 선인에게 동일하게 해를 비춰시며 의로운 자와 불의한 자에게 같이 비를 내려 주시는 분이(마 5:45) 아닙니까?

"우리의 형상을 따라 우리의 모양대로 우리가 사람을 만들자"(창 1:26)고 창세기에서 말씀하신 분 말고 다른 어느 누구에게 자신의 분명한 비천한 처지를 돌릴 정도로 불경한 사람이 누구입니까? 지혜를 주신 분과 우리에게 지혜를 가르쳐 주시는 분(시 94:10)이 다르다는 생각을 누가 할 수 있습니까? 미덕의 주님 이외에 다른 누가 우리에게 미덕을 줄 수 있습니까?

그러므로 그리스도를 알지 못하고 심지어 자신도 알지 못하는 불신자들까지도, 하나님은 하나님 자신을 인하여 사랑받으셔야 마땅하다는 것을 인식할 수밖에 없습니다.

여기서 온 마음과 목숨과 뜻을 다해 주 하나님을 사랑하지(마 12:30) 못한 자는 누구도 심지어 불신자까지도 변명의 여지가 없습니다. 그의 생득적(生得的)인 정의감과 상식도 그의 속에서 자신의 전존재를 기울여 자신에게 모든 것을 부여해 주신 그분을 마땅히 사랑해야 한다고 부르짖습니다.

그러나 자신의 힘과 의지의 노력으로 만물의 근원이신 하나님께 모든 것을 돌리는 일은 인간으로서는 어렵고 실로 불가능합니다. 이와 달리 "다 자기 일을 구한다"(빌 2:21)는 말씀처럼 자신의 사욕을 구하는 경향을 따릅니다. 또 말씀하시기를 "사람의 마음이 계획하는 바가 어려서부터 악함이라"(창 8:21)고 했습니다.

3. 그리스도인들은 하나님을 사랑하도록 큰 자극을 받아야 한다

〈부끄러운 배은망덕〉

7 이와 반대로 신실한 자들은 얼마나 십자가에 달리신 예수님이 그들에게 필요한가를 압니다(고전 2:2). 그 안에 계시된 말로 할 수 없는 사랑에 놀라고 즐거워하면서도 그렇게 큰 사랑과 그 크신 겸손에 비하여 그분께 갚은 것은 심히 적음을 부끄러워합니다. 기꺼이 사랑하는 자들에게 더 큰 사랑을 베푸심을 깨닫기 때문에 더욱 사랑하게 됩니다. 이와 반대로 적게 용서받은 바로 그 사람은 적게 사랑합니다(눅 7:47).

따라서 유대인이나 이방인이나 모두, 교회가 느끼고 있는 것과 같은 사랑의 고뇌를 느끼지 못합니다. 교회는 "내가 사랑하므로 병이 났다"(아 2:5)는 것을 체험하고, "너희는 건포도로 내 힘을 돕고 사과로 나를 시원하게 하라 내가 사랑하므로 병이 생겼음이라"(아 2:5)고 외칩니다.

교회는 "혼인날 마음이 기쁠 때에 그의 어머니가 씌운 왕관"(아 3:11)을 쓰고 있는 솔로몬 왕을 봅니다. 십자가를 지고 가는 아버지의 독생자, 채찍에 맞으시고 침 뱉음을 당하신 영광의 주님을 봅니다(요 19:17). 못에 박히시고, 창에 상하시며, 모욕으로 수모당하시는(요 19:34) 생명의 주를 봅니다(행 3:15). 마지막으로 그가 친구를 위하여 자기 목숨을 버리는 것을(렘 12:7; 요 15:3) 봅니다.

교회가 그 모든 고난 받으심을 증거하고, 사랑의 짐이 교회의 영혼을 찌를 때, 교회는 다음과 같은 말씀을 반복합니다. "너희는 건포도로 내 힘을 돕고 사과로 나를 시원하게 하라 내가 사랑하므로 병이 생겼음이라"(아 2:5).

신부가 사랑하는 자의 동산 가운데 있는 생명의 나무(창 2:9)로부터 거두어들이는 열매는 석류라고 불립니다(아 4:13; 6:11). 석류의 맛은 하늘의 떡에서 나왔고(호 13:16; 고전 15:54) 그 색깔은 그리스도의 피에서 나왔습니다. 교회는 사망이 죽고 그 원수가 사라졌음을 압니다. 교회는 사로잡혔던 자들이 이끌리어 지옥에서 천국으로, 땅에서 하늘로 올라가는 것을 봅니다(엡 4:8). 이는 "하늘에 있는 자들과 땅에 있는 자들과 땅 아래에 있는 자들로 모든 무릎을 예수의 이름에 꿇게 하시기"(빌 2:10) 때문입니다.

일찍이 저주를 받아 가시와 엉겅퀴를 내던 땅이(창 3:18; 히 6:8) 새로운 축복의 은혜를 받아 다시 꽃피게 되는 것을 바라봅니다. 이 모든 것들을 깨닫는 가운데 교회는 시편 기자와 함께 노래 부를 수 있습니다. "내 마음이 크게 기뻐하며 내 노래로 그를 찬송하리로다"(시 28:7). 십자가의 나무에서 거두어들인 그분의 고난의 열매와 그분의 부활의 꽃으로 교회는 스스로 마음을 새롭게 하는데, 이 꽃의 향기는 신랑으로 하여금 자주 교회에 임하시도록 재촉할 것입니다.

〈하나님 앞에서 의뢰의 기쁨〉

8 그리고 나서 부르짖기를 "내 사랑아 너는 어여쁘고 어여쁘다 우리의 침상은 푸르다"(아 1:15-16)라고 합니다. 그런데 침상을 말한 것은 신부가 자기의 소원을 꺾고 복종한다는 것을 표현하려는 것이며, 꽃에 대해 언급함으로써 자기의 소원이 어디에서 이루어지는가를 분명히 가르쳐 주고 있습니다. 그녀는 자신의 공덕을 의지하지 않고, 하나님으로부터 축복받은 대지의 꽃을 의지합니다(창 27:27; 참조 마 6:28-30). 예수 그리스도는 이러한 꽃을 기뻐하시는데, 이는 그가 나사렛(헌신한 자를 의미하는 지명이다)에서 잉태되고 태어나는 것을 원하셨기 때문입니다.

〈친밀한 하나님과의 교제〉

이러한 향기에 기쁨을 얻은 신랑은 그가 보기에 은혜의 꽃들과 열매로 장식된 마음의 방으로 기꺼이 자주 들어가게 됩니다. 당신의 고난의 은혜와 부활의 영광으로 가득 찬 영혼을 볼 때, 그분은 자주 그곳으로 들어가서 자유롭게 거하십니다. 당신의 고난의 보증과 기억은 지난해에 거둔 열매와 같기 때문입니다.

죄와 사망의 권세 아래서 허비한 모든 시간은 지나고(롬 5:25) 이제 "때가 차매"(갈 4:4) 결실을 맺게 되었습니다. 부활의 증표는 새해가 되어 은혜의 능력 아래서 철따라 울긋불긋하게 피어나는 꽃과 같습니다. 시간이 더이상 영원의 상태 속에 머물러 있지 않고, 만물이 부활하는 시절에 열매가 맺히게 될 것입니다. 따라서 기록되기를 "겨울도 지나고 비도 그쳤고 지면에는 꽃이 피고"(아 2:11-12)라고 했습니다. 추운 죽음의 겨울을 지내고 생명이 새롭게 피어나는 봄을 맞아, "보라 내가 만물을 새롭게 하노라"(계 21:5)고 말씀하시는 분과 동행하면서, 여름이 다가온 것을 보고 이 약혼녀는 놀라움을 금하지 못하고 있습니다.

그분의 육체는 죽음 속에 심겨졌으나 부활 가운데 다시 일어나셨습니다(고전 15:42). 그분의 향기로 인하여 말라빠진 초목들이 계곡에서 다시 살아나고, 얼어붙은 나무들이 태양빛을 받아 다시 덥혀지며, 모든 죽은 것들의 생기가 되살아납니다.

9   이 꽃들과 열매의 소생은 대지의 아름다움과 함께 모두가 그윽한 향기를 풍겨내고 아버지는 이어 취하여 만물을 새롭게 하신 당신의 아들에 대해 말씀하십니다(계 21:5). "내 아들의 향취는 여호와께서 복 주신 밭의 향취로다"(창 27:27). 그렇습니다. 참으로 그것은 "우리가 다 그의 충만한 데서 받은"(요 1:16) 충만한 대지입니다. 그러나 약혼녀는 자기 마음이 기울어진 곳에서 꽃을 모아들여 깊은 양심 위에 뿌림으로써, 신랑이 들어올 때 자기 마음의 방에서 그를 위한 감미로운 향기가 풍겨 나오리라는 것을 알고 더 친밀한 관계를 누리게 됩니다.

〈하나님을 묵상하는 특권〉

만약 우리가 그리스도를 빈번한 방문자로 삼고 싶다면 신실한 묵상으로 마음을 채우는 것이 유익이 됩니다. 그런데 그 묵상은 그리스도께서 우리를 위하여 죽으심으로 보여주신 자비에 대한 믿음의 실재에 의해서(엡 3:16-17), 그리고 그리스도께서 죽음에서 부활하심으로 보여주신 강력한 능력에 의해서 견고하게 되어야 합니다.

이에 대하여 다윗은 증거하여 노래하고 있습니다. "하나님이 한두 번 하신 말씀을 내가 들었나니 권능은 하나님께 속하였다 하셨도다 주여 인자함도 주께 속하였나이다"(시 62:11-12). 그리스도께서 우리 죄를 대신하여 죽으셨고, 우리의 의롭다 하심을 위하여 다시 사셨으며(롬 4:25), 그의 성령을 우리의 보혜사로 보내셔서(요 16:7; 행 9:31) 우리를 보호하시기 위해(막 16:19) 높은데 오르셨다는 현실 안에서, 이 진리의 증거들은 분명히 누리기에 충분합니다(시 93:5).

따라서 그분은 우리 구원의 완성을 위해 다시 오실 것입니다(행 1:11). 그분은 당신의 죽음 속에서 자비를 보여주셨으며, 부활 속에서 능력을 보여 주셨습니다. 모두가 한가지로 그분의 모든 행적의 영광을 계시해 줍니다.

〈하나님을 명상함으로써 지속되는 사랑〉

10   너무나 쉽게 제 스스로 사랑의 열기가 식어 버리고 냉담해질 수 있다는 것을 우리의 약혼자(the Betrothed)는 알기 때문에, 우리를 지속시키기 위하여 우리의 약혼자가 구하는 열매들이 있습니다. 그러나 이 도움은 그녀가 신부의 방으로 들어갈 때까지만 필요합니다(아 2:5; 3:4). 그 안에서 그녀는 그토록 그리던 포옹을 받고(잠 7:18) "그가 왼팔로 내 머리를 고이고 오른팔로 나를 안는구나"(아 2:6)라고 말하게 될 것이기 때문입니다. 그 후 그녀는 그분이 처음에 왼손으로 자기를 포옹했을 때 느꼈던 감미로움보다 오른손이 주는 감미로움이 얼마나 큰가를 알게 되어, 그분이 기울이시는 사랑의 증거를 누리게 될 것입니다. 그때에 그녀는 "살리는 것은 영이니 육은 무익하니라"(요 6:63)는 현실을 충분히 이해하게 될 것입니다.

전에 읽었던 "나의 기억은 꿀보다 달고 나의 소유는 송이꿀보다 더 달다"(참조, 시락서(외경) 24:27)는 말씀도 증명해 보일 것입니다. 더 나아가 "나의 기억은 오는 세상에서도 계속되리라"(시락 24:18)는 말씀은, 한 세대가 가고 한 세대가 오는 이생이 계속되는 한, 택함을 입은 자가 하나님께서 임하실 영원한 잔치자리에 앉을 수 있을 때까지 기억이 주는 위로를 빼앗기지 않을 것이라는 의미입니다. 기록된 바와 같이 "그들이 주의 크신 은혜를 기념하여 말하며 주의 의를 노래하리이다"(시 145:7). 의심할 나위 없이 시편 기자가 말하는 '그들'은 "대대로 주께서 행하시는 일을 크게 찬양하며 주의 능한 일을 선포할"(시 145:4) 사람들입니다.

따라서 그분에 대한 기억은 오고 또 오는 세대를 위한 것이며, 그분의 임재는 하늘의 왕국을 위한 것입니다. 이 임재는 궁극적인 축복의 자리에 이르게 된 모든 사람들의 기쁨입니다. 그러나 기억은 이 땅에서 순례의 길의 목적지를 향해 나아가고 있는 나그네인 우리 모두에게 현존하는 위로가 됩니다.

4. 하나님께 위로 받고 그 사랑을 받아들일 수 있는 사람은 누구인가?

〈참되게 묵상하는 자는 세상으로부터 떠나야 한다〉

그런데 어떤 세대가 하나님의 사랑 안에서 위로 받을 수 있는지 알 필요가 있습니다. 그 세대는 "너희 부요한 자여 너희는 너희의 위로를 이미 받았도다"(눅 6:24)고 마침내 말씀하신 이 완악하고 패역한 세대가 아닙니다. 그보다는 "내 영혼이 위로 받기를 거절하였도다"(시 77:2)고 참으로 말할 수 있는 자들에게 그 위로는 나타납니다. 현세의 사물로 만족될 수 없는 사람들이라면 미래의 축복으로 만족할 것이라는 말이 어울리기 때문입니다. 일시적인 기쁨의 샘물을 마시기를 경멸하는 사람들의 위안은 영원한 행복에 대한 묵상입니다. 이것이 자신의 유익을 구하지 않고(고전 13:5) 바로 주님을, 즉 야곱의 하나님의 얼굴을(시 24:6) 구하는 참된 주님의 세대입니다.

따라서 살아계신 하나님의 임재를 구하는 자들은 그분에 대한 생각 자체가 기쁨이 될 것입니다. 그런데 이러한 소원에는 물리는 것이 없는데, 왜냐하면 주님이 주시는 이러한 양육에 대하여 계속 늘어나는 욕구가 있기 때문입니다. "나를 먹는 자는 내내 굶주리지 않으리라"(집회 24:21)는 말씀과 같습니다. 그리고 이 양육을 누리는 자들은 또한 "깰 때에 주의 형상으로 만족하리이다"(시 17:15)고 말합니다. 그렇습니다. 의에 주리고 목마른 자는 이제 복이 있습니다. 언젠가 그들도 만족을 얻을 것이기 때문입니다(마 5:6).

악하고 패역한 세대는 화가 있을 것입니다. 그리스도에 대한 기억을 미워하고 그분의 임재마저 무서워하는 미련하고 완고한 사람들은 화가 있을 것입니다(렘 4:22; 5:21). 그들이 두려워하는 데는 충분한 이유가 있습니다. "부하려 하는 자들은 시험과 올무와 여러 가지 어리석고 해로운 욕심에 떨어지기"(딤전 6:9) 때문에 사냥꾼의 올무를 피할 수가 없을 것이기 때문입니다. 그러나 그날에 그들은 무서운 정죄의 심판을 피하지 못할 것입니다. "저주를 받은 자들아 나를 떠나 마귀와 그 사자들을 위하여 예비된 영원한 불에 들어가라"(마 25:41).

그러한 공포의 심판에 비해서 그래도 참기 쉬운 것은 우리 주님의 고난에 대한 기억이 우리에게 가져다주는 권고입니다. "내 살을 먹고 내 피를 마시는 자는 영생을 가졌느니라"(요 6:54). 이것은 그리스도의 죽음에 대해 묵상하고 그 모범을 따라 땅 위에 있는 자기 지체를 죽이는 자가(골 3:5) 영생을 얻게 되리라는 것을 가리킵니다. 따라서 사도는 "우리가 주와 함께 죽었으면 또한 함께 왕 노릇 할 것이라"(딤후 2:12)고 말합니다.

그렇지만 오늘날 많은 사람들은 이 말씀에서 뒷걸음쳐 달아나서, 말로는 그렇지 않다고 하지만 행동으로 "어렵도다 누가 들을 수 있느냐"(요 6:60)고 말합니다. "그들의 마음이 정직하지 못하며 그 심령이 하나님께 충성하지 아니하는 세대"(시 78:8)는 "정함이 없는 재물"(딤전 6:17) 쪽을 택하는 세대입니다. 이 세대는 십자가의 도로 인하여 압박을 받습니다(고전 1:18). 고난에 대한 기억을 압박으로 생각하는 것입니다.

그러한 세대가 현재도 이런 경험을 하고 있다면, 하나님의 면전에서는 그 참혹함이 얼마나 더할 것입니까? "저주를 받은 자들아 나를 떠나 마귀와 그 사자들을 위하여 예비된 영원한 불에 들어가라"(마 25:41)는 말씀을 어떻게 들을 것입니까? "무릇 이 돌 위에 떨어지는 자는 깨어질 것이라"(눅 20:18).

그러나 "정직한 자들의 후손에게 복이 있으리로다"(시 112:2). 이들은 사도처럼 세상에 거하든지 떠나든지 주를 기쁘시게 하는 자가 되기 위하여 힘씁니다(고후 5:9). 이들은 칭찬을 듣게 될 것입니다. "내 아버지께 복 받을 자들이여 나아와 창세로부터 너희를 위하여 예비된 나라를 상속받으라"

(마 25:34).

그때에 그 마음이 하나님께 충성하지 못하던 세대는(시 78:8) 그리스도의 멍에가 그들의 슬픔에 비교한다면 얼마나 가볍고, 하나님의 뜻에 순종하는 것이(마 11:30) 그들의 곧은 목과 비교한다면(신 9:13; 31:27) 얼마나 쉬운가를 느끼게 될 것이지만, 때는 이미 늦을 것입니다.

오 가련한 재물의 노예들이여, 너희들이 땅에 쌓는 재물은 의지하면서도(마 6:24; 갈 6:14) 우리 주 예수 그리스도의 십자가에는 영광을 돌릴 수 없구나. 황금을 좇아 허겁지겁 다니면서도 주님의 감미로움을 누릴 수 없구나(딤전 6:17; 시 34:9). 따라서 그분이 안 계실 때에 그분을 기쁨으로 기억하지 않는다면 정작 그분이 임하실 때에는 버림을 당하리라.

〈참되게 묵상하는 자는 마음이 정결하다〉

12 이와 반대로 신실한 자의 영혼은 이 순간에도 그분의 임재를 간절히 갈망하며, 그분을 묵상하는 가운데 감미로운 안식을 누리면서, 가리운 것이 없이 하나님의 영광을 묵언할 수 있을 때까지(고후 3:18) 자신의 명예를 십자가의 수치 밑에 내려놓습니다(갈 5:14). 그리스도의 신부와 비둘기로서(아 5:1-2) 영혼은 자기가 받은 유업과(시 68:14) 그리스도의 차고 넘치는 은혜 속에서(시 145:7) 스스로 쉬며 안식합니다. 은으로 입힌 날개를 달고(시 68:13) 순백의 정결함과 순결함을 지닌 영혼은, 무엇보다도 모든 성도들의 기쁨의 광휘 속에 동참하게 될 그날을 동경합니다. 거기서 영혼은 지혜의 빛줄기와 함께 비췸을 받을 것입니다.

〈하나님에 대한 친밀한 묵상〉

이때 영혼은 영광을 돌리면서 '그가 왼팔로 내 머리를 고이고 오른팔로 나를 안는구나'(아 2:6)고 말할 수 있습니다. 왼손은 예수 그리스도께서 친구를 위하여 자기 목숨을 버리심으로써 계시해 주신 엄청난 사랑에 대한 기억을 가리킵니다(요 15:13). 오른손은 그분이 그들에게 약속하셨던 행복한 환상과 그분의 임재 속에서 그들이 가지는 기쁨을 가리킵니다. 시편 기자가 기쁨에 넘쳐 이렇게 노래하고 있는 것과 같습니다. "주의 오른쪽에는 영원한 즐거움이 있나이다"(시 16:11). 따라서 오른손을 그분이 임재하실 때 느끼는 신적인 기쁨이라고 설명하는 것은 정당합니다. 반면에 왼손에는 잘 기억되고, 항상 기억될 수 있는 찬양할 만한 사랑이 놓여 있는데, 이때 영혼은 모든 악이 없어질 때까지 의지하고 쉴 수 있습니다.

이와 같이 신랑의 왼손은 바로 신부의 머리 아래 있습니다. 따라서 그녀가 등을 기댈 때 그녀의 머리를 베게 해 주는데, 이것은 그녀의 마음이 세상적이고 육체적인 욕망에 떨어지지 않도록 그녀의 관심을 지켜주심을 뜻합니다(갈 5:16; 딛 2:12). 육은 영(spirit)을 거슬러 싸우기 때문입니다. "썩어질 몸은 영혼을 짓누르고 세상에 살기 때문에 여러 가지 복잡한 생각으로 마음이 가득 차게 됩니다."

그러한 크신 자비, 값없으면서 자주 연단되는 사랑, 예기치 못했던 겸손, 기대하지 않았던 선하심, 불굴의 인자하심과 놀라운 긍휼에 대하여 묵상함으로써 달리 무엇을 얻게 되겠습니까? 영혼을 사로잡아 모든 무익한 사랑으로부터 완전히 벗어나게 하는 이러한 묵상의 결과에 달리 또 무엇이 있겠습니까? 하나님의 사랑에 깊이 사로잡힌 영혼은 이를 달리 대치하고자 하는 것이 무엇이든 그것을 경멸합니다. 어떤 것도 이를 대치하지 못할 것입니다. 그것은 하나님의 사랑에 배치되기 때문입니다.

〈하나님에 대하여 응답하는 영혼의 열정〉

이러한 성찰(reflection)의 향기로 가득 차서(아 1:3) 약혼녀는 사랑의 열정에 불타올라 재빠르게 달려가지만 자신이 사랑할 수 있는 것보다 더 큰 사랑을 받는다는 것을 알고 있습니다. 그녀의 마음이 사랑으로 가득 차 있는 때에도 그러한 큰 애정의 대상이 되는 그녀는 자신의 사랑이 너무 적다는 것을 느낍니다. 이제 와서야 이것을 경험하게 되었습니다. 그렇게 거룩하신 연인으로부터 그렇게 깊은 사랑을 받았는데 무엇으로 보답할 수 있겠습니까? 그것은 마치 한 줌의 흙이 힘을 모아, 먼저 사랑하셨고 완전히 구원의 역사에 개입하신 것으로 계시된 엄위하신 하나님의 신적인 사랑에 필적

하려는 것과 같습니다.

"하나님이 세상을 이처럼 사랑하사 독생자를 주셨으니 이는 그를 믿는 자마다 멸망하지 않고 영생을 얻게 하려 하심이라"(요 3:16). 이 말씀은 아버지의 사랑에 대하여 말씀하신 것입니다. "그가 자기 영혼을 버려 사망에 이르게 하셨다"(사 53:12)는 것은 아들을 가리키는 말씀입니다. 또 성령에 대해서도 말씀하시기를, "보혜사 곧 아버지께서 내 이름으로 보내실 성령 그가 너희에게 모든 것을 가르치고 내가 너희에게 말한 모든 것을 생각나게 하리라"(요 14:26).

그러므로 하나님께서 정말 우리를 사랑하시고 참으로 그분의 전 존재를 기울여 우리를 사랑하신다는 것이 분명합니다. 전(全) 삼위일체께서 전적으로 우리를 사랑하시기 때문입니다. 따라서 '전적으로'라는 말은 여기서 무한하고 파악될 수 없으며 본질적인 하나님의 존재를 의미합니다.

5. 이러한 사랑에 대한 그리스도인의 빚

〈불신자들은 감사의 필요를 이해할 수 없다〉

14 묵상해 보면, 왜 우리가 사랑해야 하며, 왜 그분은 우리의 사랑을 받으실 만한 자격이 있는가 하는 것이 분명히 드러납니다. 그러나 불신자들은 하나님의 아들을 인정하지 않으며, 따라서 아버지도 성령도 알 수 없습니다(요일 5:12). "아들을 공경하지 아니하며"(요 5:23), 아들이 보내신 성령도 공경하지 않습니다(요 15:26; 16:7).

그들이 우리보다 하나님에 대해 알지 못한다고 하여 놀랄게 없고, 하나님을 덜 사랑한다고 해서 이상할 것이 없습니다. 그럼에도 불구하고 그들은 자신의 모든 것이 창조주에게서 기인한다는 것을 알고 있습니다. 그렇다면 하나님이 단순히 관대하신 내 생명의 수여자나, 내게 필요한 모든 것을 제공하시는 너그러우신 공급자나, 내 모든 슬픔을 위로하시는 친절하신 위로자나, 내 길의 지혜로운 안내자만이 아니라는 것을 알고 있는 나에게 그분은 어떤 분이 되셔야 합니까? 다른 무엇보다도 그분은 나의 구속자와 인도

자이시며, 내 모든 부요와 영광의 근원이십니다.

〈구속받은 자들은 하나님께 진 빚을 알고 있다〉

"여호와께서는 풍성한 속량이 있음이라"(시 130:7)는 말씀이 있습니다. 또한 "영원한 속죄를 이루사 단번에 성소에 들어 가셨느니라"(히 9:12)고 말합니다. 시편 기자는 우리 구원에 대하여 "그의 성도를 버리지 아니하심이로다 그들은 영원히 보호를 받으리라"(시 37:28)고 말합니다. 하나님의 관대함에 대하여 기록되기를 "후히 되어 누르고 흔들어 넘치도록 하여 너희에게 안겨 주리라"(눅 6:38)고 하였습니다. 또 성경은 말하기를 "하나님이 자기를 사랑하는 자들을 위하여 예비하신 모든 것은 눈으로 보지 못하고 귀로 듣지 못하고 사람의 마음으로 생각하지도 못하였다"(고전 2:9)고 합니다.

사도는 우리의 영화에 대하여 증거하여 말하기를 "구원하는 자 곧 주 예수 그리스도를 기다리노니 우리의 낮은 몸을 자기 영광의 몸의 형체와 같이 변하게 하시리라"(빌 3:20이하)고 했습니다. 또 말하기를 "생각하건대 현재의 고난은 장차 우리에게 나타날 영광과 비교할 수 없도다"(롬 8:18)고 합니다. 또다시 말하기를 "우리가 잠시 받는 환난의 경한 것이 지극히 크고 영원한 영광의 중한 것을 우리에게 이루게 함이니 우리가 주목하는 것은 보이는 것이 아니요 보이지 않는 것이라"(고후 4:17-18)고 합니다.

15   "내게 주신 모든 은혜를 내가 여호와께 무엇으로 보답할까"(시 116:12). 이성과 본성적인 공의가 한가지로 우리를 움직여, 우리의 모든 소유와 존재가 근거하고 있는 그분을 사랑하는데 전적으로 우리 자신을 드리도록 합니다. 그가 나를 창조하셨을 뿐만 아니라 내 실존까지도 그분께 근거하고 있음을 깨닫게 되면, 믿음은 내 자신을 사랑하기보다 그분을 훨씬 더 사랑하도록 확실히 나에게 권면합니다. 더욱이 하나님은 실제로 나에게 당신 자신을 주셨습니다.

〈자기를 사랑하라는 하나님의 요구〉

믿음의 때가 오기 이전에 이미, 그가 육체로 세상에 오셔서 십자가에서 죽으시고 무덤에서 부활하셔서 아버지께로 올라가실 때, 하나님은 우리에게 하나님께서 얼마나 우리를 사랑하셨는지를 보여주셨습니다. 하나님께서 그 충만하신 모든 은혜로부터 "너는 마음을 다하고 뜻을 다하고 힘을 다하여 네 하나님 여호와를 사랑하라"(신 6:5)고 명령하실 때 이미 우리를 사랑하신 것입니다. 다시 말해서, 하나님은 우리가 전 존재와 모든 지식과 모든 능력을 다하여 하나님을 사랑하기를 원하셨습니다.

하나님이 그 자신의 역사(役事)은 은사들로부터 이것을 요구하시는 것은 불합리하지 않습니다(히 6:10). 사람이 선한 일을 할 수 있는 것도 오직 하나님의 은사인데, 왜 자신의 전 존재를 기울여 하나님을 사랑하지 않습니까? 더욱이 인간은 오직 은혜로써 무(無)로부터 높은 존엄성을 가지고 창조되었습니다. 이것이 인간에게 자신이 하나님께 빚지고 있음을 좀 더 분명하게 알도록 해주며, 이 사랑의 요구가 얼마나 정당한가를 보여주지 않습니까?

더욱이 하나님은 인간과 짐승을 보호하시는 가운데(시 36:6-7) 그분의 인자하심을 더하지 않으셨습니까? 내가 지금 말하고 있는 것은, 어떻게 우리가 하나님의 형상을 풀을 뜯는 황소의 모양으로 바꾸었으며(시 106:20), 또한 죄로 인하여 이성 없는 짐승처럼 된 것이(시 49:12, 20) 누구인가 하는 것입니다. 나의 창조가 모두 그분께 근거하고 있다면, 또한 나의 영혼을 구속하시되 그렇게 놀라운 방법으로 하신 그분께 무어라고 되갚을 수 있겠습니까?

하나님은 창조보다도 구속하시는데 더 큰 희생을 치르셨습니다. 나뿐만 아니라 모든 피조된 존재들에 대하여 이렇게 기록되어 있기 때문입니다. "그가 명령하시므로 지음을 받았음이로다"(시 148:5). 그러나 말씀 한마디로 존재하게 된 피조물을 구속하시기 위해서는 얼마나 거듭해서 말씀하셔야 했으며, 얼마나 많은 이적을 행하셔야 했으며, 얼마나 고초를 당하셔야 했으며, 얼마나 수치를 당하셔야 했습니까!

⟨창조하시고 구속하신 하나님의 요구⟩

"내게 주신 모든 은혜를 내가 여호와께 무엇으로 보답할까"(시 116:12). 먼저 창조의 역사 가운데 그분은 나에게 나 자신을 주셨습니다. 그러나 새로운 창조 가운데서는 나에게 그분 자신을 주셨습니다. 또한 그 구속의 은사로써 내 자신을 되돌려 주시고 내가 잃어버렸던 자아를 회복시켜 주셨습니다. 받고 또다시 받았으므로 나의 자아는 두 번이나 그분의 은혜를 입고 있습니다. 그렇다면 그분 자신에 대한 보답으로 내가 무엇을 주님께 드릴 수 있겠습니까? 내 자신이 천 배로 증가하여 이것을 모두 그에게 드린다 할지라도 이것이 하나님께 무엇이 되겠습니까?(욥 9:3).

6. 전술(前述)한 것의 간단한 요약

⟨하나님은 무엇보다도 사랑받아야 한다⟩

16   이미 말한 것을 간단히 반복한다면, 하나님은 무엇보다도 사랑받으실 만한 자격이 있음을 우리는 인정합니다. 참으로 그는 무한히 사랑받으실 만합니다. 그가 먼저 우리를 사랑하셨기 때문입니다(요일 4:10). 그분은 무한하시고 우리는 무가치한 데도 불구하고 우리 같은 가련한 죄인들을 그렇게 크고 값없는 사랑으로 사랑하셨습니다. 이런 까닭에 이 글의 서두에서 우리는 하나님을 무한정 사랑해야 된다고 말하였습니다. 더욱이 하나님께 드려지는 사랑은, 측량할 수 없고 무한하신 분이 그 대상이며 또 하나님은 이 모두이시므로, 우리의 사랑의 척도는 무엇이 되어야 하겠습니까?

⟨빚진 자로서 우리는 하나님을 사랑해야 한다⟩

또, 우리의 사랑이 무상으로 주어진 것이 아니라 하나의 빚으로써 하나님께 빚지고 있다는 사실은 어떻게 생각하십니까? 따라서 우리는 무한정 사랑해야 합니다. 그분은 영원한 사랑이시며(엡 3:19), 무한한 사랑이시고, 그 광대하심은 한계가 없으심에도(시 145:3) 먼저 우리를 사랑하신 하나님이시기 때문입니다. 한없는 지혜가 그의 것이며(시 147:5) 그의 "평강은 모든 지각보다 뛰어납니다"(빌 4:7).

〈하나님이 힘을 주시는 대로 사랑해야 한다〉
그렇다면 하나님께 가치 있는 사랑으로 보답할 수 있다고 생각하십니까?
시편 기자는 말하기를 "나의 힘이신 여호와여 내가 주를 사랑하나이다 여호와는 나의 반석이시요 나의 요새시라"(시 18:1-2)고 하였습니다. 당신은 나의 모든 것의 모든 것 되시며, 따라서 어느 누구도 당신만큼 마땅히 찬미 받을 수 없습니다.
나의 하나님, 나의 도움이시여, 당신의 은사를 받아 힘을 얻은 만큼 당신을 사랑할 것입니다. 그러나 나의 사랑은 마땅히 돌려져야 하는 것보다 너무 적고 내가 할 수 있는 것보다는 더 적습니다. 그러나 마땅히 해야 할 만큼 당신을 사랑할 수 없지만, 더욱이 내가 할 수 있는 것 이상으로 당신을 사랑할 수 없습니다. 결코 그것을 받을 만한 자격은 없지만, 당신께서 나에게 더 많은 것을 주실 때에라야 더 큰 능력을 가지고 당신을 사랑할 수 있게 될 것입니다. "내 형질이 이루어지기 전에 주의 눈이 보셨으며 나를 위하여 정한 날이 하루도 되기 전에 주의 책에 다 기록이 되었나이다"(시 139:16).
그러므로 되는 일과 되어져야 할 일과 되어질 수 없는 일이 모두 그분에 의해 기록되어 있습니다. 분명 지금 나는 어떻게 하나님이 사랑을 받아야 하며, 왜 사랑을 받아야 하는가를 충분히 보이기 위하여 이 글을 썼습니다. 그러나 우리가 실제로 얼마나 하나님을 사랑해야 하는가를 느끼거나 혹은 알고, 또 충분히 표현할 수 있는 사람이 누구이겠습니까?

7. 하나님을 사랑하는 데는 결실이나 상급이 따른다. 인간의 마음은 땅에 속한 것으로 만족될 수 없기 때문이다

〈하나님을 사랑하면 어떤 유익이 있는가〉
17 이제는 하나님을 사랑하면 무슨 유익이 있는가를 생각해 보기로 하겠습

니다.
 그런데 이 사랑에 대한 우리의 평가가 실재(reality)와 아주 다른 것이 될 수 있을까요? 그러나 진리에는 훨씬 못 미친다 하더라도 이렇게 간단히 살펴보는 것이 우리가 앞서 진술한 것에 대해 침묵을 지키는 것보다는 낫습니다. 우리가 왜 그리고 어떻게 하나님을 사랑해야 하는가에 대해 질문을 제기할 때 우리는 강권하는 두 가지 이유가 있다는 것에 주목해야 합니다. 그분은 우리의 사랑을 요구하실 권리가 있고, 우리는 그분의 사랑을 받아서 누리는 유익이 있습니다. 이제 두 가지 질문 모두를 제기할 필요가 있습니다. 의심할 나위 없이 하나님께는 합당하지 못한 방식으로나마 첫 번째 질문은 다루어졌고, 아직 두 번째 질문, 즉 사랑이 가져오는 보상에 대한 질문이 남아 있습니다.

〈그렇지만 하나님은 자발적으로 사랑되어야 한다〉

 하나님을 사랑하면 그에 대한 상급이 없는 것은 아니지만, 상급에 대한 관심 없이 하나님을 사랑해야 합니다. 참된 사랑은 그것이 비이기적이고 "자기의 유익을 구하지 아니함"(고전 13:5)에도 불구하고 버림을 당하지 않습니다. 그러므로 참된 사랑은 보상을 받을 수는 있으나 보상을 구하지 않습니다. 그것은 감격이지 계약이 아닙니다. 그 근원과 행동에 있어서 그 사랑은 자발적입니다. 그 사랑의 대상 안에서 참된 상급을 발견합니다.
 사랑은 단순히 계약적인 상호 협약으로부터 솟아날 수 없습니다. 그것은 영혼의 감정이기 때문입니다. 이러한 방식으로는 얻어질 수 없습니다. 사랑은 그 기원과 충동에 있어 자발적이고, 따라서 우리로 하여금 참된 사랑이란 그 자체가 만족임을 자유롭게 인식하도록 해줍니다.

〈참된 사랑이란 어떤 보상도 구하지 않는다〉

 겉치레로 사랑하는 것처럼 보이는 것은 무엇이나 사실과는 다른 것이며, 이때에 우리에게 다가오는 것은 우리가 사모하는 분명한 대상이 아니라 어떤 다른 것이 될 것입니다. 따라서 바울은 먹고 살기 위해 복음을 전파하지 않았습니다. 그는 복음을 전하기 위하여 손수 일했습니다. 그가 사랑한 것은 복음이지 음식이 아니었습니다(고전 9:18). 그러므로 참된 사랑은 보상을 받을 수 있다 하더라도 보상을 구하지는 않습니다.

오히려 보상은 아직 충분히 사랑할 수 없는 자에게 주어집니다. 이 낮은 차원의 행위에서 아직 주저하는 자로 하여금 계속해 나가도록 격려하기 위해 약속이 주어지고 상급이 제공됩니다.

갈망하되 스스로 우러나와서 갈망하는 자에게 상급이 주어진다고 누가 꿈에라도 생각하겠습니까? 예를 들면, 아무도 먹는 일에 굶주린 사람을 고용하지 않으며, 마시는 일에 목마른 사람을 고용하지 않고, 자신의 자녀를 양육하는 일에 어머니를 돈 주고 고용하지 않을 것입니다. 누가 포도원을 경작하고 과수원을 파고 집을 고치도록 농부를 매수한 적이 있습니까? 참으로 하나님을 사랑하는 영혼은 계속해서 하나님을 사랑하는 것 말고 어떤 다른 상급도 구하지 않는다는 것이 분명합니다. 만약 영혼이나 다른 어떤 것을 요구한다면 다른 것을 사랑하는 것이지 실제로 하나님을 사랑하지 않는다는 것이 확실합니다.

〈우리가 사랑하는 동기가 우리의 사랑의 질을 결정한다〉

18　모든 이성적인 인간은 본성적으로 항상 더 낫다고 평가되는 것으로 만족하기를 원합니다. 자신이 가지기 원하는 질(quality)을 결여하고 있는 것에는 결코 만족하지 않습니다. 따라서 한 남자가 여자의 아름다움 때문에 그녀를 선택했다면, 더 아름다운 여자를 찾기 위해 곁눈질하게 될 것입니다. 또 그가 옷 잘 입는 것을 원한다면, 더 값비싼 옷을 찾아 나설 것입니다. 부(富)가 그의 소원이라면 아무리 부자가 되어도 자기보다 더 부유한 사람을 시기할 것입니다.

이미 땅도 많고 소유가 풍족함에도 아직도 분주하게 하루하루 "전토에 전토를 더하는"(사 5:8) 사람들을 우리는 언제나 볼 수 있습니다. 그들은 끝도 없는 욕망에 사로잡혀서 자신의 소유를 늘리기 위해(출 34:24; 암 1:13) 계속해서 미친듯이 바쁘게 도갑니다. 궁전에 거하면서도 더 좋고 더 많은 것에 안달하여 항상 더 많은 것을 얻고자 하고, 부수고 계속해서 다시 짓고, 단지 유행에 따라 뜯어 고치는 사람들을 볼 수 있습니다. 이와 마찬가지로 높은 자리에 있는 사람들은 좀 더 높이 올라가려는 만족 없는 욕망에 사로잡혀 있습니다. 참으로 이 모든 것에는 끝이 없습니다. 절대적으로 최고요 최상이라고 평가될 수가 없으면 그들의 불만족스러운 욕망은 최후의 만족을 얻지 못하기 때문입니다.

〈만족은 최고 수준의 사랑을 요청한다〉

최고와 최상인 것 안에서 평화와 만족을 구하기 때문에 그에 뒤떨어지는 것에는 만족을 찾을 수 없다고 해서 놀랄 필요가 있을까요? 따라서 이 요구를 채울 수 없는 것에서 평화나 만족을 찾으려 하는 것은 얼마나 우둔하고 어리석습니까! 그러므로 아무리 많은 것을 소유하고 있다고 할지라도, 그는 아직 부족하다고 여겨지는 것에 대한 욕망을 항상 지니고 있습니다. 만족하지 못한 채로 쉬지도 못하고 쓸데없는 일에 자신을 허비하게 될 것입니다.

따라서 쉼이 없는 마음은 덧없으며 진실이 아닌 것들에 지쳐서 이생의 쾌락을 찾아 이리저리 뛰어다닙니다. 이 사람은 마치 굶어 죽어가면서 자기 목으로 넘어가는 것으로는 만족할 수 없다고 생각하는 사람과 같습니다. 그의 눈은 먹지도 않은 것을 아직도 바라보고만 있습니다. 따라서 자기가 이미 얻은 것으로 기쁨이나 만족을 누리기보다는 자기에게 없는 것에 정신을 빼앗겨 아주 불만스러워하면서 아직 없는 것을 계속해서 열심히 구합니다.

어떤 사람도 모든 것을 소유하기를 바랄 수는 없습니다. 아무리 적은 것이라도 많은 노력을 기울여 얻은 뒤에는 계속해서 그것을 잃지나 않을까 하여 두려워하게 됩니다(딤전 6:7; 욥 1:21). 이와 마찬가지로 패역한 의지는 계속해서 최선의 것을 원할 것이며, 그릇된 방법을 써서라도 직접적인 만족을 갈구합니다. 그러나 그는 허무에 빠지고 악에 속고 맙니다(시 27:12).

만약 우리가 모든 욕망을 다 채우려 하는데, 다 채워진 것이 하나도 없다면, 중요하지도 않은 것에 왜 노력을 낭비하고 피곤해 합니까? 우리는 바른 길로 걸어가고는 있으나 목표에 드달하기 훨씬 전에 죽게 될 사람과 같습니다.

19   이런 방식으로 경건하지 못한 자들은 행동합니다. 본성적으로 자기 욕망이 그때그때 요구하는 것은 무엇이나 갈구합니다. 그렇지만 미련하게도 그들은 허비가 아니라 완성에서 발견되는 참된 목표, 그들은 그것으로 인도해 줄 것들을 거부합니다. 그들은 창조주 대신에 세상에 속한 것에 자신의 행복을 걸기 때문에 축복된 완성에 이르지 못하고 쓸데없는 일에 자신을 닳아 없앱니다. 온 우주의 주님되신 분에게 가는 것을 생각하기보다는 이것저것을 번갈아 가면서 찾아 봅니다.

생각해 보면 만약 그들이 자기의 갈망을 실현하는데 성공해서 온 세상을 소유한다 할지라도(마 16:26) 모든 존재의 주이신 하나님을 소유하지 못한다면, 그들로 하여금 더 많은 것을 찾아 쉼을 얻지 못하게 하는 동일한 원리가 역시 그들을 불만족한 채로 남게 할 것입니다.

하나님만이 그들에게 궁극적인 만족을 주실 수 있습니다.

〈참 만족은 오직 하나님께 있다〉

안식은 하나님께만 있습니다. 이 세상에서 인간은 참된 평화를 경험하지 못하지만, 하나님과 함께 있는 영원한 상태 안에는 그를 괴롭히는 불안이 없습니다. 따라서 영혼은 확신을 가지고 말할 수 있습니다. "하나님께 가까이 함이 내게 복이라 … 하늘에서는 주 외에 누가 내게 있으리요 땅에서는 주 밖에 내가 사모할 이 없나이다 … 하나님은 내 마음의 반석이시요 영원한 분깃이시라"(시 73:28, 25, 26). 그러므로 앞서 말한 바와 같이 덜 좋은 것들을 모두 하나씩 다 시도해 보는 방법을 통해서도, 결국 참으로 만족시켜 주실 수 있는 분은 오직 하나님뿐인 것을 우리는 깨닫게 될 것입니다.

〈어떻게 하나님 안에서 만족할 수 있는가?〉

20   그러나 이러한 행동 방식을 취한다 해도 생이 너무 짧고 힘이 너무 연약

하며 경쟁자들이 너무 많기 때문에 하나씩 다 시도해 보는 것은 불가능합니다. 바람직하다고 여겨지는 것을 모두 시험해 보는데 자신을 온통 바친다 해도 이 목표에는 결코 도달할 수 없을 것입니다.

자신의 모든 소원을 실험해 볼 수 있다면 실제로 모든 것을 체험해 보기보다는 상상으로 시험해 보는 편이 훨씬 수월할 것입니다! 정신이 육체적인 감각보다 더 빠르고 예민하기 때문에 육체적인 실험에 의해 무가치하다고 증명되기 전에 정신으로 하여금 욕망을 검토해 보도록 하는 것이 훨씬 더 의미가 있을 것입니다.

〈최우선적인 것을 택해야 한다〉

이런 까닭에 "범사에 헤아려 좋은 것을 취하라"(살전 5:21)고 기록되어 있습니다. 영이 감각을 지배해야 하고, 반대로 감각은 영의 판단에 따라 그 욕망을 굴복시켜야 합니다. 그렇지 않으면 "여호와의 산에 오르거나, 그 거룩한 곳에 서지"(시 24:3) 못할 것입니다.

이성의 인도에 개의치 않고 짐승처럼 감각의 충동에 따르려 한다면, 이성적인 정신을 소유했다고 해도 아무런 유익이 되지 못할 것입니다. 이렇게 이성의 인도를 받지 않는 사람은 물론 달릴 수는 있으나 자기 앞에 놓여진 정해진 길로 행하지는 못합니다. 따라서 그들은 "그러므로 얻기 위해서 이와 같이 달음질하라"(고전 9:24)는 사도의 권고를 무시합니다. 기껏 노력은 다하면서도 우선순위에 있어 최하의 것에 도전한다면 어떻게 상 얻기를 바랄 수 있겠습니까? 따라서 먼저 모든 것을 체험해 보겠다는 욕망은 잘못된 선택인 것입니다. 그것은 다람쥐가 쳇바퀴 돌듯이 헛되고 끝이 없는 순환이기 때문입니다.

〈하나님의 길을 선택해야 한다〉

21   그러나 의인은 그와 같이 않습니다. 멸망으로 인도하는 넓은 길로 행하는 자들에게(마 7:13) 내려지는 정죄의 결과를 그는 깨닫습니다. 의인은 왕도를 취하여, 결코 좌우로 치우쳐 돌이키지 않습니다(민 20:17; 21:22). "의인

의 길은 정직하다"(사 26:7)는 선지자의 말씀과 같습니다. 건전한 권면(counsel)의 경계를 받아 위험하고 소득 없이 돌아가는 길을 피하여 직선의 길을 택합니다(롬 9:28).

이것은 모든 탐욕에 대하여 주어진 말씀으로서 자기가 가진 모든 것을 팔아 가난한 자들에게 줄 것을 명하는 말씀입니다(마 19:21). "심령이 가난한 자는 복이 있나니 천국이 그들의 것임이라"(마 5:3)고 강조하고 있기 때문입니다. 모두가 인생의 경주자이지만, 각기 경주하는 길이 다릅니다(고전 9:24).

〈하나님을 사모해야 한다〉

"의인들의 길은 여호와께서 인정하시나 악인들의 길은 망하리로다"(시 1:6). 이 결과 "의인의 적은 소유가 악인의 풍부함보다 낫습니다"(시 37:16). 지혜자가 말하였으나 우매자는 나중에야 발견하는 말씀이 있습니다. "은을 사랑하는 자는 은으로 만족하지 못할 것이라"(전 5:10). 이와 반대로 그리스도는 "의에 주리고 목마른 자는 복이 있나니 그들이 배부를 것이라"(마 5:6)고 말씀하십니다.

의(義)는 영혼에 있어 필수적이고 자연적인 양식입니다. 육신적인 배고픔이 바람으로 채워질 수 없듯이 영혼은 땅의 보좌로 만족할 수 없습니다. 만약 굶주려 죽어가는 사람이 공기를 한껏 마셔야만 자기의 배고픔이 사라지리라고 생각하여 바람을 향해 입을 크게 벌리고 있다면 그가 미쳤다고 생각하지 않겠습니까? 그렇지만 그것은 세상적인 것으로 영혼을 만족시킬 수 있다고 상상하는 것보다는 덜 미친 것입니다. 세상적인 것은 영혼을 채워주기보다는 욕구만 불어나게 해줄 뿐입니다.

"내 영혼아 여호와를 송축하라 … 그가 좋은 것으로 네 소원을 만족하게 하시느니라"(시 103:1, 5). 그렇습니다. 그가 좋은 것으로 만족하게 하십니다. 우리에게 선을 행하도록 유도하십니다. 우리를 선(善) 안에서 안전하게 지키십니다. 우리보다 앞서 행하십니다. 우리를 붙드시고 채워 주십니다. 우리 마음을 움직여 그분을 갈망하게 하십니다. 정말 우리가 바라는 것이 그분이기 때문입니다.

〈하나님 자신이 하나님을 사랑하는 이유가 된다〉

22 이미 앞에서 하나님 자신이 하나님을 사랑하는 이유가 된다고 말했습니다. 이것은 사실입니다. 그분은 우리의 사랑의 유효한 원인이시며 마지막 목적이 되시기 때문입니다. 그분은 사랑할 수 있는 기회를 주시고 사랑의 소원을 창조하시며 우리의 감정이 열매 맺도록 해주십니다. 그분은 사랑스러운 분이기 때문에 그분을 소유하는 것은 자연스러운 일이 됩니다. 언젠가 완전히 그분을 사랑하게 될 날이 올 것이라는 소망이 없다면 우리 스스로 그분을 사랑하는 것이 헛되기 때문에 그분을 의지한다는 것은 자연스러운 일입니다.

그분은 우리의 사랑을 예비하시고 상급을 주십니다. 먼저 우리를 사랑하시고, 우리가 응답하는 방식으로 인도해 가십니다(요일 4:19). 따라서 우리는 그분에게 사랑으로 보답할 수밖에 없습니다. 그분은 우리가 큰 소망을 품도록 우리를 양육하십니다. "그를 부르는 모든 사람에게 부요하십니다"(롬 10:12). 그분이 주시는 상과 상급으로서 그분 자신보다 더 좋은 것은 없습니다. 그분은 거룩한 영혼들에게 새로운 활력이 되십니다. 그분은 자신을 대속의 제물로 주셨습니다. "무릇 기다리는 자에게 여호와께서 선을 베푸시는도다"(애 3:25).

〈구하는 영혼에게 하나님은 누구이신가?〉

그렇다면 하나님의 임재를 구하는 자들에게 하나님은 어떤 분이 되겠습니까?

여기에 놀라운 사실이 있습니다. 이미 하나님이 아신 바 되지 아니하면 그분을 찾는 일이 불가능합니다. 하나님이 찾으시고 아신 바 된 자가 되기 위하여 먼저 발견되기를 원하십니까? "오 하나님이여, 당신을 찾아 알 수는 있으나 누구도 당신을 앞지를 수는 없습니다." 하나님께서는 앞서서 이 일을 행하십니다. "아침에 나의 기도가 주의 앞에 이르리이다"(시 88:13)고 말한다 할지라도 모든 기도는 주님의 영감으로 생기를 받기 전에는 아직 미지근할 것입니다.

이제까지 하나님 안에서 사랑이 완성된다는 것을 보았으므로, 이제는 어디에서 사랑이 시작되는가를 살펴보기로 하겠습니다.

8. 사랑의 제1단계: 자신을 위하여 자신을 사랑한다

23 사랑은 사람이 가진 네 가지 본성적인 감정 중의 하나입니다. 너무 잘 알려져 있기 때문에 이것들을 다시 언급할 필요는 없습니다. 그런데 사랑이 본성적이기 때문에 모든 본성의 조성자(Author)를 무엇보다 먼저 사랑하는 게 옳습니다. 그것은 크고 첫째 되는 계명이 "네 마음을 다하고 목숨을 다하고 뜻을 다하여 주 너의 하나님을 사랑하라"(마 22:37)고 하셨기 때문입니다.

〈하나님을 사랑하는 것은 명령이 되어야 한다〉

그러나 본성이 너무 연약하고 유약해서 인간은 무엇보다 먼저 자신을 사랑할 수밖에 없습니다. 그런데 이 사랑은 인간이 자신을 우선적으로 사랑하고 그리고 아주 이기적으로 사랑하는 육신적인 사랑입니다. "먼저는 신령한 사람이 아니요 육의 사람이요 그 다음에 신령한 사람이니라"(고전 15:46)는 말씀이 있습니다. 사랑은 규율로 주어진 게 아니라, 본성적으로 나오는 것인데 이는 "아무도 자기 육체를 미워하지 않기"(엡 5:29) 때문입니다.

그렇지만 거센 파도처럼 너무 과해져서 절제의 한계를 넘어 방종에 빠지는 것이 바로 이 사랑의 본성입니다. 이때 새로 쌓은 제방과 같은 명령이 필요합니다. "네 이웃을 네 자신 같이 사랑하라"(마 22:39). 이것은 바로 의무입니다. 우리의 본성을 나누어 가지신 그분은 또한 우리의 사랑도 나누어 가지셔야 하는데, 이것 자체가 우리 인간성에 대한 은혜입니다.

궁핍한 형제를 구제하는 일이나 형제에게 즐거움을 주는 일을 부담스럽게 여기는 사람이 죄짓기를 피하려 한다면, 그는 자기에 대한 사랑을 억제하도록 해야 합니다. 그가 이웃에 대해서 관대한 만큼 자신에 대해서 관대한 것은 괜찮습니다.

오 사람들이여, 마음만 사란하게 하는 스스로의 까닭없는 욕망을 따르거나, 영혼을 거스르는 욕정에 사로잡히지 않으려면 성질을 억제할 필요가 있습니다. 원수들과 기쁨을 나누기보다는 이웃과 기쁨을 나누는 것이 훨씬 좋은 것입니다.

현자들의 권고에 귀를 기울인다면, 자신의 욕구에서 돌아서서 자신을 훈련하게 될 것입니다(사 18:30). 그때에는 사도의 가르침을 따르게 될 것입니다. "먹을 것과 입을 것이 있은즉 족한 줄로 알 것이니라"(딤전 6:8). 그 결과 "영혼을 거슬러 싸우는 육체의 정욕을 제어할"(벧전 2:11) 수 있게 될 것입니다. 이제는 원수로부터 되찾은 것을 이웃과 함께 나누는 일이 부담이 되지 않음을 알게 될 것입니다. 이제는 온화하고 의로우며, 형제의 궁핍을 보살필 수 있게 될 것입니다. 따라서 쉽사리 이기적인 사랑이 될 수 있었던 것이 관대해져서 다른 사람들을 포용할 수 있을 때 그것은 참으로 공동의 것이 될 수 있을 것입니다.

〈자신의 궁핍을 채우시는 하나님을 의지하라〉

24 그러나 이웃에 대한 구제로 인하여 자신에게 필요한 것이 줄어들게 될 때는 어떻게 할 것입니까? "후히 주시고 꾸짖지 아니하시는 하나님께"(약 1:5) 구하는 일 이외에 무엇을 할 수 있겠습니까? 시편 기자의 말과 같이 그분은 "손을 펴사 모든 생물의 소원을 만족하게 하시나이다"(시 145:16).

하나님께서 우리의 궁핍을 채우실 것이라는 데는 의심의 여지가 없습니다. 참으로 대부분의 사람들에게 필요한 것 이상으로 주십니다. 따라서 "먼저 그의 나라와 그의 의를 구하라 그리하면 이 모든 것을 너희에게 더하시리라"(마 6:33; 눅 12:31)는 그분의 약속은 진리입니다. 하나님은 이웃의 궁핍을 회피하지 않고, 따라서 이웃을 사랑하는 자에게는 필요한 모든 것을 주시겠다고 값없이 약속하십니다. 먼저 하나님의 나라를 구한다는 것은 사실 죄가 우리의 삶을 다스리지 못하도록 방지하고(롬 6:12), 하나님의 도우심으로 즐겨 겸손과 온유의 멍에를 지는 것을 의미합니다. 다시 말하면, 우리와 본성을 함께 하고 있는 사람들과 우리의 본성적인 은사를 함께 나누는 것은 의로운 일입니다.

〈다른 사람들을 사랑하기 위해서는 하나님의 사랑이 필요하다〉

25 그렇지만 우리가 절대적인 의를 가지고 우리 이웃을 사랑하려 한다면 우리의 동기와 원인으로서 하나님을 인정할 필요가 있습니다. 무엇보다 하나님을 사랑하지 않는다면 어떻게 순수한 동기를 가지고 사랑할 수 있겠습니까? 오직 이때에만 우리는 이웃을 사랑할 수 있습니다. 먼저 하나님을 사랑하지 않고서는 하나님 안에서 사랑하기란 불가능합니다(살전 2:1-11). 따라서 다른 사람들까지 사랑하기 위해서는 반드시 먼저 하나님을 사랑해야 합니다.

그런데 하나님은 모든 선의 근원으로서 다른 사람들을 사랑하는 우리의 능력과 성향의 근원이 되십니다. 그는 우리에게 사랑할 가능성을 부여하셨습니다. 우리의 본성을 창조하신 분은 그것을 유지하고 보호하십니다. 온 세계가 그분이 없이는 시작될 수 없었을 것이고, 그 자체의 실존을 그분께 의존하고 있기 때문입니다. 결코 이것을 잊어서는 안 되며 그분 없이도 스스로 할 수 있다는 생각으로 미련하게 유혹을 받아서는 안 됩니다. 우리 힘으로 안 되는 바로 그때 하나님은 당신의 지혜로 우리의 도움이 되셔서, 당신을 마땅히 인정할 수 있도록 우리를 구원하십니다. "환난 날에 나를 부르라 내가 너를 건지리니 네가 나를 영화롭게 하리로다"(시 50:15)고 말씀하십니다.

이와 같이 본능으로는 동물적이고 육신적이며, 자신을 사랑하는데 의미가 있는 것만을 아는 인간은 자기 자신의 축복을 위하여 하나님을 사랑하기 시작할 수 있습니다. 이는 하나님의 도우심으로 모든 것을 성취할 수 있다는 것을 그가 배우기 시작하기 때문입니다. 그러나 이것은 그가 자신을 축소시켜 무능하다고 여길 때에 배울 수 있을 뿐입니다.

9. 사랑의 제2단계: 사람은 자신의 축복을 위하여
하나님을 사랑한다

26   이제 인간은 하나님을 사랑합니다. 그렇지만 그것은 아직도 하나님을 위한 것이 아니라 자기 자신의 유익을 위한 사랑입니다. 그럼에도 불구하고 스스로 할 수 있는 일이 무엇인가를 알고, 범죄함으로써 하나님을 거스르지 않도록 하나님의 도우심을 받아서 오직 할 수 있는 일이 무엇인지를 아는 것이 지혜입니다. 우리가 고난을 당하고 계속해서 죄에 넘어지게 될 때는 어쩔 수 없이 돌이켜 하나님의 끊임없는 도우심을 구하게 됩니다. 결국 돌처럼 굳어진 냉담한 마음이 선하신 하나님의 은혜로 부드러워지지 않겠습니까? 결국 하나님은 하나님이시기에 어쩔 수 없이라도 그는 하나님을 이기적인 동기에서 벗어나서 사랑하게 되지 않겠습니까?

10. 사랑의 제3단계 : 사람은 하나님 자신을
인하여 하나님을 사랑한다

〈하나님과의 친교는 하나님이 우리에게 필요해진 것의 결과이다〉

빈번한 결핍은 인간으로 하여금 계속해서 하나님을 향하도록 만듭니다. 인간은 이러한 계속적인 의존을 통해서 하나님의 임재를 향유하는 것을 배웁니다. 이 하나님과의 친교는 하나님이 얼마나 놀라우신 분인가를 발견하여 배우게 되면서 무르익어갑니다. 따라서 이 경험은 하나님의 사랑을 돈독하게 함으로써, 우리의 모든 결핍을 넘어서게 합니다. 사마리아 성의 사람들처럼, 우리는 하나님의 선하심에 대하여 단지 들었기 때문이 아니라 스스로 그것을 체험했기 때문에 하나님의 선하심을 안다고 대답할 것입니다(요 4:42). 따라서 우리는 우리 육체에게 말합니다. "너희는 여호와의 선하심을 맛보아 알지어다"(시 34:8).

육체의 결핍은 우리가 체험한 선한 것들을 기쁘게 선포하는 일종의 언어입니다. 따라서 이것을 느끼는 영혼은 어려움 없이 자기 이웃들에게 말하게 될 것입니다(막 12:31). 이렇게 함으로써 그는 실제적으로 하나님을 사랑합니다. 이제는 하나님을 있는 그대로의 하나님으로 사랑하기 때문입니다.

이제 그는 순수하게 사랑하며 깨끗한 마음으로부터 사랑 가운데 순종합니다(벧전 1:22). 그는 바르게 사랑하고, 이 명령을 마음으로 받아들입니다. 이 사랑은 자발적이기 때문에 또한 기쁨을 줍니다. 단지 말에 그치지 않고, 행동으로 나타나기 때문에(요일 3:18) 이것은 참된 사랑입니다. 받은 대로 주기 때문에 또한 의로운 사랑입니다.

〈하나님과의 친교는 하나님처럼 사랑하도록 도와준다〉

이렇게 사랑하는 사람은 참으로 하나님께 속한 것들을 사랑합니다. 이기심 없이 정말 사랑하는 것입니다(고전 13:5). 그리스도께서 우리의 유익을 구하셨던 것처럼, 아니 바로 우리 자신을 구하시고 결코 당신 자신을 돌보시지 아니하셨던 것처럼, 그는 예수 그리스도에게 속한 것들을 그렇게 사랑합니다. 따라서 "여호와께 감사하라 그는 선하시다"(시 118:1)고 대답합니다. 이것은 하나님께 대하여 우리가 선하다는 고백이 아니라 우리에게 대하여 하나님께서 선하시다는 고백입니다. 그 사랑은 우리의 유익을 위한 하나님의 사랑입니다. 시편 기자는 사랑의 제2단계에 있는 사람에 대해 이렇게 말하고 있습니다. "여호와께서 자비를 베푸시므로 그가 감사할 것이라." 그런데 사랑의 제3단계는 순수하게 하나님 자신을 인하여 하나님의 사랑이 송축될 때입니다.

11. 사랑의 제4단계: 하나님을 위하여 자신을 사랑한다

〈하나님처럼 사랑하는 것은 우리로 하여금 자신을 사랑하도록 도와준다〉

27 사랑의 제4단계에 도달할 수 있는 사람은 복이 있습니다. 이제 하나님 안에서만 자신을 사랑하게 될 것입니다! "주의 의는 하나님의 산들과 같나이다"(시 36:6). 이 사랑은 높고 비옥하며 풍요로운 산이기 때문입니다. 누가 여호와의 산에 오를 것입니까? "내게 비둘기 같이 날개가 있다면 날아가서

편히 쉬리로다"(시 55:6). 이 거처는 평화의 동산인 살렘(Salem)이기 때문입니다(시 76:2).

나의 유랑생활은 얼마나 길었습니까! 언제 이 질그릇 같은(고후 4:7) 혈과 육이(마 16:17) 이것을 배워 알게 될까요? 언제 나의 영혼이 하나님의 사랑에 도취되어서 무의식적으로 자기를 잊어버리고 단순히 깨어진 그릇이 되는 것을(시 31:12) 배울 것이며, 언제 내가 이러한 사랑을 경험하게 될까요? 그때에는 서둘러 하나님을 의존하고 오로지 매어 달리게 될 것입니다. 우리의 영혼은 하나님과 하나가 되어(고전 6:17) "내 육체와 마음은 쇠약하나 하나님은 내 마음의 반석이시요 영원한 분깃이시라"(시 73:26)고 말하게 될 것입니다.

〈이러한 사랑은 삶의 압박 속에서도 참으로 우리를 지켜줄 것이다〉

잠시 동안이라도 이생에서 이 사랑을 맛보는 특권을 누린 자는 복되고 거룩합니다. 자신이 무(無)로 축소되기까지 자신을 내버리는 것은 신적인 체험이지 인간적인 감상이 아니기 때문입니다(빌 2:7). 죽을 수밖에 없는 가엾은 존재가 갑자기 이 경지에 도달하게 된다면 자기를 둘러싸고 있는 악한 세상으로 인해서 또다시 순식간에 얽매이게 될 것이기 때문입니다(갈 1:4). 더욱이 매일 생활의 염려로 힘을 잃고, 육체적인 욕구가 채워지기까지 시달리며, 타락한 본성이 연약하기 때문에 실패하고 말 것입니다. 아마 최악의 경우에는 육신의 형제의 요구들이 그를 낙심시켜 되돌아가도록 할 것입니다. 안타깝게도 그에게는 자신의 일로, 그리고 자신에게로 돌아가는 것 외에 달리 방도가 없습니다. 좌절의 슬픔 속에서 그는 부르짖게 될 것입니다. "여호와여 내가 압제를 받사오니 나의 중보가 되옵소서"(사 38:14). 그는 또다시 외칩니다. "오호라 나는 곤고한 사람이로다 이 사망의 몸에서 누가 나를 건져내랴"(롬 7:24).

〈참된 축복은 하나님의 뜻을 구하는데서 온다〉

28 이 모든 것들에도 불구하고 하나님께서는 당신의 영광을 위하여 만물을

지으셨다고(사 43:7) 성경에 기록되어 있습니다. 따라서 분명 모든 피조물들에게는 가능한 한 하나님의 뜻이 따를 의무가 있습니다. 우리의 감정은 하나님을 중심으로 삼아야 하고, 그리하여 모든 일 가운데 오직 그의 뜻만을 구하고, 자신을 기쁘게 하려 하지 않아야 합니다. 그러므로 참된 축복은 자기과시나 일시적인 쾌락에서 오지 않고 우리 안에 있는 하나님의 뜻을 성취하는데서 옵니다. 따라서 우리는 매일 이렇게 기도합니다. "뜻이 하늘에서 이루어진 것 같이 땅에서도 이루어지이다"(마 6:10).

오 순결하고 거룩한 사랑이여! 오 그윽하고 은혜로우신 감정이여! 사심(私心)이 섞이지 않고 하나님의 뜻과 연합하여 그윽해진, 순결하고 깨끗한 의지의 동기(動機)여! 이 상태에 도달하는 것은 곧 경건하게 되는 것입니다. 한 방울의 물이 포도즙 통에 떨어지면 포도의 맛과 색깔로 변하여 없어지듯이 이 상태도 그와 같습니다. 쇠막대기가 불에 달궈지면 빨갛게 되어 불꽃이 피는 것처럼 하나님의 사랑으로 되돌아가는 것도 그와 같습니다. 공기가 햇빛을 받으면 그 자체가 햇빛으로 나타나는 것과 마찬가지로 자신의 인간적인 사랑이 하나님 자신의 뜻에 의하여 변화된 성도들도 이와 마찬가지입니다.

〈하나님은 "만유 가운데 만유가" 되셔야 한다〉

그런데 반드시 이렇게 되어야 합니다. 인간의 일부가 자기 속에 그대로 남아 있다면 달리 어떻게 하나님이 "만유 가운데 만유가" 되실 수 있겠습니까? 그렇지만 우리의 인간 본성은 남아 있습니다. 우리 자신은 계속 남아 있지만 다른 형태와 다른 영광과 다른 능력으로 존재하게 될 것입니다. 언제 이러한 일이 일어날 것입니까? 누가 그것을 볼 것입니까? "내가 어느 때에 나아가서 하나님의 얼굴을 뵈올까"(시 42:2). 오 나의 주, 나의 하나님이여, "내가 마음으로 주께 말하되 여호와여 내가 주의 얼굴을 찾으리이다 하였나이다"(시 27:8). 정말 하나님의 거룩한 전을 보게 되리라고 생각합니까(시 27:4)?

29   너희 마음과 목숨과 힘을 다하여 주 너희 하나님을 사랑하라는 명령은 (눅 10:27) 마음이 더 이상 육신에 대해 생각할 필요가 없을 때까지는, 또 영혼이 이러한 실존 가운데서 그대로 행하기 위하여 육신에 생명과 감정을 줄 필요가 없어질 때까지는 완전히 성취되지 않을 것입니다. 오직 영혼이 이 모든 부담을 벗어버리게 될 때에 완전히 하나님의 은혜의 능력을 입게 될 것입니다. 연약한 육신의 염려로 정신이 산란하게 되는 지경에 빠지게 되는 한 모든 사랑을 하나님께 집중하기란 불가능합니다. 그리하여 만사에 성령께 복종할 뿐 아니라 영원하며 완전하고 화평하며 충분히 통일된 영적인 몸 안에서만 영혼은 제4단계의 사랑에 이를 수 있는 소망을 가지게 될 것입니다. 아니 그러한 사랑에 사로잡히게 될 것입니다. 오직 하나님의 능력만이 그러한 위치에 우리를 세워줄 수 있습니다. 그것은 인간의 노력으로는 얻어질 수가 없습니다.

〈완성을 바라보면서 우리는 단지 맛볼 뿐이다〉

이미 말한 바와 같이, 영혼이 더 이상 육체의 유혹이나 연약한 육신의 상태에 의해 되돌아서거나 어려움을 당해 뒤집어지지 않고, 하나님을 향하여 최고의 민첩성과 기쁨을 가지고 다가갈 때, 이 상태에 이르게 될 것입니다 (막 12:30). 여기서, 거룩한 순교자들이 승리를 얻었으나 아직 죽을 몸 가운데 있는 동안에 이 은혜를 부분적으로라도 받았었느냐는 질문이 제기됩니다. 순교자로 하여금 자신의 고통을 무시하고 그러한 지독한 육신의 고통을 참아내도록 이끌어 준 것은 무한한 사랑의 힘이었습니다. 그렇지만 그러한 극심한 고통의 감각은 분명히 그들의 평온한 마음에 영향을 미쳤을 것이고, 그 고통이 완전히 극복될 수는 없었을 것입니다.

12. 이 사랑의 완성은 부활시에야 체험될 것이다

〈그러한 완전한 사랑은 영원의 삶이다〉

30   그러나 이미 육신으로부터 놓임 받은 영혼은 어떤 경험을 하게 될까요?

우리는 그들이 영원한 빛과 무궁한 광채의 거대한 바다에 졸대적으로 둘러싸여 있다고 믿습니다. 그러나 아직도 자기 몸을 가지기를 희망하고 원한다면 — 사실 이런 경우가 있을 것이다 — 이것은 아직 완전히 변화 받지 못하고 사실은 자아의 일부가 아직 복종하지 않은 채 남아 있다는 것을 암시하지 않을까요? 사망이 이김에 삼킨 바 되고(고전 15:54) 영원히 사로잡아 영광만이 홀로 그 몸에 나타난 후에야 우리의 영혼은 전적으로 자유롭게 되어 완전히 하나님께 드린 바 될 수 있습니다. 그때까지는 영혼이 육체적인 감각과 관련을 맺지는 않는다 하더라도, 적어도 본성적인 감정에 얽매여 있습니다. 따라서 몸이 없이는 완전한 완성에 이를 수도 없고, 그렇게 되기를 원하지도 않을 것입니다.

〈각 상태에서 몸의 역할〉

사실 몸을 버릴 수는 없고, 영혼이 이를 되찾는다면 무언가 유익이 있습니다. 만약 "성도의 죽는 것을 여호와께서 귀중히 보신다면"(시 116:15), 그들의 삶, 즉 영원한 삶은 어떠한 것일까요? 영화롭게 된 몸이 무언가 영혼에 기여를 한다는 것은 놀랍지 않습니까? 몸은 병 가운데서나 죽음 가운데서 영혼에 도움이 되고, 무엇보다도 죽음으로부터 부활할 때 영혼에 도움이 됩니다. 병 가운데서는 몸이 참회의 도움이 되고, 죽음에서는 몸이 영면하며, 부활시에는 몸이 완성됩니다. 그러므로 영혼은 몸 없이 완전할 수 없을 것입니다. 여러 가지로 몸의 착실한 섬김을 받아 유익을 얻기 때문입니다.

〈영혼이 누리는 세 가지 향연〉

그러므로 육체는 선한 영혼에게 선하고 충실한 동반자가 됩니다. 몸이 영혼에 부담이 될 때에도 역시 도움이 됩니다. 몸이 더 이상 도움이 되지 못할 때는 자신의 짐을 영혼으로부터 들어내거나, 적어도 그 짐이 덜 무겁게 되도록 도와주기도 합니다. 첫 번째 상태는 고통의 상태이지만 결실은 많습니다. 두 번째 상태는 안식이 충만한데, 결코 안일한 것은 아닙니다. 세 번째 상태는 결실도 많고 쉼도 걷으며 또한 영광스러운 상태입니다.

아가서에 나오는 신랑의 말을 들어보십시오. 이 세 가지 유익에 대해서 풍유적으로 말하고 있습니다. "나의 친구들아 먹으라 마시라 나의 사랑하는 사람들아 많이 마시라"(아 5:1). 첫째로 그는 육체 가운데 살고 있는 자들을 먹으라고 초대합니다. 육체를 떠나서 안식 가운데 있는 자들에게는 마시라고 청합니다. 영광의 몸을 지닌 자들에게는 많이 마시라고 권합니다. 아직 이 육체적 실존하에서 신음하고 이 몸을 지고 있는 자들을 그는 단지 '친구'라고 부릅니다. 이들도 하나님의 사랑을 가지고 있기 때문에 하나님과 친근합니다. 그러나 육체의 사슬이 풀어질 때는 더욱더 친근하게 됩니다. 이들의 사랑이 더욱 자유로워지고 자발적으로 되기 때문입니다. 그러나 이 두 가지 상태보다 마지막 상태가 "가장 친근하다"(요일 3:1)고 일컬어집니다. 이제 그들은 세마포 옷으로 단장한 영광의 몸이기 때문입니다. 그들은 무한히 자유롭고 하나님의 사랑을 따라 진실로 동행합니다. 앞에 나오는 두 가지 상태에서는 이 특권을 누리지 못합니다. 첫 번째 상태에서는 몸이 장애가 되고, 두 번째 상태에서는 몸이 걱정스러운 욕망의 대상이 되기 때문입니다.

32 첫 번째 상태에서는 신실한 영혼이라도 이마에 땀을 흘려야만 식물을 먹을 수 있습니다(창 3:19). 육체에 있는 동안에는 믿음을 따라 행하고(고후 5:7), 믿음은 반드시 사랑의 행위로 나타나야 하며 그렇지 않으면 죽어 버리기(갈 5:6) 때문입니다. 영혼이 육체를 벗게 될 때는 더 이상 슬픔의 음식을 먹지 않고(시 127:2), 이미 먹었으므로 사랑의 포도주를 더 깊이 마시는 것이 허락됩니다. 그렇지만 영혼은 하나님의 사랑을 본성적인 감정이 지니는 온건한 욕망에 더함으로써 자기 몸이 영광의 몸으로 회복되기를 갈망합니다. 그러나 일단 영혼이 결여하고 있는 것을 받게 되면, 충분히 하나님의 임재 속에 들어가서 그 처음의 상태와는 전혀 다르게 되어 이제는 완전히 하나님의 형상을 받게 되는데, 이 일을 영혼이 하지 못하도록 무엇이 억제할 수 있겠습니까?

마침내 영혼은 지혜의 잔에 담긴 것을 마실 수 있습니다. 그 잔은 '내 잔이 넘치나이다"(시 23:5)라고 기록된 바로 그 잔입니다. 이제 영혼은 아버지 집에서 그리스도와 함께 깨끗하고 상쾌한 포도주를 한껏 마실 수 있습니다(마 26:29).

33   이 세 가지 향연을 경축하는 것이 하나님의 지혜입니다(잠 9:1 이하). 지혜는 일하는 자에게는 먹을 것을 주고, 쉬는 자에게는 새로운 활력을 주며, 다스리는 자에게는 완전한 방책을 주는 사랑으로 이루어져 있습니다. "나의 친구들아 먹으라 마시라 나의 사랑하는 사람들아 많이 마시라"(아 5:1)는 말씀이 의미하는 바가 바로 이것입니다. 이때 하나님의 아들이 몸소 나오셔서 약속하신 대로 당신의 성도들을 수종드실 것입니다(눅 12:37). 성도들은 기뻐하고 즐거워할 것입니다(시 68:3). 포식을 한다 해도 지나치지 않을 것입니다. 아무리 먹어도 탈나지 않는 끝없는 갈망이 있을 것이기 때문입니다. 이 영원하고 무한한 갈등이 채워지면 더 이상 바랄게 없을 것입니다.

여기서 네 번째 단계의 사랑은 영원히 이루어집니다. 그것은 항상 하나님만을 사랑하는데 있습니다. 이때 우리가 하나님 자신을 인하여 그분을 사랑하지 않으면 우리 자신도 사랑하지 않을 것입니다. 하나님은 당신을 사랑하는 자의 상급이 되실 것이기 때문일니다. 이제 하나님은 영원한 사랑에 대한 무궁한 상급이 되실 것입니다.

III

그리스도에 대한 헌신

— 버나드의 아가서 설교에서 발췌 —

7

그리스도에 대한 헌신

(버나드의 아가서 설교에서 편집)

서언

　시토 수도원의 사랑의 학교는 단 하나의 절실한 목적을 가지고 있었던 것으로 보인다. 곧 누구든지 하나님께로 인도하는 일이었다. 이러한 학교는 따라서 신학적인 연구만을 목적으로 하지 않았다. 그보다는 설교한 것을 실천하도록 훈련받는 실습학교였다. 이들에게 기독교의 학문은 두 가지 과제를 가지고 있었다: 그리스도를 사랑하도록 가르치고, 훈련하는 것이었다. 시토 수도사들에게는 하나님 앞에서 배움과 삶이 분리될 수 없었다.

　다음에 나오는 버나드의 아가서 설교는 초기 시토 수도원의 경건 생활을 나타내 주는 풍부한 자료들 중 몇 가지를 보여주기 위해 발췌해서 편집한 것이다. 전문(全文)을 찾아 보려면 시토 수도회 출판부에서 출간한 학적으로 권위 있는 판본을 읽어보도록 권하고 싶다. 이 설교들은 이미 말한 바와 같이 구전(口傳)된 것이 아니라 문서로 된 것이다. 버나드 생전에 적어도 두 번 이상 개정될 정도로 다듬어지고 발전되었다. 사실 말년이 되자 버나드는 이 설교자의 어조나 문체의 아름다움과 이것들이 표현하는 그리스도에 대한 사랑의 헌신이 일치되도록 하기 위해 개편을 단행하였다.

　그런데 이것들은 맨 먼저 버나드의 친구인 포르테스의 버나드(Bernard of

Portes)에게 경건생활의 표본으로서 소개되었다. 그에게 보낸 편지에서 버나드는 다음과 같이 요청하고 있다. "다 읽고 난 후에는, 가급적 속히, 계속해도 좋을지 아니면 그만 두는 게 좋을지 그대의 생각을 적어 보내기 바랍니다." 그 후 그의 친구인 에버빈(Evervin)이 자기가 당면한 몇 가지 이단에 대해 물어왔다. 이에 대하여 버나드는 65번, 66번 설교에서 정확하게 응답하고 있다. 「버나드의 초기 생애」(*First Life of Bernard*)라는 책에서 성 티에리의 윌리엄은, 버나드가 수도원장이 된 직후에 결혼송, 혹은 아가서의 신비에 대해 윌리엄에게 가르치기 시작했던 사실을 자세히 말하고 있다. 버나드 역시 오리겐과 같은 사람들의 아가서 주석을 읽었다.

따라서 버나드의 아가서 설교는 일생에 걸친 연구와 교수, 묵상과 개작의 결실이다. 그 자체가 문학적인 걸작으로서 르클레르(Leclercq)에 따르면 4부로 나누어진다. 1-24번, 24-49번, 50-83번, 84-86번. 1번 설교는 1135년 이후에 시작되었고, 24번 설교는 1138년에 다시 시작되었던 것으로 알려져 있으며, 33번 설교는 1139년 사순절 이전에 작성되었고, 24-49번 설교는 1145년에 완성된 것으로 보인다. 50-83번 설교는 그 이후에 계속되었는데, 65-66번 설교는 1144년경에 해당된다. 마지막 두 설교는 임종에 가까웠을 때 기록되었고, 86번 설교는 그가 죽었을 때 미완성인 채 남아 있었다.

여기에 편집된 내용은 버나드 자신이 강조한 그리스도와의 접붙임에 그 초점을 두었다. 그리스도가 곧 하나님께로 가는 길이 되시기 때문이다.

버나드는 상처 입은 죄인들을 구약이 보여주는 바대로 연인으로부터 버림받은 부정한 여인으로 본다. 수치 속에서 그녀가 할 수 있는 일은 남편에게 돌아오는 일밖에 없다. 말씀이 주시는 힘에 의해서만, 그리고 그분의 신실하심과 은혜에 응답함으로써만 이러한 복귀는 가능하다. 앞서 말한 바와 같이 버나드의 설교를 듣는 많은 초심자들은 이 수도원의 사랑의 학교에 들어오기 전에 육체적인 사랑을 이미 알았을 것이다. 따라서 그는 그리스도에 대한 정결한 사랑을 하나님의 영 안에서 서서히 깊어지는 체험의 과정으로 보았다. 그러므로 버나드는 회개와 은혜로운 도우심과 그리스도와의 친교라는 삼중적인 체험을 이야기한다. 그 후 그는 그리스도에 대한 삼중적인 사랑을 요약하며, 마음으로 하는 사랑과 영혼으로 하는 사랑과 정신으로 하는 사랑으로 구분한다.

몇 편의 설교 가운데 버나드는 자신의 경험을 말하고 있다. 하나님에 대한 소원은 체험될 수 있을 뿐이다, 여담으로 흘려보낼 수가 없기 때문이다. 더욱이 감상적인 사랑을 피하기 위하여 이러한 헌신은 항상 반드시 하나님의 말씀과 일치되어야 하며, 따라서 버나드는 성서와 관련하여 소원을 가져야 한다고 권고한다. 이러한 그리스도에 대한 개인적인 사랑은 또한 다른 사람들과도 관계를 맺고, 우리와 같이 그리스도를 사랑하는 사람들과도 연관을 가져야 할 것을 요구한다. 그렇지만 그리스도에 대한 이러한 사랑은 모두 우리 안에 내주하시는 성령의 은사일 뿐이다.

버나드에게 있어서 예수님의 인성, 그의 겸손, 지상 사역, 고난과 죽음은 계속적인 묵상의 주제가 되었고, 이 모두가 그분의 좋으신 이름으로 요약될 수 있을 것이다. 그분의 좋으신 이름을 사랑하고 찬양하는 가운데 위로와 치료와 우리가 당하는 모든 고통의 해독제를 발견하게 될 것이다. 사실 이 독특한 버나드의 주제는 오랜 세월 동안 교회 안에서 찬송가의 전통이 되어왔다.

우리는 광범위한 인간의 경험 속에서 하나님을 안다. 마음이 정결해야만 그분을 볼 수 있다. 우리는 개인적인 헌신을 통해서 내적으로 그분을 안다. 갖가지 시험 속에서 분투하면서 그분에 대해 배우게 된다. 기도는 거룩한 소원으로 표현되어야 하고, 따라서 그분 앞에서 묵상하는 가운데 그를 알게 된다. 오직 겸손에 의해서 자신에 대해 많은 것을 배우게 되며, 자신의 죄악성과 궁핍에 대한 자기지식 없이 어떻게 하나님을 알게 될 수 있겠는가? 그렇지만 결론은 항상 우리의 삶 속에서 하나님이 선행(先行)하신다는 것이다. 하나님을 향한 우리의 모든 소원은 그분이 먼저 우리에 대해 소원을 가지심으로써 우리 마음속에 심겨졌기 때문이다.

사랑의 길: 삼중적인 진행

"내게 입맞추기를 원하니"(아 1:2). 오늘 우리는 우리가 체험하고 있는 성경 말씀을 읽게 될 것이다. 마음을 안으로 향하여 자신을 바라보면서, 앞으로 이야기하려고 하는 것에 대해 각자 자신의 양심을 살펴보기로 하자. 자신의 마음속에 깊은 소원을 가지고 이미 본문의 말씀처럼 이야기한 적이 있다는 것을 깨닫게 되기를 간절히 원한다. 모든 사람이 이처럼 되기를 소원하지는 않기 때문이다. 단 한 번이라도 그리스도의 영적인 입맞춤을 받은 사람만이 그렇게 할 수 있다. 그 후에는 이렇게 충만하고 감미로운 경험이 계속되기를 끊임없이 원하게 될 것이다. 이것을 경험해 본 적이 없는 사람은 그것이 어떠한 것인지 전혀 납득할 수 없을 것이라고 확신하고 있기 때문이다. 그리고 맛본 자는 다시 고대하게 될 것이다.

〈발에 입맞춤〉

첫째로, 행복한 참회자인 막달라 마리아에 따르면, 발의 입맞춤이 있다. 이 참회자가 했던 것처럼, 오 가련한 영혼이여, 더 이상 불행하지 않기 위해서 스스로 엎드리지 않겠는가! 땅에 엎드려 그분의 발을 품에 안고, 입맞추며, 눈물로 발을 적시라. 그분의 발을 씻기 위한 것이 아니라, 그대 자신을 씻기 위한 것이다. 그리고 "네 죄가 사하여졌다"(눅 7:36-48)는 사죄의 말씀을 듣기 전까지는 수치와 애통의 눈물로 범벅이 된 그대의 얼굴을 들지 말라.

감히 내가 좀 더 높고 성스러운 축복의 단계로 나아간다고 생각하기 전에, 최고의 경지에 갑자기 이르기 보다는 그곳을 향하여 점진적으로 나아가는 것을 원한다. 발의 입맞춤에서 입의 입맞춤으로 올라가는 것은 오래 걸리고 어려우며, 곧장 올라간다는 것이 불경스럽게 보일 수도 있다. 무어라고! 세속의 먼지를 뒤집어쓴 그대가 그 거룩한 입술에 입맞추게 되겠는가? 바로 어제 진창에서 빠져나온 그대가 오늘 그 얼굴의 영광을 열망할 수 있겠는가?

⟨손의 입맞춤⟩

그대를 위해 중간 단계의 준비가 있어야 한다. 손에 입맞추는 것이다. 이것은 그대의 더러움을 씻어주고, 그대가 올라갈 수 있도록 해줄 것이다. 그렇다면 어떻게 해서 올라가게 해주는가? 더 높은 것을 열망하기 위해 기초가 되는 것을 부여해 줌으로써 올라가게 해줄 것이다. 즉 절제의 은혜와 귀중한 회개의 열매인데, 이것들은 헌신의 결과이다. 이것들은 그대가 쓰레기 더미에서 일어나게 해주고 더 높은 것에 대한 소망으로 그대를 채워줄 것이다. 이 은사를 받으면 그대는 분명 주님의 손에 입맞추게 될 것이다. 영광을 자기가 받기보다는 그분께 돌리게 될 것이다. 그렇지 않다면, 다음과 같은 비난에 대해 무어라고 대답할 말이 있겠는가? "네게 있는 것 중에 받지 아니한 것이 무엇이냐 네가 받았은즉 어찌하여 받지 아니한 것 같이 자랑하느냐"(고전 4:7).

⟨생명의 입맞춤⟩

하나님의 겸손의 이중적 증거로서 이 두 가지 입맞춤을 경험하고 나서, 이제는 좀 더 성스러운 것을 향해서 더 높이 올라가려는 충분한 담력을 가지게 될 줄 안다. 그대가 은혜 가운데 성장하면서 더 확신을 가지고 문을 두드리게 될 때, 아직도 그대에게 없는 것을 구하게 될 것이기 때문이다. 첫째로, 우리는 주님의 발 앞에 엎드려 자신이 범한 허물과 죄에 대하여 우리를 만드신 분 앞에서 애통해한다. 둘째로, 우리를 일으켜 세우시고 바로 설 수 있도록 연약한 무릎을 붙들어 주시는 그분의 도우시는 손길을 구한다. 셋째로, 많은 기도와 눈물로 이 두 가지 은혜를 얻은 후에는 마침내 감히 눈을 들어 영광과 존귀로 가득한 얼굴을 대하게 되는데, 단지 찬미하기 위한 목적이 아니라, 내가 두려움과 떨림으로 이야기할 수 있는 것은, 그분의 입술에 입맞추기 위한 것이다. 우리 앞에 있는 영은 주 그리스도이시며, 거룩한 입맞춤 속에서 이분과 연합도거, 그의 놀라우신 겸손으로 우리는 그분과 한 영이 된다.

〈기도〉

옳습니다. 주 예수여, 내 마음이 당신께 부르짖고 있나이다. "내가 마음으로 주께 말하되 여호와여 내가 주의 얼굴을 찾으리이다"(시 27:8). 당신은 내가 재 속에 엎드려 당신의 거룩하신 발자취에 입맞추고 있을 때 그 자비로우신 음성을 듣게 해주십니다. 나의 옛 죄악을 사하셨기 때문입니다. 그 후 내 생명의 날이 계속되면서 당신은 종의 영혼을 기뻐하셨습니다. 당신의 손에 입맞춤 이후에 당신은 내게 은혜를 베푸사 선하게 살도록 하셨습니다. 오 선하신 주님이시여, 이제 남은 것은 당신의 충만한 빛 속으로 나를 받아주셔서 내 영혼이 열정을 가지고 당신의 거룩하신 입술에 입맞추는 일입니다. 당신은 내 속에서부터 당신의 얼굴의 기쁨을 성취하셨습니다.

그리스도를 향한 열렬한 영혼의 사랑

〈신부의 특징〉

"내게 입맞추기를 원하니"(아 1:2). 이렇게 말하는 사람은 누구인가? 이것은 신부의 말이다. 신부는 누구인가? 하나님을 향해 목말라하는 영혼이다. 그러면 우선 다양한 인간관계에서 나타나는 인간의 성향에 대해 자세히 이야기해 보자. 이것은 본래 신부에게는 어떤 성향이 있는가를 좀 더 분명하게 알아보기 위한 것이다. 노예가 된 사람은 그의 사랑의 얼굴을 무서워한다. 품꾼이라면 주인의 손에 있는 품삯을 바라본다. 제자는 스승을 주목해서 본다. 아들이라면 아버지를 공경한다. 그러나 여기서 입맞춤을 원하는 여인은 신부의 사랑이라는 띠로, 그녀가 입맞춰 주시기를 구하는 분과 묶여 있다. 모든 본성의 감정 중에서 이 사랑의 감정이야말로 가장 뛰어난 것이다. 특히 그것이 사랑의 주가 되시며 근원이 되시는 하나님께 돌려질 때 그러하다. 신랑과 신부로서 하나님의 말씀과 영혼 사이에 오가는 서로의 감정을 나타내기에 아주 적합한 표현은 찾을 길이 없다. 함께 죽고 함께 사는 사람들의 관계처럼, 그들은 모든 것을 함께 누리며, 분리되거나 구분되는 것은 아무것도 없다. 그들은 하나의 유업과 하나의 거처와 하나의 식탁을 공유한다. 사실 한 몸이다.

〈신부의 영혼〉

서로가 사랑한다는 말이 특히 신부와 신랑에게 어울린다면, 하나님을 사랑하는 영혼을 "신부"라고 부르는 것이 틀리지는 않을 것이다. 이러한 요구를 하게 만드는 것도 사랑의 표시다. 그녀가 자유를 구하는 것도 아니고 품삯이나 재산을 구하는 것도 아니며, 그렇다고 지식을 구하지도 않고 오직 이것을 구하고 있다. 그녀는 순결하고 정숙한 신부로서 이것을 구하고 있으며, 자신이 느끼는 거룩한 감정을 부인하거나 숨기지 않는다.

그녀가 갑자기 이야기를 급전시키고 있음을 주목하여 보라. 대단한 호의를 가지고 크신 분에게 구하고 있지만, 상투적인 애무나 아첨에 의지하지 않는다. 그녀의 말에는 서두도 없고, 호의나 호감을 얻어내려고도 하지 않는다. 억제하지 못하는 마음에서 불쑥 요구를 하게 된다. 어떻게 보면 너무 뻔뻔스럽다.

〈신부의 사랑은 순결해야 한다〉

그녀는 단순히 말하고 싶은 것이다. "하늘에서는 주 외에 누가 내게 있으리요 땅에서는 주 밖에 내가 사모할 이 없나이다"(시 73:25). 의심할 나위 없이 이러한 사랑은 순결하여 사랑의 대상만을 구하고, 그 대상이 소유하고 있는 것에는 관심이 없다. 그리고 이 사랑은 육체적인 성욕이 아니라 순결한 영혼 속에 깃드는 성스러운 것이다. 이 사랑은 아주 열렬하여 자신의 감정에 빠지는데, 말하자면 도취된다. 그러나 그 대상의 위대함에 대한 생각을 모두 잊어버린다. "그가 땅을 보신즉 땅이 진동하는"(시 104:32) 현실을 생각하기 때문이다. 그렇지만 그녀가 감히 이것을 구하는 것도 그분에 의해서다. "온전한 사랑에는 두려움이 없음"(요일 4:18)을 얼마나 잘 보여주고 있는가.

성령의 은사인 신부의 사랑

하나님의 입맞춤은 성령의 은사이다. "아버지 외에는 아들을 아는 자가 없고 아들과 또 아들의 소원대로 계시를 받는 자 외에는 아버지를 아는 자가 없느니라"(마 11:27). 여기서 어떤 피조된 존재에게도 알려지지 않은, 이루 말할 수 없는 입맞춤을 가리키는 것으로 생각된다. 아버지는 아들을 사랑하시고 다른 사람들과는 같지 않은 사랑으로 그를 품으신다. 당신과 동등하신 분을 품으시는 지고하신 분, 동등하게 영원하신 자를 품으시는 영원하신 분, 유일하신 존재이시기 때문이다. 이제 낳으신 분과 나신 자 사이의 사랑을 알게 되면 그것은 달콤하리 만큼 아주 신비한 입맞춤일 뿐이다.

그러면 어떻게 새로 신부된 자가 신랑의 감정에 대한 새로운 증거를 얻는가 살펴보자. 요한은 예수님의 영이 초대교회 사도들에게 임한 방식을 이야기하면서 "숨을 내쉬며 이르시되 성령을 받으라"(요 20:22)고 말한다. 이것은 의심할 나위 없이 하나님이 그들에게 하시는 입맞춤이다. 육체적인 호흡일까? 아니다. 주님의 호흡에 의해서 전달되는 보이지 않는 성령이다. 따라서 이 행위에 의해서 성령은 아버지와 아들로부터 동일하게 나왔다는 것이 이해될 수 있을 것이다.

최고의 은혜는 아닐지라도 신랑으로부터 은혜의 은사를 받는다면 신부에게는 족하다. 이것이 작은 호의이거나 별 가치가 없는 것이라고 생각하는 사람이 없도록 해야 한다. 그러나 이것은 다름 아닌 성령의 부으심을 가리킨다. 아버지께서 입맞춤을 베푸시고 아들이 이 입맞춤을 받는다고 이해하는게 옳다면, 우리에게도 이것을 주시는 분은 성령이시기 때문이다. 우리에게 하시는 그분의 입맞춤은 깨어질 수 없는 평화, 끊을 수 없는 줄, 변할 수 없는 사랑, 떨어질 수 없는 연합이다. 그것은 아버지와 아들 사이의 관계이기 때문이다.

〈담대한 신부〉

그러므로 신부가 담대하게 확신을 가지고 이 이름 혹은 정표 아래 성령을 자기에게 부어 주실 것을 구하게 되는 것도 성령의 감동에 의한 것이다. 그녀는 사실 말하자면 담보물을 확보하고, 이것을 요구할 때 의심의 그림자는 찾아볼 수 없다. "아버지 외에는 아들을 아는 자가 없고 아들과 또 아들의 소원대로 계시를 받는 자 외에는 아버지를 아는 자가 없느니라"(마 11:27)고 말씀하실 때 이 정표를 선포하신 것으로 받아들인다. 그러나 이 지식을 누구에게나 주시기 원하신다면 자기에게도 주어지리라는 것을 신부는 조금도 의심하지 않는다. 그러므로 이것 ― (아들과 아버지가 계시된) 성령 ― 이 그녀에게 주어질 수 있도록 담대하게 기도한다.

〈지식에 있어서 성령의 필요성〉

형제들이여, 하나님의 신비를 추구하는 가운데 스스로 신중하게 행하기 위해서는 지혜자의 경고를 마음에 간직해야 한다. "자기에게 너무 어려운 것을 구하지 말고, 힘이 미치지 못하는 것을 찾지 말라"(집회서 3:21). 성령 안에서 존귀한 일에 거하고, 자신의 판단에 따르지 말라. 성령의 가르침은 호기심을 자극시키지 않고, 사랑을 불러일으키기 때문이다. 신부는 자기 영혼이 사랑하는 분을 찾을 때 스스로 육신의 판단을 의지하거나 쓸데없이 인간의 호기심의 추리를 따르지 않고, 여기서 이 은사를 위해 기도하는데 이것은 잘하는 일이다. 이제 그녀는 성령을 간구하고 그를 통하여, 지식에 대한 사랑과 이 사랑에 수반되는 은혜의 양념을 즉각 받을 수 있다.

〈참된 지식은 사랑을 요구한다〉

이렇게 주어진 지식에는 사랑이 수반된다고 말하는 것은 옳다. 입맞춤은 사랑의 정표이기 때문이다. 그러나 사랑이 없이 교만하게 하는 지식은 따라서 전달되지 않는다. 하나님을 향해 열심을 가진 자들은 지식을 따라 조금도 스스로 자만할 수 없다. 그러나 이 은사는 이 은혜의 양 측면, 즉 지식의 빛과 경건의 기름을 모두 전해준다. 하나님은 지혜와 지식의 영이시기 때문이다. 진리에 대해 이해하고 있으나 사랑이 없는 자나, 사랑하지만 진리에 대한 이해가 없는 자가 이 은사를 받았다고 생각해서는 안 된다. 이 은사

안에는 오류나 미지근할 여지가 없기 때문이다.

그러므로 하나님에 대한 지식뿐만 아니라 우리의 아버지로서 그분에 대한 사랑을 가져다주는 정표는 복된 것이다. 하나님은 동시에 완전히 사랑하지 않는 한 충분히 알 수 없다. 여러분 중에 양심 깊은 곳에서 "아빠 아버지라 부르는 양자의 영"을 느껴본 영혼이 있는가?(갈 4:6). 스스로 아들과 동일한 영에 의해 감동됨을 느끼는 그 영혼은 그것이 아버지의 애정의 대상임을 믿을 수 있을 것이라고 말하고 싶다.

오 영혼이여, 그대가 누구이든지 그를 의지하라. 이 상태가 복이 있다. 그를 의지하고 조금도 의심하지 말라. 그러나 거룩한 영혼이여, 가장 깊은 경의를 표하라. 그는 네 주 하나님이시기 때문이다. 아마도 그분은 포옹되시기보다는, 아버지와 성령과 함께 길이길이 찬미 받으셔야 한다.

신부의 사랑의 향기

신부와 신랑이 다르듯이 신부의 향기와 신랑의 향기는 다르다. 향기에는 통회의 향기와 헌신의 향기와 경건의 향기가 있다. 첫째는 독하고, 고통을 일으킨다. 둘째는 부드럽고 고통을 덜어준다. 셋째는 치유의 효과가 있어 병을 없애준다. 그러면 이것들을 각각 분리해서 이야기하겠다.

〈통회의 향기〉

영혼이 꾐을 받아 여러 가지 죄에 휩쓸려 들어갔을 때 스스로 만들어 내는 향기가 있다. 자기 길을 돌아보기 시작할 때 함께 모아 두었다가 양심의 반죽 속에 섞어 넣는다. 가마솥에 집어넣고, 말하자면 마음을 고민으로 끓어오르게 해서 일종의 슬픔과 회개의 불 위에 굽는다. 따라서 우리는 시편 기자와 함께 말할 수 있다. "내 마음이 내 속에서 뜨거워서 작은 소리로 읊조릴 때에 불이 붙으니"(시 39:3). 이것은 죄악된 영혼이 그 회심의 시작으로서 스스로 준비했다가 아직 아물지 않은 상처에 발라야 하는 고약이다. 처음으로 하나님께 드려야 하는 제사는 고통스럽게 뉘우치는 마음이다(시

51:17).

　육신으로 나타나신 하나님의 발에 죄인된 여인이 기름 부은 것이 바로 이 향유였다. "향유 냄새가 집에 가득하더라"(요 12:3)고 말씀한다. 죄악된 여인의 손으로 우리 주님의 발에 부은 것이다. 한 죄인이 돌아옴으로써 교회에 풍겨나는 향기가 어떤 것이며, 그의 회개가 완전하고 숨김이 없을 때 참회자에게 각각 주어지는 생명에 이르는 향기가 얼마나 진동하는가를 생각한다면, 주저 없이 "향유 냄새가 집에 가득하였다"그 말할 수 있을 것이다.

〈헌신의 향기〉

　그렇지만 이보다 훨씬 값비싼 향기가 있다. 이 향기의 재료는 아주 뛰어난 것으로 되어 있다. 앞서 말한 향기는 그 재료를 멀리서 구할 필요가 없다. 어려움 없이 자신 속에서 발견한다. 필요가 생길 때면 자신의 작은 정원에서 쉽게 얼마든지 모을 수 있다. 스스로 자신을 속이려고만 마음먹지 않는다면 자신에게 죄와 악이 너무나 많다는 것을 알지 못하는 사람이 누가 있겠는가?

　그러나 두 번째 향기를 풍겨내는 달콤한 향료에 있어서는 이 땅에서 그것들을 전혀 만들어 내지 못한다. 아주 먼 곳에서 구해야 한다. "온갖 좋은 은사와 온전한 선물이 다 위로부터 빛들의 아버지께로부터 내려오지"(약 1:17) 않음이 없기 때문이다. 이 두 번째 향기는 하나님의 선하심으로 인류에게 베풀어 주신 은전(benefits)에서 풍겨나기 때문이다. 조심스럽게 애를 써서 스스로 이것을 모아다가 자기 마음의 눈앞에 놓아두고, 그 분량에 따라 감사를 드리는 자는 복이 있다.

　확실히 이 두 번째 향기는 계속되는 묵상의 절구에다 빻아서 우리 가슴 속에 반죽하였다가, 거룩한 소원의 불로 함께 끓인 후, 마지막으로 기쁨의 기름을 쳐서 맛을 돋군다. 그 결과는 먼젓번 것보다 훨씬 값지고 뛰어난 향기가 된다. "감사로 제사를 드리는 자가 나를 영화롭게 한다"(시 50:23)고 말씀하신 분의 증거가 이에 대한 증명으로 충분하다. 이 은전에 대한 기억이 이것을 베푸신 분에 대한 찬양에 자극이 된다는 것을 의심할 수 없다.

이 향기의 은전은 하나님을 "영화롭게 하는 것"이라고 말한다. 첫 번째 향기를 주님의 발에 부었다면, 두 번째 향기는 그의 머리 위에 붓는다.

두 향기에 대하여 말한 적이 있다고 기억한다. 첫 번째 향기는 참회이며, 많은 죄를 포괄한다. 이와 다른 헌신의 향기는 많은 은전을 포함한다. 이들 모두가 이로운 것이지만, 모두가 기분 좋은 것은 아니다. 첫 번째 것은 죄에 대한 쓴 기억이 영혼으로 하여금 가책과 고통을 받게 하기 때문에 스스로 느낄 정도로 쏘는 힘이 있는 반면, 두 번째 것의 힘은 부드럽게 하는 데 있다. 하나님의 선하심을 바라보게 함으로써 위안을 주고 고통을 덜어준다.

〈경건의 향기〉

그러나 이것들보다 훨씬 뛰어난 향기가 있다. 이것을 경건의 향기라고 부르는 것은, 그것이 가난한 자의 궁핍과 압박받는 자들의 염려, 슬픈 자들의 동요, 죄인들의 허물, 그리고 마지막으로 — 설령 우리의 원수일지라도 — 불행한 자들의 모든 불운에서 결과하기 때문이다. 이 재료들은 보잘것없이 보이지만, 여기에서 추출된 향기는 다른 모든 향유보다 뛰어난 것이다. 그것은 치료하는 향기다. "긍휼히 여기는 자는 긍휼히 여김을 받을 것이기"(마 5:7) 때문이다.

경건하고 궁핍한 자에게 꾸어주는 이 행복한 사람이 누구라고 생각하는가(시 112:5). 다른 사람들을 동정하는 것이 체질화되어 있고, 속히 도와주며, 받는 것보다 주는 것이 낫다고 판단하는 사람은 누구인가? 너그럽게 용서하고 좀처럼 성내지 않으며 복수한다는 것은 거의 생각할 수 없는 사람은 누구인가? 누가 매사에 있어 이웃의 이익을 자신의 것과 같이 여기는가? 언제 어디서나 다른 사람들을 섬기고 그들이 필요할 때 도와주기 위해 자신을 모든 사람들에게 내어맡기고 부서진 질그릇으로 간주하며, 자비의 이슬을 머금고 사랑의 감정이 가득한 성향을 가진 사람은 누구이든 행복한 영혼이다. 참으로 자신에 대해서 결국 죽은 자는 모두의 유익을 위해 살 것이다.

만약 이렇게 된다면, 행복한 영혼이여, 그대는 분명 이 세 번째 가장 좋은 향기를 소유하고, 그대의 손길마다 달콤한 향유가 뚝뚝 떨어질 것이다. 최악의 순간에도 이 향기는 마르지 않을 것이며, 시련의 불 속에서도 타버리지 않을 것이다. 하나님께서는 그대가 드리는 모든 제사를 돌아보시고, 그대의 번제를 온전하게 하실 것이다.

구주를 생각만 허도
[버나드가 작사했다고 여겨지는 찬송]

"구주를 생각만 해도
내 맘이 좋거든
주 얼굴 뵈올 떠에야
얼마나 좋으랴.

만민의 구주 예수여
귀하신 이름은
천지에 온갖 이름 중
비할 데 없도다.

참 회개하는 자에게
소망이 되시고
구하고 찾는 자에게
기쁨이 되신다.

예수의 넓은 사랑을
어찌 다 말하랴
그 사랑 받은 사람만
그 사랑 알도다.

> 사랑의 구주 예수여
> 내 기쁨 되시고
> 이제와 또한 영원히
> 영광이 되소서."

"네 이름이 쏟은 향기름 같으므로"(아 1:3).

성경의 구석구석에서 신랑에게 주어진 이름에 대해 읽게 된다. 그러나 이 모든 이름들을 단 두 가지 이름으로 요약해 보겠다. 그 자비의 은혜나 혹은 그 위엄의 권능으로서 그리스도에게 붙여진 모든 이름들을 발견하게 되리라고 생각한다.

〈예수님의 두 가지 이름〉

성령은 그 벗의 입을 빌려 이것을 말해주고 있다. "권능은 하나님께 속하였다 하셨도다 주여 인자함은(자비도) 주께 속하오니"(시 62:11 이하). 그 권세를 언급하면서 "그의 이름이 거룩하고 지존하시도다"(시 111:9)고 말씀한다. 그 사랑에 대해 언급하면서 "다른 이로써는 구원을 받을 수 없나니 천하 사람 중에 구원을 받을 만한 다른 이름을 우리에게 주신 일이 없음이라"(행 4:12)고 말씀한다. 몇 가지 예를 더 들어보면 이 점이 좀 더 명백해진다. "그의 이름은 여호와 우리의 공의라 일컬음을 받으리라"(렘 23:6). 이것은 그 능력을 보여주는 이름이다. 그러나 "그의 이름을 임마누엘이라 하리라"(사 7:14)고 말씀할 때, 그는 그의 사랑을 가리킨다. 그리스도는 자신에 대하여 "너희가 나를 선생이라 또는 주라 한다"(요 13:13)고 말씀하셨다. 여기서 첫 번째 것은 사랑의 이름을 말하고, 두 번째 것은 능력의 이름을 말한다. 그러나 사랑의 관심은 육체를 먹이는 것만큼 정신을 먹인다. 그러므로 또 예언자는 말하기를 "그의 이름은 기묘자라, 모사라, 전능하신 하나님이라, 영존하시는 아버지라, 평강의 왕이라 할 것임이라"(사 9:6)고 했다. 첫 번째, 세 번째, 네 번째 것은 권세를 가리키는 반면, 다른 것들은 사랑을 가리킨다.

"쏟은 향기름 같다"는 이 말씀은 무엇을 말하는가? 어떤 신비한 방법으로 능력과 권세의 이름이 사랑과 선의 이름이 있는 곳에 부어져서, 우리 주 예수 그리스도의 인격 속에 가득 차게 쏟은 혼합물이 되었다. 예를 들면, 하나님의 이름은 "하나님이 우리와 함께 계시다"는 것으로 쏟지 않았는가? 그분은 임마누엘이시기 때문이다. 따라서 기묘자의 이름은 모사의 이름에 부어지고, 전능하신 하나님은 영존하시는 아버지와 평강의 왕으로 부어진다. 이와 마찬가지로 우리의 의가 되신 주님은 또한 은혜로우시고 자비가 많으신 주님이시다(시 111:3-4).

그러므로 천둥을 울리며 옛 사람들을 경고하면서, 두려움을 일으키며 울려 퍼지던 "나는 여호와라"는 음성은 어디에 있는가? 그 자리에 나도 익히 알 수 있는 음성이 "아버지"라는 놀라운 이름과 함께 시작된다(마 6:9). 이것은 지금 내가 그 뒤를 이어 드릴 간구가 응답되리라는 확신을 준다. 종들이 이제는 친구로 불린다(요 15:14). 이제 제자들이 아니라 형제들에게 부활이 선언되는 것이다(마 28:10).

〈모두에게 계시된 이름〉

그런데 하나님께서 요엘에게 약속하신 대로 때가 이르면 모든 인류에게 성령을 부어 주시리라는 것은(욜 2:28) 놀라울 게 없다. 비슷한 사건이 시대는 다르지만 히브리인들 사이에서 일어났다는 말씀이(민 11:25) 있기 때문이다. 그러나 내가 말하고자 하는 것을 그대는 미리 예상하고 있을 것이다. "나는 스스로 있는 자이고" "스스로 있는 자가 나를 너희에게 보내셨다"(출 3:14)는 모세에 대한 하나님의 첫 번째 응답에는 더 깊은 뜻이 무엇인지 물었기 때문이다. 만약 모세 자신이 이것을 깨닫거나 파악했었다면 그 이름이 계시 속에 드러나지 않았을 것이 아니냐는 질문을 해본다. 일단 드러난 후에는 그가 이해할 수 있었다. 그런데 그것은 드러나고 나타났을 뿐 아니라 내면적으로 부어졌다. 하늘의 시민들은 이미 그것을 소유하였고, 천사들도 알고 있었다. 이제 천사들도 알고 있는 익숙한 비밀이 인간에게 드러나면서 계시되었다. 그러므로 그들은 당연히 땅에서 선포할 수 있었다:

"네 이름이 쏟은 향기름 같다"(아 1:3). 완고한 백성들이 감사하지 못하고 선포하지 못하도록 막지 않는 한 말이다. "나는 아브라함과 이삭과 야곱의 하나님이라"(출 3:6)고 말씀하셨기 때문이다.

〈귀중하면서도 보편적인 이름〉

이 이름은 얼마나 친밀하면서도 또한 평범한가. 그렇지 않았다면 나에게 부어지지 않았을 것이다. 나는 그 이름을 함께 소유한 자이며, 만약 그것이 치료의 능력을 가지고 있지 않았다면 나에게 아무런 유익도 없었을 것이다. 그러나 함께 소유한 자로서 나는 하늘의 기업을 가지고 있다. 나는 그리스도인이요 바로 그리스도의 형제인 것이다. 내가 나라고 말한 그대로라면 나는 하나님의 상속자요 그리스도와 함께 한 상속자라고 불린다(롬 8:17).

그분 자신이 그렇게 부은 바 되었을 때 그의 이름도 부은 바 되었다는 것은 놀라운 일이다. 자신을 비우실 때 스스로 종의 형체를 취하셨기(빌 2:7) 때문이다. 심지어 "내가 물처럼 부은 바 되었다"(시 22:14)고 말씀하지 않으셨던가? 죽을 몸을 지닌 우리도 그 충만한 은전을 누리도록, 하나님의 충만한 생명이 부은 바 되어 땅 위에서 육체의 형체를 지니시고 사셨다(골 2:9). 따라서 이 생명을 주는 향기에 취하여 "네 이름이 쏟은 향기름 같다"고 말하게 된다. 이름이 부은 바 되었다는 의미와, 그 방식과 그 범위가 의미하는 것이 같다.

〈기름과 같은 이름〉

그러나 기름이 상징하는 것이 무엇이냐는 질문을 해야 할 것이다. 이에 대해서는 아직 설명하지 않았다. 성령께서 신랑의 이름을 향유와 비교하는 것은 임의적인 방편이 아니라고 믿는다. 이 비교가 전혀 틀리지 않았다면, 기름이 지닌 세 가지 속성에서 유사성이 있다고 본다. 기름은 빛을 내고, 영양을 주며, 부어진다. 이것은 신랑의 이름에도 해당되지 않는가? 선포될 때 그것은 빛을 준다. 그에 대해 묵상할 때 영양을 준다. 간구할 때 정신과 영혼의 상처를 덜어준다. 이것들을 하나씩 생각해 보기로 하자.

⟨빛을 주는 이름⟩

거대한 불길처럼 순식간에 퍼진 세계적인 신앙의 빛을, 예수님의 이름을 선포하는 것을 제외하고 어떻게 설명할 수 있을 것인가? 하나님께서 우리를 당신의 기이한 빛으로 부르신 것도 이 성스러운 이름의 빛에 의한 것이 아닌가?(벧전 2:9). 이 빛이 우리의 어둠 속을 구석구석 비치며 우리에게 빛을 바라보는 능력을 주지 않는가?(시 35:10). "너희가 전에는 어둠이더니 이제는 주 안에서 빛이라"(엡 5:8)고 말할 때 바울은 우리와 같은 자들에게 말한 것이다. 사도가 또한 이방인들과 왕들과 이스라엘 백성 앞에서 증거하도록 명령받은 것도 바로 이 이름이다(행 9:15). 이 이름으로 횃불을 삼아 여행하면서 어디가나 밤이 다 지나고 새벽이 가까웠다고 선도할 때 이 이름은 그의 나라와 백성들에게 빛을 주었다. "밤이 깊고 낮이 가까웠으니 그러므로 우리가 어둠의 일을 벗고 빛의 갑옷을 입자 낮에와 같이 단정히 행하라"(롬 13:12이하). 그의 비침을 받는 모든 자들에게 바울은 등경 위에 있는 등불이었다(마 5:15; 계 1:12). 그가 그리스도와 십자가에 못 박히신 자를 선포하는 모든 곳에서(고전 2:2) 베드로가 이 이름을 증거할 때 그 빛으로부터 어떤 광채가 일어나 군중들을 어리둥절하게 만들었던가? 그가 "나사렛 예수 그리스도의 이름으로 일어나 걸으라"(행 3:6)고 말할 때 강한 불빛이 되어 앉은뱅이의 다리와 관절에 힘을 주어 일어나게 했다.

⟨영양을 주는 이름⟩

그러나 예수님의 이름은 빛이 될 뿐 아니라 영양이 된다. 그 이름을 부를 때마다 영양분을 공급받는다고 느끼지 않는가? 묵상보다 더 정신에 영양을 주는 것이 무엇인가? 이 이름보다 더 원기를 회복시켜 주고, 덕성을 돈독하게 해주며, 착하고 의로운 습관을 길러 주고, 영혼 속에 순결한 감정을 불러 일으킬 수 있는 것이 무엇인가? 이 기름에 적시고, 이 소금으로 간을 맞추지 않으면 정신의 모든 음식은 무미건조하다. 그 속에 예수님의 이름이 포함되지 않으면 어떤 책이나 저술도 나에게는 아무런 가치가 없다. 예수님의 이름은 내 입에 꿀과 같고, 내 귀에 음악과 같으며, 내 마음에 즐거운 노래와 같기 때문이다.

〈치료하는 이름〉

또한 예수님의 이름은 약과 같다. 슬프다고 느끼는가?(약 5:13). 그러면 예수님을 마음에 모셔라. 그리고 그 이름이 입술에서 흘러나오도록 하라. 이 축복된 이름이 슬픔의 구름을 걷어 버리고, 다시 한 번 고요함과 평안을 찾게 해준다는 것을 발견하게 되리라. 죄에 빠진 사람이 있는가? 자살하고 싶은 유혹마저 느끼는 사람이 있는가? 생명을 주는 이름을 구하라. 그리하면 살고자 하는 소원이 새로워질 것이다. 우리는 모두 이 완고한 마음, 할 일 없는 지루함, 메마른 정신, 냉랭하고 무관심한 영혼을 경험하고 있다. 그러나 그 구원하시는 이름 앞에서 이것들을 포기할 수 없었던가? 교만으로 흘러내린 눈물이 그 능력의 이름을 불렀을 때 그치지 않았던가? 예수님을 생각하면 근심걱정이 다 사라지지 않았던가? 확신을 가지지 못하고 의심과 불안 속에서 살고 있는 사람이 예수님의 이름에 의지함으로써 다시 자신을 회복하지 않는가? 완전히 좌절에 빠지고 역경을 만나 넘어진 사람이 그 이름의 소리를 듣고 새로운 결의를 다짐하지 않은 적이 있는가?

참으로 육체가 희생양이 되는 모든 질병과 고통에 대해 이 이름은 약이 된다. 이에 대한 증거로서 주님 자신이 말씀하셨다. "환난 날에 나를 부르라 내가 너를 건지리니 네가 나를 영화롭게 하리로다"(시 50:15). 예수님의 이름의 능력보다 분노의 충동을 제어하고 치미는 교만을 억누르는 것은 없기 때문이다. 그것은 시기의 상처를 치료하고 사치의 충동을 어거하며 정욕의 불길을 잠재운다. 또한 탐욕의 갈증을 해소시키고 부정한 생각을 품으려는 욕구를 없애준다. 내가 예수님의 이름을 부를 때, 내 앞에 마음이 온유하고 겸손하며(마 11:29) 선을 좋아하며 근신하며 의로우며 거룩하며 절제하며(딛 1:8), 영광스러운 성자의 자질이 아주 뛰어난 분을 모실 뿐 아니라, 내 앞에 전능하신 하나님이신 분을 모신다. 그분은 나를 치료하시고 그의 인격으로 나에게 영적 강건함을 회복시키시며, 또한 나를 강력하게 뒷받침해 주시는 분이다. 그가 전능하신 하나님이시기 때문에 나는 그에게 기댈 수 있다. 그의 지상생활의 모범을 약초를 모으듯이 모아서, 그의 신성을 힘입어 조제할 수 있다. 그 결과는 이제까지 어떤 의사도 처방할 수 없었던 약방문이 된다.

　주머니와 같은 이 성스러운 이름 속에 숨어, 내 영혼은 모든 질병에 대해 보장이 되는 구원의 해독제를 얻게 된다. 그러므로 그대의 모든 행위와 감정이 예수님을 향하도록 하기 위해서 이 이름을 항상 마음속에 깊이 간직하고, 항상 지니도록 하라. 이렇게 하기 위하여 다음과 같은 권유를 따르라. "너는 나를 도장 같이 마음에 품고 도장 같이 팔에 두라"(아 8:6). 이 주제는 뒤에 다시 다루겠다. 이제는 마음과 손을 위한 치료제를 지니고 있기 때문이다. 예수님의 이름 안에서 그릇된 행동을 고치고, 불완전한 것을 완전하게 하는 능력과 그대의 감정을 부패로부터 막아주는 방부제를 지니고 있기 때문이다. 이 이름으로 그대는 다시 온전하게 될 것이다.

어떻게 그리스도를 사랑해야 하나

〈그리스도 없는 삶은 무익하다〉

　"누구든지 주를 사랑하지 아니하면 저주를 받을지어다"(고전 16:22).
　진실로 나는 그를 통해 바로 나의 존재와 생명의 이해를 가지게 되는 분을 마땅히 사랑해야 한다. 만약 내가 감사하지 못한다면 무가치하게 되고 만다. 주 예수여, 누구든지 당신과 함께 동거하기를 거부하는 자는 분명히 죽어야 마땅하고, 사실 이미 죽은 것입니다. 당신을 알지 못하는 자는 우준하기 때문입니다. 누구든지 마음을 다해 당신을 섬기지 않는 자는 심히 어리석으며, 당신을 위하지 않는 어떤 존재가 되려고 마음 쓰는 자는 아무 데도 쓸모가 없고, 사실 무(無)일 뿐입니다. 사실 주께서 알아주는 것과 달리(시 144:3) 인간이 무엇이 되겠습니까? 오 나의 하나님이여, 당신께서 만물을 창조하신 것은 당신 자신을 위한 것이 아닙니다. 그러므로 당신을 위하지 않고 자신을 위하여 존재하기 원하는 자는 존재하는 만물 가운데서 무(無)처럼 되기 시작합니다. "하나님을 경외하고 그의 명령들을 지킬지어다 이것이 모든 사람의 본분이니라"(전 12:13)는 전도서 기자의 말씀은 무엇을 의미합니까? 만약 이것이 사람의 본분이라면, 이것이 없으면 인간은 무(無)일 뿐입니다.

〈항복의 기도〉

오 나의 하나님이여, 돌이켜 나를 보시고 나로 하여금 겸손해지도록 해주소서. 얼마 남지도 않은 나의 여생을 모두 당신의 것으로 삼으시옵소서. 자신을 잃어버리고 방황하면서 긴 세월을 허비해 버렸기 때문입니다. 비옵기는, 겸손하고 통회하는 마음을 멸시하지 마소서. 나의 날이 그림자처럼 기울고 소득 없이 사라졌나이다. 이제는 다시 돌아갈 수도 없나이다. 그러나 선하신 손길을 베푸사 당신 앞에서 영혼의 고뇌를 씹으며 그 날들을 묵상만이라도 하게 해주소서. 내 마음에 오로지 바라고 목적하는 것이 지혜임을 아시나이다. 당신을 섬기는데 소용없는 것이 내 속에 있다면 제거하소서. 오 하나님이여, 당신은 나의 단순한 마음을 아시나이다. 단순한 마음이 나의 무지를 인식하는 지혜의 시작이라면 이것은 당신의 은사임을 깨닫게 됩니다. 내 속에 이 마음이 더욱 생겨나게 해주시기를 기도합니다. 그리하여 당신의 조그마한 은전이라도 감사하지 않는 일이 없게 해주시고, 아직 내 속에 부족한 것을 계속 채울 수 있도록 해주소서. 연약한 몸이지만 당신을 사랑하는 것은 당신의 이 은전 때문입니다.

그런데 이것보다 훨씬 더 나의 마음을 움직이고 감동시키며 흥분시키는 사실이 있습니다. 무엇보다도, 오 자비롭고 인자하신 예수여, 당신이 마심으로써 엄청난 구속의 역사를 담당하신 잔입니다. 이것이 다른 무엇보다도 당신을 사랑하게 되는 아주 강한 동기가 됩니다.

그러므로, 그리스도인들이여, 마땅히 그리스도를 사랑하는 법을 배우라. 부드럽게 사랑하고, 지혜롭게 사랑하며, 열렬하게 사랑하기를 배우라. 유혹을 받아 그분으로부터 떨어지지 않기 위해서 부드럽게 사랑하라. 속아서 멀리하지 않기 위하여 지혜롭게 사랑하라. 어떤 방해를 받아도 헤어지지 않기 위해서 열렬히 사랑하라. 세상의 영광이나 육체의 쾌락으로 인하여 그분을 멀리하지 않도록 무엇보다도 지혜가 되시는 그분 안에서 스스로 즐거워하라. 진리가 되시는 그리스도께서 그대의 마음을 밝혀 거짓과 오류의 영에 의해 탈선하지 않도록 하라. 원수에게 패배하지 않기 위해서 하나님의 능력이 되시는 그리스도께 힘을 얻도록 하라. 사랑의 열심을 얻도록 하라. 지혜가 다스리며 그 지시를 받도록 하라. 한결같이 참고 인내하도록 하라. 미지근한데서 빠져나오며, 우둔하게 드지 말고, 경솔히 행하지 말라. 하나님께서 "너는 마음을 다하고 뜻을 다하고 힘을 다하여 네 하나님 여호와를 사랑하라"(신 6:5)고 말씀하실 때 율법에 명한 것이 이 세 가지가 아닌가?

〈세 가지 사랑의 형태〉

만약 이 세 가지 구별에 대하여 다른 적절한 의미가 머리에 떠오르지 않으면, 마음을 다하는 사랑은 진지한 감정에 대한 응답임을 기억하라고 말하고 싶다. 성품을 다하는 사랑은 이성의 목적이나 판단에 대한 응답이다. 그리고 힘을 다하는 사랑은 한결같은 정신과 그 활력을 가리킬 수 있다. 그러므로 온 마음의 전 감정을 기울여 네 주 하나님을 사랑하라. 이성을 가지고 조심하며 앞을 내다보면서 그분을 사랑하라. 성품이 가지는 온 힘과 활력을 다해 그분을 사랑하라. 그분의 사랑을 위해서라면 죽음도 두려워하지 않게 될 것이기 때문이다.

〈마음(heart)의 사랑〉

"사랑은 죽음 같이 강하고 질투는 스올 같이 잔인하다"(아 8:6)고 기록되어 있다. 주 예수님이 그대의 마음에 달콤하고 상쾌하도록 하라. 그리하여 육체적인 생활의 거짓된 유혹을 벗어나도록 하라. 일단 박으면 고정이 되는 못과 같이 그분의 달콤한 사랑으로 다른 모든 달콤한 유혹을 벗어나도록 하라.

〈성품(soul)의 사랑〉

그대의 이해력과 이성에 대하여 그분이 지혜로운 인도자와 안내하는 빛이 되어, 이단의 올무와 속임을 피하도록 해주실 뿐 아니라, 그들의 간교한 계교에서 벗어나 믿음의 순수성을 지키도록 해주실 수 있게 하라. 그대의 행위가 지나친 열심이나 지혜롭지 못한 열정에 빠지지 않도록 조심하라.

〈정신(mind)의 사랑〉

강하고 한결같이 사랑하여 두려움으로 포기하거나 고통이 따른다고 하여 지치지 않도록 하라.

우리가 부드럽다고 부르는 마음의 사랑은 참으로 달콤하지만, 성품의 사랑이 동반되지 않으면 쉽게 탈선하게 됨을 알고 부드럽고 지혜롭고 열렬하게 사랑하자. 성품의 사랑은 이성적일지는 모르나, 용기와 열심을 가지고 힘을 돋우지 않으면 연약해지기 쉽다.

〈감정은 약해질 수 있다〉

그렇지만 마음의 사랑은 육체적으로 되려는 경향이 있다는 것에 주의하라. 다시 말해서, 우리가 마음에 영향을 받아 그리스도께 향하는 것은 육신적으로 본 그리스도를 따르는 것이다. 이 사랑으로 가득 찬 사람은 이 주제를 다루고 있는 설교나 논문에 의해 쉽게 영향을 받는다. 이것보다 더 기꺼이 듣고, 더 주의 깊게 읽으며, 더 자주 기억을 되살려 내거나, 더 즐거움을 느끼며 묵상하는 것은 없다. 그의 기도의 제사는 여기서 새롭게 진행된다.

그러나 기도할 때마다 종종 하나님인 동시에 인간이신 분의 영상이 탄생이나, 어린 시절이나, 교훈이나, 죽음과 부활과 승천의 모습으로 앞에 나타난다. 이와 유사한 모든 영상들은 필연적으로 영혼을 자극하여, 육체적인 악덕을 몰아내고, 유혹을 벗어나게 하고 욕망을 잠재움으로써, 거룩한 사랑에 이르게 한다. 그런데 눈에 보이지 않는 하나님이 보이는 육신으로 나타나셔서 사람들 사이에서 사람으로 거하시기를 원하셨고, 그렇게 하심으로써 육체적인 인간의 본성적인 감정이 점점 물러가고 순수하고 영적인 감정이 되도록 하신 주된 이유가 여기에 있다고 생각된다.

예를 들면 "보소서 우리가 모든 것을 버리고 주를 따랐나이다"(마

19:27)라고 예수님께 말한 자들은 아직 이 사랑의 첫 단계에 있는 게 아닐까? 그렇다. 이들은 오로지 예수님을 육신적인 임재를 사랑하여 모든 것을 버렸으나, 그렇기 때문에 그분의 구속의 고난과 죽음이 가까워졌다는 말씀을 침착하게 들을 수가 없었다. 그 후에 승천의 영광을 바라보면서도 깊은 슬픔에 잠겼다. 이런 까닭에 그들에게 "도리어 내가 이 말을 하므로 너희 마음에 근심이 가득하였도다"(요 16:6)고 말씀하셨다. 그분의 육체적인 임재에 의해서만 그들의 마음이 육체적인 사랑에서 떠나게 되는 것이다. 성령이 아니고서는 그리스도의 사랑은 — 이것이 육신에 속하고 그의 충만한데까지는 이르지 못한다 할지라도 — 전혀 존재하지 않는다는 것이 확실하기 때문이다.

〈성품의 사랑은 좀 더 고차원적이다〉

좀 더 고차원적인 이 사랑의 척도는 그 달콤함이 마음을 온통 휘어잡고, 모든 육신적인 사랑과 모든 감각적인 쾌락을 완전히 몰아낸다는데 있다. 그것은 모든 육체의 유혹으로부터 자유롭게 한다.

그러므로 이 그리스도의 인성에 대한 헌신은 성령의 은사이며 큰 은사이다. 그렇지만 이러한 사랑은 적어도 육신이 되신 말씀이라기보다는 지혜와 의와 진리와 거룩함과 선과 미덕과 기타 모든 종류의 완전함으로서의 말씀으로 간주하는 다른 감정에 비교하면 육체적인 것이라고 부를 수밖에 없다. 하나님에 의해 "우리에게 지혜와 의로움과 거룩함과 구원함이 되신"(고전 1:30) 만큼 그리스도는 이 모두가 되시기 때문이다.

두 사람이 동등하게 그리스도를 향하여 가진 사랑을 예로 들어보자. 한 사람은 그분의 고난에 대해 경건한 공감을 하고 이에 감동을 받아 생생한 슬픔을 느끼고 그분이 당하신 모든 것을 기억함으로써 쉽게 위안을 받는다. 이 달콤한 헌신에 의해 자라가고 이에 따라 모든 이롭고 영광되고 경건한 행위를 위한 힘을 얻는다.

이와 달리 다른 한 사람은 매사에 진리를 향한 열정을 가지고 항상 의에 대한 열심이 불타고 있다. 진심으로 지혜를 원하고, 무엇보다도 거룩한 삶과 완전히 훈련된 인격을 좋아한다. 허식을 부끄럽게 여기고, 매력을 싫어하며, 질투가 무엇인지 알지 못하고, 교만을 혐오하며, 모든 종류의 세속적 영광을 피할 뿐만 아니라 싫어하고 경멸한다.

마음과 육신의 여러 가지 불순함을 아주 싫어하지만 자기 속에 이것들이 있음을 인식한다. 마지막으로 악한 것은 모두 본능적으로 거부하고 선한 것은 모두 맞아들인다. 이 두 번째 형태가 더 좋다는 것이 분명하지 않은가? 그런데 이것은 성품을 다하여 하나님을 사랑하는 것이다.

〈성령의 능력 안에서 하는 사랑이 제일 좋다〉

그렇지만 이 사랑 위에 강력한 도우심에 의하여 힘이 더해져서, 역경이나 고난이 아무리 극심할지라도, 죽음의 공포까지도 의에 대한 포기를 야기할 수 없게 된다면, 이제는 힘을 다하여 하나님을 사랑하게 되는데, 이것이 영적 사랑이다.

하나님을 안다(Knowing God)

"내 마음으로 사랑하는 자야 네가 양 치는 곳과 정오에 쉬게 하는 곳을 내게 말하라"(아 1:7).

말씀(Word)은 신랑으로서 열심을 가진 영혼들에게 한 가지 모습 이상으로 종종 나타나고 있다. 왜 그런가? 의심 없이 그분을 있는 그대로 볼 수가 없기 때문이라고(요일 3:2) 생각된다. 하늘나라에서만 그분의 모습이 있는 그대로 존재하는데, 장차 우리가 알게 될 그분의 모습은 영구적일 것이다. 과거나 현재나 미래에 존재하는 어떤 것에 의해서도 변화나 대치가 일어나지 않기 때문이다. 과거와 미래가 없는데, 변화나 변경의 여지가 어디에 있겠는가? 만물은 현존의 시점을 통해서만 과거의 상태에서 미래의 상태로 나아간다. 잠재성(가능성)을 가진 것은 이 현존이다. 그런데 하나님은 피조물이 가지는 이러한 과거의 존재가 없다. 따라서 영원부터 현존이며, 미래의 존재가 없기 때문에 영원까지 현존이다(출 3:14). 이 현존으로 인하여 하나님은 피조되지 않고, 제한이 없으며, 변화될 수 없는 실존이시다.

하나님을 본다(Seeing God)

하나님을 바라보는 자들은 하나님 이외에 어떤 것도 원하지 않고, 하나님보다 더 사모하면서 바라볼 수 있는 것도 없다. 이 진지한 응시가 만족되고, 이들의 달콤한 즐거움이 사라지며, 진리가 충족될 수 있는 것은 언제인가? 한 마디로 영원이 종말을 고할 수 있을 때인가? 만약 바라보려는 의지와 바라볼 수 있는 완전한 능력이 함께 영원까지 이르게 된다면, 이 완전한 지고의 행복에 무슨 부족함이 있을 수 있는가? 내가 묻고 싶은 것은, 항상 그분을 바라보는 것이 소원이고, 그분 안에서 이 소원이 영원토록 만족되는 사람들에게 더 이상 경험하거나 바랄 것이 무엇이 있겠는가?

〈하나님의 환상〉

그러한 복된 환상은 이생에 있는 게 아니라, 우리의 실존이 변화될 그날을 위해 예비된 것이다. 적어도 그것은 "그가 나타나시면 우리가 그와 같을 줄을 아는 것은 그의 참모습 그대로 볼 것이기 때문이라"(요일 3:2)고 말할 수 있는 자들을 위해 예비된 것이다. 이생에 있어서도 당신이 원하시는 자에게 나타나시지만, 그대로의 모습이 아니라 그가 원하시는 방식으로 나타나신다. 아무리 지혜롭고 거룩하다 할지라도 이 죽을 몸을 입고서 그분을 있는 그대로 볼 수 있었거나 볼 수 있는 사람이 아무도 없다. 그렇지만 이에 합당하다고 여김을 받게 될 자들은 그들의 몸이 불멸이 될 때 보게 될 것이다.

그러므로 참으로 그분은 나타나시지만, 있는 그대로가 아니라 당신에게 좋게 여겨지는 방법으로 나타나신다. 우리가 거대한 발광체, 즉 매일 보는 태양을 보았다고 하더라도 우리가 본 것은 있는 그대로의 태양이 아니라 다른 사물들을 비추는 태양의 모습이기 때문이다. 그 정도나마 우리 몸의 빛인 우리의 눈이 그 타고난 밝음과 분명함에 있어 하늘의 빛을 닮지 않았다면 태양을 바라볼 수도 없을 것이다.

〈우리가 비췸을 받는 순간 하나님을 본다〉

따라서 세상에 와서 모든 사람들을 비취는 그 의(義)의 아들에 의해 비췸을 받는 자 역시 그분에 의해 비췸을 받고 어느 정도 그분과 같이 된 만큼 그분을 바라볼 수 있다. 그러나 아직 완전히 그분과 같지 않기 때문에 그분을 있는 그대로 볼 수 없다. 그러므로 시편 기자는 "그들이 주를 앙망하고 광채를 내었으니 그들의 얼굴은 부끄럽지 아니하리라"(시 34:5)고 말한다. 따라서 그것은 진리 안에서이다. 우리가 필요한 만큼 비취심을 받고 면대해서 "거울을 보는 것 같이 주의 영광을 본다면, 그와 같은 형상으로 변화하여 영광에서 영광에 이르니 곧 주의 영으로 말미암음이니라"(고후 3:18).

그러므로 그의 엄위하심을 불경스럽게 바라보는 자가 되어 그 영광으로 인하여 파멸되고 분해되지 않으려면, 비이성적이거나 불경스럽게 하나님께 나아가면 안 되며, 존경과 두려움을 가지고 하나님께 나아가는 것이 필요하다. 장소를 바꿔가면서 나아가는 게 아니라, 육체적이 아닌 영적으로 더 성장함으로써 하나님께 나아가야 하는데, 주님의 영이 우리의 인도자가 되시기 때문이다. 우리가 그분께 가까이 나아가는 것은 물론 자신의 영혼으로 그렇게 하는 것이지만 자신의 영혼의 능력이 아니라 주님의 영에 의한 것이라고 말하고 싶다.

따라서 어떤 영혼이 더 순수하고 덕스러울수록 하나님께 더 가까이 나아가고, 절대적으로 순수한 덕에 이르렀다는 것은 바로 하나님의 존전 앞에 나아갔다는 것이다. 그분의 존전 앞에 있다는 것은 그분을 있는 그대로 보는 것이기 때문이다. 이렇게 한다는 것은 그분처럼 된다는 것 이외에 다른 것이 아니며, 따라서 현혹된다거나 우상 숭배에 속는 것이 아니다. 그러나 이 일은 앞서 말한 바와 같이 하늘에서나 있을 것이다.

〈하나님은 여러 가지 방법으로 보인다〉

지금과 같은 실존의 영역에서는 아주 다양한 피조물의 형태를 보고 그분에 대해 무엇인가 알게 된다. 피조물들은 하나님의 존재의 태양으로부터 나오는 빛줄기 같아서 그들의 존재가 유래된 분이 존재하고 있음을 보여주고 있다. 그가 존재하신다는 이 사실이 더 나아가 그분을 찾게 되는 계기가 된다. 사도의 가르침과 같이 이성을 사용하는 모든 자는 하나님의 보이지 않는 것들이 피조된 것들을 통해 이해되어진다는 것을(롬 1:20) 분명하게 알 수 있다.

또 믿음의 족장들은 하나님께서 또 다른 형태로 나타나신 것을 보았다. 실제로 있는 그대로의 모습을 본 것은 아니고, 단지 특별한 모습으로 나타났다고는 하지만 계속해서 그들에게 임하셔서 친밀한 친교를 나누셨기 때문이다. 그들 모두에게 한 가지 방법으로만 자신을 계시하신 것도 아니다. "여러 부분과 여러 모양으로"(히 1:1) 나타나셨다고 말하기 때문이다. 이렇게 하신 것이다. 모든 사람에게 동일하게 나타나신 것도 아니다. 그렇지만 감각으로 느껴지지 않는 모습으로 하신 것은 아니고, 귀로 들을 수 없는 말로 하신 것도 아니다.

그런데 하나님께서 나타나신 또 다른 방법이 있다. 그것이 내면적이라는 점에서 다른 것들과 다르다. 간절히 구하는 영혼에게 황공하게도 친히 자신을 알려주시고, 또 구하는 자에게 모든 사랑의 감정을 아낌없이 부어 주시는 방법이다. "내 마음이 내 속에서 뜨거워서 작은 소리로 읊조릴 때에 불이 붙으니"(시 39:3). 영혼이 하나님을 향한 이러한 계속적인 열망, 아니 끊임없는 기도로 뜨거워지고 바로 이러한 갈망에 눌리게 될 때 종종 하나님께서 그 영혼에 자비를 베푸셔서 스스로 나타나실 때가 있다. "기다리는 자들에게나 구하는 영혼들에게 여호와는 선하시도다"(애 3:25)고 말할 때 예레미야의 경험은 바로 이것이었다고 생각한다. "여호와를 기뻐하라 … 그의 도를 지키라"(시 37:4, 34). 또 "비록 더딜지라도 기다리라 지치되지 않고 반드시 응하리라"(합 2:3). "하나님이여 사슴이 시냇물을 찾기에 갈급함 같이 내 영혼이 주를 찾기에 갈급하니이다"(시 42:1)

〈하나님의 환상은 불러일으킬 수 없다〉

그러나 하나님의 말씀과 믿는 자들의 영혼이 하나로 연합되어 있다고 해서 어떤 상상력이나 육체의 경험에 의해서 하나님의 환상을 불러일으킬 수 있다고 스스로 생각하지 않도록 매우 조심하라. 이 말을 하는 것은, "주와 합하는 자는 한 영이라"(고전 6:17)고 사도가 분명하게 말하고 있기 때문이다. 하나님은 영이시기 때문에 이 연합도 영적인 것이며, 영혼이 성령 안에서 행하면서 육체를 따라 살기를 원하지 않는 것을 보실 때 그 영혼의 아름다움에 대한 사랑으로 감동을 받으신다. 하나님을 향한 이러한 열렬한 사랑으로 가득 찬 사람은 누구에게나 공통되는 방법으로 자기 신랑을 보고 만족한 채 머물러 있지 않을 것이다. 이런 까닭에 그러한 사람들은 소수에게만 특별히 주어지는 방법, 즉 꿈이나 환상의 경험을 할 것이다. 그러한 자들에게는 귀에만 들리는 소리로가 아니라 마음을 뚫고 들어오신다. 말로만이 아니라 충만하신 능력으로 오신다. 말로 할 수 없도록 달콤한 감정 그 자체로 오신다. 그분의 얼굴의 모습은 특징지을 수 없고 뭐라고 정의할 수는 없으나, 무언가 형성하는 능력이 있다. 망막에 어떤 상을 가져다주지는 않지만, 마음을 즐겁게 한다. 매력 있는 형태나 색깔을 가져다 주는게 아니라 감정을 창조하고 깊어지게 한다.

내면적인 생각을 통해 하나님을 안다

또한 자신의 내면적인 생활을 살펴보고, 성령께서 계속적으로 활동하셔서 우리의 삶 속에 결실을 맺게 하는 길을 조명해 주시기를 기뻐하신다면, 이 신비에 대해서 계속 무지한 채 남아 있지는 않으리라고 생각한다. "우리가 세상의 영을 받지 아니하고 오직 하나님으로부터 온 영을 받았으니 이는 우리로 하여금 하나님께서 우리에게 은혜로 주신 것들을 알게 하려 하심이기"(고전 2:12) 때문이다. 시편 기자처럼 하나님께 가까이함이 복임을(시 72:28) 알고 간절한 소원과 타는 목마름으로 떠나 그리스도와 함께 있기를 갈망한다면(빌 1:23), 참으로 신랑이 되시는 말씀을 만나게 될 것이다. 그렇지만 그리스도께서 누구에게나 이 방법으로 자신을 계시하시지는 않을 것이다. 다함이 없는 헌신과 깊은 갈망, 그리고 가장 달콤한 감정을 가진 자들에게만 이렇게 하신다. 이때 말씀은 신랑처럼 온갖 것으로 치장하고 가장 멋진 모습으로 다가올 것이다.

〈영혼의 고통〉

그러나 아직 이 상태에 이르지 못한 사람은 아직 옛 행위의 고통으로 욱신거리거나 아직도 유혹에 사로잡혀 있는 자이다. 이 사람에게는 사실 신랑이 아니라 의사가 필요하다. 그분의 입맞춤과 포옹은 그의 상처를 치료하기 위한 기록과 약일 뿐이다. 이것을 경험해 본 사람은 모두 주 예수님이 참으로 "상심한 자들을 고치시며 그들의 상처를 싸매시는"(시 147:3) 의사가 되신다는 것을 아주 잘 안다.

〈영혼의 미지근함〉

영적 교훈을 배우는데 지겨운 나머지 미지근하게 되는 사람도 있다. 영적 생기가 다 소모되어, 이들은 주님의 길을 따라 슬픔 속에서 걸어간다(눅 24:17). 자기에게 주어진 일을 지치고 메마른 마음으로 행한다. 욥과 같이 끊임없이 원망하고 주야로 불평한다. "내가 누울 때면 말하기를 언제나 일어날까, 언제나 밤이 갈까 하며 새벽까지 이리 뒤척, 저리 뒤척 하는구나"(욥 7:4). 우리가 이러한 분위기에 있을 때 자비로우신 주님께서 우리가 가는 길에서 우리에게 가까이 다가오셔서(눅 24:17), 하늘에서 내려오신 분으로서 하늘의 진리를 우리에게 말씀하기 시작하고(요 3:31) 시온의 노래로 우리가 좋아하는 찬송을 부르며, 하나님의 도성에 대해서, 그 영원한 도성의 평화에 대해서, 영생에 대해서 이야기하신다면, 참으로 우리는 변화를 받는다. 이때 육신의 모든 지루함과 영혼의 모든 반감이 사라진다.

〈영혼의 혼동〉

그런데 자기 자신의 생각과 진리이신 그분 자체에 대한 생각이 너무 유사해서 혼동이 생기는 것을 알게 된다. 자기 마음속에 있는 것은 무엇이고 밖으로부터 받은 것은 무엇인가? 이때는 "마음에서 나오는 것은 악한 생각이라"(마 15:19)는 말씀과 " 어찌하여 마음에 악한 생각을 하느냐"(마 9:4)는 질문을 들을 필요가 있다. 사도는 말하기를 "무슨 일이든지 우리에게서 난 것같이 생각하여" 본래 선한 것이 우리 속에 들어 있는 것처럼 "스스로 만족할 것이 아니니 우리의 만족은 오직 하나님으로부터 나느니라"(고후 3:5)고 했다. 따라서 우리가 악한 생각에 빠질 때 그 생각은 자기 생각이다. 선한 것을 생각한다면 그것은 하나님의 말씀이다.

〈영혼의 분별력〉

그러나 누가 자기 생각을 아주 주도면밀하게 지켜서 마음의 모든 불의한 욕망을 제거할 수 있는가? 성령의 빛으로 특별한 은사, 즉 영 분별의 은사(고전 12:10)를 받지 않는 한 단순한 인간의 능력을 넘어서는 일이라고 믿는다. 솔로몬에 따르면 사람이 아무리 부지런히 자기 마음을 지키고(잠 4:23) 자기 내면의 모든 움직임을 살필지라도, 결코 자기 내면 속에서 선과 악을 정확하게 판단하거나 진단할 수 없는 것이기 때문이다. "누가 죄를 알 수 있으리요", 말씀을 떨어질 수 없는 동반자로 삼아 항상 가까이 나아갈 수 있고, 그 기쁨의 교훈이 항상 고통스러운 육신의 악으로부터 자신을 자유롭게 하고, 악한 세대에서 합당하게 살아가도록 해주는(엡 5:16) 끊임없는 즐거움이 되는 그 사람은 행복하다.

시험을 통해서 하나님을 안다

"여호와여 주의 도를 내게 보이시고 주의 길을 내게 가르치소서"(시 25:4). 길이 의미하는 것을 다른 구절에서 보여준다. "의의 길로 인도하소서"(시 23:3). 따라서 이것들을 갈망하는 사람은 끊임없이 의와 판단과 신랑이 거주하시는 곳, 즉 영광을 구할 것이다. 그러므로 시편 기자는 말하기를 "공의와 정의가 주의 보좌의 기초이며"(시 89:14) "여호와여 내가 주께서 계신 집과 주의 영광이 머무는 곳을 사랑한다"(시 26:8)고 했다.

〈속지 않으려면 빛이 필요하다〉

그렇지만 이 땅 위에서 당신은 당신의 양 떼를 먹이시지만 완전히 만족하게 하시지는 않습니다. 밤의 두려움 때문에 일어나서 계속 지켜야 하기 때문에(아 3:8) 당신에게는 쉴 틈도 없습니다. 독한 풀로 자기 양 떼를 먹이는 목자들도 있습니다. 이들은 당신이 먹이거나 당신과 함께 하는 양 떼가 아닙니다. 그러므로 숨어서 기다리는(시 10:9) 보이지 않는 유혹의 영과 권세자들 때문에 우리는 정오의 내리쬐는 빛 안에서 악마의 계교를 간파해야 하고, 빛의 천사인 사탄과(고후 11:14) 주님을 분별할 수 있어야 한다고 생각한다. 정오의 내리쬐는 빛의 도움이 없이는 백주에 횡행하는 악마의 공격으로부터(시 91:6) 자신을 보호할 수 없기 때문이다.

〈네 가지 시험〉

1. 두려움

그러므로 네 가지 시험이 있다는 것을 깨달아야 한다. 이것을 시편 기자는 다음과 같이 표현한다. "그가 너를 그의 깃으로 덮으시리니 네가 그의 날개 아래에 피하리로다 그의 진실함은 방패와 손 방패가 되시나니 너는 밤에 찾아오는 공포와 낮에 날아드는 화살과 어두울 때 퍼지는 전염병과 밝을 때 닥쳐오는 재앙을 두려워하지 아니하리로다"(시 91:4-6). 이것은 밤의 두려움이라고 불리는데(아 3:8), 성경에서 역경을 어둠으로 표현하고, 기꺼이 역경을 극복한데 대한 상급이 아직 계시되지 않았기 때문이다. 하나님께 나아가는 초보자들은 따라서 조심해야 하고, 또 특별히 이 첫 번째 시험을 위해 기도해야 한다. 그렇지 않으면 갑자기 넋을 잃고 정복당할 수 있고 소용돌이 속에서 믿음의 선한 역사를 시작한 것을 후회하게 된다.

2. 인간의 칭찬

이 시험을 극복할 때 두려움 다음에 오는 것은 인간의 칭찬이라는 시험이다. 우리의 칭찬받을 만한 생활이 아첨이 될 수도 있기 때문이다. 아마도 이것은 "낮에 날아드는 화살"(시 91:5), 즉 헛된 영광이다. 명예를 날린다고 말하고, 또 낮이라는 것은 그 행위가 공개적으로 행하여지기 때문이다. 그렇지만 이 시험이 뜨거운 바람처럼 불어올 때 우리는 더 강한 시험, 즉 세상의 부와 명예의 제공이라는 시험에 직면하게 될 것이다. 칭찬을 싫어하는 사람도 자리는 탐내는 수가 많기 때문이다. 우리 주님 역시 이러한 순서의 시험을 겪으셨다. 먼저 헛된 영광을 위하여 성전 꼭대기로부터 뛰어내리라는 제안을 받았다. 그리고 나서 세상 만국을 주겠다고 보여주었다(마 4:8). 우리 주님께서 거절하신 것처럼 우리도 주겠다는 것을 거절해야 한다.

3. 위선

이것도 안 된다면 세 번째 시험에 빠지게 될 것인데, 이것은 "어두울 때 퍼지는 전염병이다"(시 91:6). 이것은 위선을 말한다. 이것은 야망에서 발원하고 그 거처가 어둠에 있기 때문이다. 사실 그대로를 숨기고, 있지도 않는 것을 있는 것처럼 꾸미기 때문이다. 항상 활약하면서, 얼굴을 가리는 가면처럼 경건의 모습을 지니고, 명예를 사기 위해 미덕을 판다.

4. 악마의 공격

마지막 시험은 백주에 횡행하는 악마의 시험이다. 악마는 여러 가지 시험을 통과한 성숙한 그리스도인들을 숨어서 기다린다. 그렇다면 이들을 대항하는 그 이상의 무기가 악마에게 있을까? 그러나 공개적으로 할 수 없는 것을 속임수로 하려고 할 것이다. 따라서 공개적인 악이 퇴짜를 맞는 것을 볼 때 위조된 선을 통해서 공격할 것이다. "우리는 그 계책을 알지 못하는 바가 아니로라"(고후 2:11)고 말한 사도와 같은 사람들은 앞에 놓인 덫을 조심스럽게 피하여 지나갈 것이다.

따라서 더 큰 미덕을 얻은 것처럼 보일수록(고전 10:12) 백주에 횡행하는 악마를 부지런히 살펴보아야 할 필요가 있음을 인식해야 한다. 은연중에 우리가 이 포장된 거짓위선에 빠질 때마다 하늘에서 비취는 참된 정오의 태양이 그 빛을 발하여 우리에게 진리를 가져다 줄 것이다. "흑암으로 광명을 삼으며 광명으로 흑암을 삼는"(사 5:20) 거짓 선지자들처럼 되지 않기 위해서는 어둠과 빛을 구별하는 것을 배우는 것이 좋다.

겸손 안에서 하나님을 안다

〈하나님께서 강권하신 겸손〉

"내가 참으로 주의 목전에 은총을 입었사오면 원하건대 주의 길을 내게 보이사 내게 주를 알리소서"(출 33:13). 이 요구를 허락하시는 대신에 하나님은 그에게 조금 못한 환상을 주셨지만, 그럼에도 불구하고 그것은 마침내 그로 하여금 자기가 갈망하던 것을 얻도록 도와주었던 것이다. 누구든지 높이 올라가려고 하는 자는 아까서 나오는 신부처럼, 냉정하게 보일지 모르지만 사실은 도움이 되고 의지할 수 있는 대답과 함께 퇴짜를 맞아야 하기 때문이다. 누구든지 영적으로 높이 올라가려고 노력하는 자는 자신을 낮게 평가해야 하기 때문이다. 자기 이상으로 올라가면 자신에 대해 평형감각을 상실하게 되기 때문이다. 겸손하지 않으면 자신을 어찌할 수 없게 될 것이다. 겸손의 보장이 있을 때만 큰 은혜를 얻을 수 있다. 따라서 쿠요해지려고 하는 자는 먼저 반성을 통해 겸손해야 하고, 겸손함으로써 그 은혜로부터 유익을 얻을 수 있다. 따라서 겸손해질 때 그것을 은혜가 다가오는 은총의 표증으로(시 86:17) 바라보라. 교만이 패망의 선봉인 것처럼(잠 16:18) 겸손은 영예에 앞서 행하기 때문이다. 성경에서 우리는 주님께서 두 가지 방법으로 행하셨다는 것을 읽게 된다. 즉 교만한 자를 물리치시고 겸손한 자에게 은혜를 베푸신다(4:6).

〈다른 사람들로부터 받는 창피〉

그렇지만 우리가 하나님에 의해 기꺼이 겸손해지려 하지만, 동시에 하나님께서 다른 인간을 도구로 삼아 우리에게 창피를 주실 때에 동일한 태도를 취하려 하지 않는다면 아무 소용이 없다. 따라서 다윗의 예를 들자면 그는 종에게 창피를 당했지만, 그에게 퍼부은 저주를 조금도 개의치 않았다(삼하 16:10). 사실 그는 자신을 책망하는 사람보다는 자신을 칭찬하는 사람에게 화를 내는 게 예사인, 하나님의 마음을 닮은 사람이었다. 이것이 하나님께로서 나온 것을 알고 그는 "고난 당한 것이(창피를 당한 것이) 내게 유익이라 이로 말미암아 내가 주의 율례들을 배우게 되었다"(시 119:71)고 말할 수 있었다.

〈겸손과 창피의 구별〉

겸손이 우리를 의롭게 만든다는 것을 알 수 있지 않는가? 엄밀하게 말해서 창피가 아니라 겸손이다. 창피를 당하면서도 겸손해지지 않는 사람이 많기 때문이다. 창피를 당하면 괴롭게 느끼는 것은 죄가 남아 있기 때문이다. 인내로써 맞이하는 사람들은 순수해진다. 기쁨으로 받아들이는 사람도 있는데, 이들은 의로운 자들이다. 참으로 순진무구함은 공의의 일부인데, 겸손한 자들만이 그것을 완전하게 소유한다. 따라서 "고통당한 것이 나에게 유익이라"고 말할 수 있는 자들만이 참으로 겸손하다. 그리고 창피를 겸손으로 바꾸는 사람들은 겸손하다. 단순히 창피당하는 것을 참는 것은 아무 유익이 없다. 그저 당황해서 어쩔 줄 모른다. 이와 달리 "하나님은 즐겨 내는 자를 사랑하신다"(고후 9:7)는 것을 우리는 안다.

따라서 참으로 겸손하여 자기에게 주어진 환경 속에서도 항상 영광을 돌리는 사람의 모범을 찾고 싶으면, 사도 바울을 보라. 그는 자신의 연약함을 통해 하나님의 능력이 자기 안에 거하게 되는 것을 아주 기뻐한다고 말한다(고후 12:9). 따라서 자신을 겸손하게 하는 자는 높임을 받으리라는 것을 일반법칙으로 삼아도 좋다. 중요한 것은 모든 겸손이 높임을 받는 게 아니라, 기쁨으로 받아들이는 겸손만이 그렇게 된다. 마음의 강요나 서글픔과는 별개의 것이 되어야 한다. 이 모든 것은 신랑이 좀 더 높은 경험을 원하는 신부의 소원을 억제하도록 결정한 이유를 설명하기 위한 것이다. 이것은 신부의 의기를 꺾으려는 게 아니고, 좀 더 깊은 겸손의 기회를 주어 좀 더 엄숙한 체험을 위해 준비시키려는 것이다.

자신을 아는 가운데 하나님을 안다

앞서 두 가지 무지에 대해 말한 것을 기억하게 될 것이다. 하나는 자신에 대한 무지이고, 다른 하나는 하나님에 관한 무지이다. 두 가지 위험에 모두 조심해야 한다. 그런데 공땅 쓸어서 정죄해서는 안 되고 또 구원에 해가 되지 않는 여러 가지 무지가 있다. 공예가의 기술에 대해 무지하거나 어떤 교양과목을 배운 적이 없어도 구원받는 것에는 장애가 없다. 히브리서에는 문학에 대한 지식이 아니라 선한 양심과 신실한 믿음을 인하여 하나님을 갈망한 사람들이 나와 있다(히 11장). 이들은 모두 지식이 아니라 삶의 모습으로 자신의 삶 속에서 하나님을 기쁘시게 하였다.

〈지식의 한정된 영향력〉

내가 지식의 좋은 효과를 너무 훼손하고 지식인에 대해 비방하며 문학연구를 부인한다고 생각할지 모르겠다. 절대 그렇지 않다. 반대자들을 물리치고 추종자들을 가르침으로써 학자들이 베푸는 유익을 확신하기 때문이다. 그러나 "지식은 교만하게 한다"(고전 8:1)는 말씀 역시 기억하고 있다. "지식을 더하는 자는 근심을 더하느니라"(전 1:18). 진리 위에 기초하고만 있다면 모든 지식은 자체가 선하다. 그러나 지식에는 한계가 있기 때문에 "두렵고 떨림으로 우리 구원을 이룰"(빌 2:12) 필요가 있다. 따라서 일차적으로 주안점을 두고 우리의 구원과 밀접하게 연관이 있는 교리를 힘써 배우도록 하라.

〈선을 행하기 위해서 안다〉

단지 알기 위해서 알기를 갈망하는 사람도 있는데, 이것은 부끄러운 호기심이다. 이와 달리 다른 사람들에게 과시하려고 알기를 갈망하는 사람이 있는데, 이것은 부끄러운 허영이다. 이러한 사람들에게 다음과 같은 풍자가의 말이 어울린다. "친구들이 그에 대하여 인정하지 않으면 당신의 지식은 쓸데없다"(페르시우스, 「풍자」, 1:27). 지식으로부터 대단한 이득을 보거나 명예를 얻기 위해서 갈망하는 사람도 있다. 이것 역시 부끄러운 장사꾼의 행동이다. 그러나 다른 사람들을 봉사하기 위해 알기를 갈망하는 사람이 있다. 이것은 사랑이다. 마지막으로, 자신의 도덕성을 고양하기 위해서 알기 원하는 사람도 있다. 이것은 절제다. 마지막 두 부류의 사람들만이 지식의 남용을 피하는데, 선을 행하려는 목적에서 알기를 원하기 때문이다. 요리를 잘못한 음식은 소화가 안 되고 위를 뒤집어 놓는다. 이와 마찬가지로 기억(정신의 위) 속에 뭉친 지식 덩어리는 사랑의 불 위에 굽고, 영혼의 훈련에 의해 철저하게 소화되지 않는다면 영양을 공급해 주는 대신에 손상을 입힌다.

〈네 자신을 알라〉

그러므로 다른 무엇보다도 사람은 자기 자신을 알아야 한다. 이 지식은 자만보다는 겸손으로 귀결되고, 따라서 자신의 인격을 구축하는 참된 기초가 된다. 그런데 자신을 배워 아는 것보다 겸손을 발견하는 더 좋은 길은 없다. 자기기만이란 있을 수 없고, 뒤로 물러섬이 없이 결연히 자신을 직면해야 한다. 여기서 그는 진리의 분명한 빛 아래 있는 자신을 발견하고 자신이 하나님의 형상을 상실하였음을 깨닫는다. 자신 속에 있는 감각적인 욕망으로 인한 부패와 마찬가지로 이제까지 겪어 온 세상의 염려가 주는 복잡한 압박감과 함께 자신이 진 죄의 짐을 볼 때, 이 자기 지식에 의해서 참으로 겸손하게 되는 것을 어떻게 회피할 수 있겠는가? 자신의 맹목성과 세속성과 연약함과 계속되는 오류에 빠져 있음을 알기 때문이다. 또한 수없는 위험이 도사리고, 수없는 두려움 속에서 떨며, 수없는 어려움에 정신을 잃고, 수없는 의심 앞에 방어를 못하고, 수없는 궁핍에 염려하고 있는 것을 알게 된다. 참으로 자신은 덕을 혐오하고 악을 환영하는 자이다. 어떻게 이러한 사람이 교만하게 머리를 들고 거만한 눈을 치켜 뜰 수 있겠는가?

따라서 스스로 내 자신을 보는 한 내 눈은 고통으로 가득 찬다. 그러나 하나님의 자비의 도우심으로 축복된 하나님의 환상을 본다면, 이것은 자신에 대한 고통스러운 환상을 곧 완화시켜 준다. 이 하나님의 환상은 작은 일이 아니다. 그것은 긍휼을 가지고 우리 기도를 들으시는 하나님, 참으로 인자하고 자비로우시며 결코 계속해서 진노하시지 않는(욜 2:13) 분을 계시해 준다. 그분의 본성 자체가 선하게 되어 있고 항상 자비를 베푸시기 때문이다. 따라서 이러한 체험과 이러한 방법으로 하나님은 우리의 유익을 위해 당신을 우리에게 알게 하신다. 따라서 사람은 곤경에 처할 때 기도를 들으시는 하나님께(시 91:15) 부르짖을 것이다. "내가 너를 건지리니 네가 나를 영화롭게 하리라"(시 50:15)고 선언하시기 때문이다. 이와 같이 우리가 가진 자기 지식은 하나님을 아는 지식으로 나아가는 한 단계가 될 것이다. 우리 안에서 그분의 형상이 새로워질 때 그분을 우리가 볼 수 있게 될 것이다. 그리고 이때 우리는 "주의 영광을 보매 그와 같은 형상으로 변화하여 영광에서 영광에 이르니 곧 주의 영으로 말미암음이니라"(고후 3:18).

〈이중의 지식〉

이제 우리는 이 두 가지 지식이 모두 우리의 구원을 위해 얼마나 필요한지 알 수 있다. 이들 모두가 없으면 구원받을 수 없기 때문이다. 자기 지식이 결여되면, 주님에 대한 경외심도 가지지 못하고 겸손도 가지지 못할 것이다. 그리고 주님에 대한 경외심이나 겸손 없이 무슨 일을 할 수 있는지 스스로 판단할 수 있다. 그러나 먼저 이 이중의 지식을 확실히 가지고 있으면, 더 나아가 어떤 학식에 의해서도 조금도 속지 않게 될 것이다. 참으로 아무리 학식이 많다 하더라도 우리가 하나님의 아들의 수에 속한다는 확신보다 지식에서 얻을 수 있는 더 큰 유익이 있을 수 있는가? 온 세상을 다 소유하게 된다 하더라도 이 특권과 비교할 수가 없다(마 16:26). 그러나 하나님에 대해 무지하다면 어떻게 알지 못하는 분에게 소망을 둘 수 있겠는가? 그리고 자신에 대해 무지하다면, 사실 마땅히 생각할 것 이상으로 자신을 생각하면서(갈 6:3) 어떻게 겸손할 수 있겠는가? 교만한 자도 소망 없는 자도 빛의 성도들이 받을 기업에는 분깃이 없을 것임을(골 1:12) 알기 때문이다.

그러므로 이러한 무지들을 모두 어떻게 하면 버릴 수 있는지 아주 신중하게 살펴보도록 하자. 이 두 가지 형태의 무지가 모든 죄의 근원이기 때문이다. 하나님에 대한 경외심이 지혜의 시작인 것과 마찬가지로 교만은 죄의 시작이기 때문이다. 하나님의 사랑이 지혜의 완성에 이르는 길인 것과 마찬가지로 절망은 모든 범죄로 이어진다. 그리고 하나님에 대한 경외가 자신에 대한 지식으로부터 자신 안에 일어나고, 하나님에 대한 사랑이 하나님을 앎으로써 오는 것과 같이, 이와 반대로 교만은 자기 지식의 결여에서 일어나고, 절망은 하나님에 대한 지식의 결여에서 일어난다.

사랑의 훈련

"그가 나를 인도하여 잔칫집에 들어갔으니 그 사랑은 내 위에 깃발이로구나"(아 2:4).

이 말은 신부가 사랑하는 자와 나누고 싶었던 달콤하고 친밀한 친교를 향한 갈망을 풀고 난 후, 그가 떠나자 자기 동료 소녀들에게 돌아가는데, 마음이 상쾌하고 발랄해진 나머지 술 취한 것처럼 보였다는 것을 암시하는 것으로 보인다. 그들은 그녀를 보자 그 원인이 도대체 무엇이냐고 묻는다. 그러나 그녀는 술에 취한 게 아니라, 사랑에 취했다. 제자들 역시 사실은 성령에 충만했는데(행 2:15) 술에 취한 것처럼 생각되었다. 여기서 잔칫집이란 제자들이 모여 있을 때 갑자기 하늘로부터 급하게 강한 바람이 그들이 앉아 있는 온 집을 채우고(행 2:2) 요엘의 예언이 성취된(욜 2:28) 그 집이었음을 암시하지 않을까?

〈황홀경의 경험〉

우리 역시 영으로 하나님과 함께 기도의 집에 들어가 오직 주님 앞에 서 있을 수 있다. 거룩한 소원의 손을 뻗어 마치 하늘의 문인 것처럼 제단에 손을 얹을 수 있다. 마치 구름과 같은 성도들 앞에 서 있는 것 같고, 우리의 헌신은 하늘에 미친다. "의인의 간구는 역사하는 힘이 크기"(약 5:16) 때문이다. 자신의 불행을 아주 슬퍼한 나머지 우리는 말로는 할 수 없어 깊은 탄식의 한숨을 쉰다. 그렇지만 확신을 가지고 그렇게 한다면 구한즉 받고(요 16:24) 문을 두드린즉 빈 손으로 돌아오지 않을 것이다(눅 11:8). 참으로 돌아올 때 은혜와 사랑이 충만하고, 정열에 불탄 나머지 우리가 받은 은사를 숨길 수 없게 될 것이다. 그렇게 되면 사람들의 대단한 영접을 받게 될 것이므로, 스스로 영광을 취하지 말고 오직 주님께 영광을 돌리도록(고전 1:31) 조심하라.

그 후 하나님의 신비 속에서 이 영적 황홀경을 구하고 있는 동안 이를 얻게 된다면 불타는 하나님의 사랑의 열정을 가지고 돌아와, 의에 대한 열심이 차고 넘치며, 모든 영적 의무와 연구에 있어 뜨거운 열심을 가지게 될 것이다. 이때 우리는 "내 마음이 내 속에서 뜨겁다"(시 39:3)고 말할 것이다. 넘치는 사랑을 경험하고 난 후 우리는 "그의 잔칫집에 들어갔으니 그 사랑은 내 위에 깃발이라"(아 2:4)고 분명히 지적할 수 있다.

〈두 가지 형태의 황홀경〉

그러나 거룩한 묵상은 두 가지 형태의 황홀경에 있는데, 하나는 지성의 황홀경이고 다른 하나는 의지의 황홀경이다. 전자는 밝아지는 것이고, 후자는 불붙는 것이다. 전자는 지식에 대한 것이고 후자는 헌신에 대한 것이다. 이 부드러운 성질의 감정들, 즉 사랑과 거룩한 열정으로 불타는 마음과 열심으로 가득 찬 영적 활력은 분명히 잔칫집에서만 얻게 된다. 그리고 기도 가운데 이것들을 충만히 얻고 난 사람들은 누구나 "왕이 나를 인도하여 잔칫집에 들어갔다"고 진실로 말할 수 있다.

〈열심에는 분별이 필요하다〉

그러나 지식이 없는 열심은 참을 수 없다(롬 10:2). 따라서 열심이 있는 곳에는 역시 분별, 즉 사랑의 완화제가 필요하다. 지식이 없는 열심은 효과가 없기 때문에, 분별을 잃게 될 것이며, 심지어 해가 될 수도 있다. 따라서 열심이 대단하고, 영적으로 열정이 대단하고, 사랑이 더 넓어질수록, 또한 열심을 억제하고 정열을 다스리며 사랑을 완화시키기 위해 더 분별 있는 지식이 필요하게 될 것이다. 따라서 신부는 자기 동료들에게 돌아오면서 건방지고 참을 수 없게 되는 경우를 대비하여 자신이 분별의 열매를 받았다는 것을 알 필요가 있다. 분별은 사실 미덕이라기보다는 미덕의 완화제, 그 안내자, 감정의 조정자, 바른 삶의 교사이다. 이것이 사라지면 미덕은 심지어 악이 될 수도 있다.

〈눈앞에 있는 일을 한다〉

"그가 내 앞에 순서를 따라 사랑을 두신다." 주 예수님은 나에게 주신 조그마한 사랑의 원천을 내 앞에 순서를 따라 두심으로써 나의 관심이 그분의 모든 생각으로 확대되면서, 무엇보다도 특별히 내 앞에 행하도록 두신 일을 더 부지런히 보살피도록 하시지 않는가? 그러나 이것이 나의 일차적인 관심이 되어야 하지만 이 일에 너무 사로잡혀 내 관심권 밖에 있는 다른 많은 일들을 무시하라는 것은 아닐 것이다. 이렇게 하지 못한다면 사랑의 훈련을 부분적으로만 받는 게 될 것이다. 그렇지만 특별히 나에게 부과된 일에 대해 진정한 관심을 보이면서도 더 큰 일에 대해 한층 명확한 공감을 표한다면 사랑의 순서를 이중으로 성취하게 될 것이다. 따라서 다른 사람의 성취도 즐거워할 수 있다.

"그는 내 앞에 순서를 따라 사랑을 두셨다." 사랑은 행동과 느낌 속에 존재한다. 사랑의 실천을 위해서 외부적인 명령이 사람에게 주어졌다(신 6:4-5). 사랑은 실천의 하나의 명령이며 사랑의 느낌은 하나의 보상이다. 그렇지만 이 명령은 불가능한 것이다. 그러므로 불가능한 것을 명령하심으로써 하나님은 사람을 겸손하게 만드시려고 한다. 그리고 그날에 하나님께서 "우리의 행한 바 우리의 의로운 행위로 말미암지 아니하고 오직 그의 긍휼하심을 따라" 우리를 구원하셨음을 알게 될 것이다.

〈세 가지 형태의 감정〉

우리의 감정이라는 것이 무미건조한 마음을 가지고 일을 해야 한다는 것을 말하려는 게 아니다. 그러나 육신이 기르는 감정과, 이성이 다스리는 감정과, 지혜로 성숙해진 감정이 있다. 첫 번째 것은 사도가 하나님의 법에 복종하지도 않고(롬 8:7) 복종할 수도 없다고 말한 것이다. 그러나 두 번째 것은 선하기 때문에 하나님의 법과 일치한다(롬 7:16). 세 번째 것은 주님의 선하심을 맛보고 경험하기 때문에(시 34:8) 다른 두 가지 것과는 아주 동떨어져 있다. 그것은 첫 번째 것을 제거하고, 두 번째 것에 보상을 준다. 첫 번째 것은 즐겁지만 부끄러운 반면, 두 번째 것은 강하지만 느낌이 없다. 그러나 세 번째 것은 풍부하고 기쁨에 넘친다.

마음을 다하고 성품을 다하고 힘을 다하여 주 너희 하나님을 사랑하고 이를 뛰어넘어 열정을 가지고 이웃을 사랑한다면 자신의 참된 자아를 경험하게 될 것이다. 자신이 하나님의 소유가 된 것 이외에, 자신을 사랑하기 위해 소유하는 것은 조금도 없음을 인식하게 될 것이기 때문이다. 따라서 삶의 능력 전체를 그분께 쏟는다. 반복하면, 그분의 사랑으로 자신을 사랑함으로써, 이 분이 없으면 자신은 아무것도 아닌, 그 하나님을 위한 것이 아니면 자신의 사랑까지도 전연 무가치하다는 것을 발견할 때 자신이 참으로 누구인가를 경험한다.

자기 몸과 같이 사랑할 의무가 있는 이웃에 대해서는 있는 그대로 그들을 경험해야 한다. 이렇게 하게 되면, 자신을 경험하는 것처럼 실제로 그들을 경험하게 되기 마련인데, 그들은 우리와 같기 때문이다. 따라서 하나님께서 우리를 사랑하시는 것과 달리 자신을 사랑할 수 없으므로 이와 마찬가지로 동일한 수단에 의해서 그들을 사랑해야 한다. 그러나 그들을 있는 그대로 경험한다는 것은 현재의 모습대로(그들은 아무것도 아니기 때문에), 그렇지만 장차 되어질 그들의 모습을 경험하는 것이다. 만약 그들이 탕자처럼 돌아오지 않는다면 전적으로 그리고 영원히 아무것도 아니라는 게 명백하기 때문에, 그들은 아직 거의 아무것도 아니다.

이에 답하는 신부의 감정

〈신부의 말〉

"내 사랑하는 자는 내게 속하였고 나는 그에게 속하였도다"(아 2:16).

이제까지는 신랑의 말에 대해 생각해 보았다. 이제는 신부의 말을 듣게 될 것이다. 이렇게 하기 위해 그녀의 말이 하나님의 영광을 표현하고 우리의 구원이 되도록(행 14:11) 기도한다. 우리의 말을 하나님께서 인도하시지 않는다면 우리가 생각하거나 논의할 수가 없기 때문이다. 우리의 말은 감각에 달콤한 것과 마찬가지로 하나님의 인도를 받으면 풍성하고 깊은 신비가 있기 때문이다. 무엇과 비교하면 좋을까? 연회(宴會)와 같아서, 다른 곳보다 세 가지 극상의 진미가 있다. 감정을 즐기는 감미로운 맛이 있고, 정신을 살찌우는 견실하고 가치 있는 진리가 있고, 거짓 지식에서 일어나는 교만이나 과장과는 반대되는(고전 8:1) 대단한 치유력이 있다. 신부의 말에는 이와 같은 것들이 있다. 그러나 수박 겉핥기식의 지식을 가지고 성공할 수 있다고 상상하는 사람이 있다면 자신의 지적 능력이 파묻히고 온 정신이 가위눌리는 것을(고후 10:5) 알게 될 것이다. "이 지식이 내게 너무 기이하니 높아서 내가 능히 미치지 못한다"(시 139:6)고 겸손하게 인정해야만 이에 대처할 수 있다. 그러므로 간단하고 달콤한 본문의 말씀으로부터 시작하기로 하자. "내 사랑하는 자는 내게 속하였고 나는 그에게 속하였도다."

〈사랑의 말〉

신부는 사랑으로 시작하여 계속해서 그녀의 사랑하는 자에 관해 이야기하면서, 달리 더 사랑하는 것을 알지 못한다고(고전 2:2) 선언한다. 따라서 그녀가 누구에 관해서 이야기하고 있는가 하는 것은 아주 분명하다. 그러나 그녀가 누구에게 이야기하고 있는가 하는 것은 그렇게 분명하지 않다. 그분이 함께 계신다거나 그녀가 직접 그분과 이야기를 나누고 있다고 가정할 수는 없기 때문이다. 이것은 그 후에 바로 그녀가 마치 그가 멀리 떨어져 있는 것처럼 느끼고 자기에게 다시 돌아오라고 애원하면서 그분을 부르는 것에서 분명히 나타난다. "나의 사랑하는 자야 돌아오라." 이로부터 우리는 그분이 말씀하신 후 으레 그런 것처럼 다시 떠나가셨다는 것을 믿게 된다.

그럼에도 불구하고 그분은 그녀의 머리에서 결코 떠나가지 않기 때문에 그녀는 계속 그분에 관해서 이야기한다. 따라서 그녀의 마음에서 결코 떠난 적이 없기 때문에 그녀의 입술에는 계속 그분에 대한 이야기가 오르내린다. 입에서 나오는 것은 마음에서 나오는 것이다. "마음에 가득한 것을 입으로 말하기"(눅 6:45) 때문이다. 그러므로 그녀는 자기의 사랑하는 자를 진정 사랑하는 분, 진정 사랑받을 만한 분이며, 이런 까닭에 너무나 그분을 사랑한다고 말한다. 사실 그녀가 누구에게 이야기하고 있는지 물어볼 필요가 없다. 계속 그녀가 주목하고 있는 것은 동료 소녀들이 아니다.

⟨독백의 말⟩

그보다는 다른 사람이 아닌 자신에게 이야기하고 있고, 전에 이야기하던 것과 관계없이 비약된 말은 독백이라고 생각하는 게 더 좋다. "내 사랑하는 자는 내게 속하였고 나는 그에게 속하였다"고 말한다. 그 이상 무어라고 하겠는가? 이런 까닭에 말이 중단되고 듣는 사람들 역시 듣기보다는 긴박감에 사로잡혀 그렇게 되기를 기다린다. 아무런 대답이 없지만, 그분의 관심을 끈다.

"내 사랑하는 자는 내게 속하였고 나는 그에게 속하였다"는 말은 무엇을 말하는가? 그녀가 느끼는 것을 우리가 느끼지 못하기 때문에(요 16:18) 무엇을 말하고 있는지 이해하지 못한다. 오 거룩한 영혼이여, 그대가 사랑하는 자는 그대에게 무엇이 되며, 그대는 그분에게 무엇이 되는가? 서로 주고받는 것처럼 보이고, 그렇게 인자하고 친밀하게 다가오는 그 신비스러운 서로의 사랑은 무엇인가? 그대에게는 그분이며 이분에게는 그대이다. 그분이 그대에게 그런 것처럼 그대도 그분에게 그러하다. 아니면 어떤 차이가 있는가? 우리의 이해를 돕기 위해 분명히 말해주게(요 10:24). 계속 기다리게 하지는 말게. 그대의 비밀은 그대 자신만을 위한 것이 되어야 하나?(사 24:16).

〈감정의 말〉

말한 것은 감정이지 지성이 아니며 따라서 이런 까닭에 조금도 이해할 수 없다는 것을 선지자가 우리에게 상기시켜 주는 게 아닐까? 그렇다면 이 말을 꺼낸 이유는 무엇인가? 확실히 신부가 즐거움에 도취되어, 격한 기쁨과 자기의 사랑하는 자를 다시 보고 싶은 간절한 갈망에 빠져 있다는 것 이외에는 아무것도 없다. 더 이상 말할게 없어지더라도 그녀는 침묵을 지킬 수가 없고 어떤 방법으로든지 자기가 느끼는 바를 표현해야 되기 때문이다. 침묵을 깨뜨리고 말할 수밖에 없는 것은 자기의 감정을 표현하려는 것이다. 마음의 가득한 것을 입으로 말하기(눅 6:45) 때문이다.

〈감정의 언어〉

따라서 감정에는 자체의 언어가 있어서, 자체의 뜻에 반대되더라도 스스로 드러내게 된다. 따라서 두려움은 어둔한 말로 표현되고, 근심은 서글픈 말로, 사랑은 기쁨의 말로 표현된다. 고통 중에 있는 사람들은 신음소리를 내기 마련이 아닌가? 슬픔에 잠긴 사람들은 흐느끼고 탄식하기 마련이 아닌가? 공포에 놀라 질겁한 사람들은 갑자기 자기도 모르게 괴성을 지르기 마련이 아닌가? 피곤하고 일에 지친 사람들은 하품을 해야 풀리기 마련이 아닌가? 이 모든 것들은 습관에서 생기거나 두뇌에서 나오거나 반성을 통해 얻어지거나 미리 묵상함으로써 형성되지 않는가? 분명히 이러한 모든 감정의 표현들은 신중한 목적을 가지고 생겨난 게 아니라, 갑작스럽고 자발적인 충동의 산물이다. 따라서 특별히 하나님을 향하여 격렬하게 타오르는 사랑은 스스로를 억제할 수 없을 때 말의 순서나 문법, 문체나 혹은 장단을 생각하려고 감정을 자제하며 중단하지 않는다. 따라서 신부는 열정적이고 거룩한 사랑으로 불타고 있을 때 자칫 자기감정이 너무 격렬해질까 억제하려고 하면서도 머리에 떠오르는 말이 생기자마자 터뜨려 버리고 말 것이다. 그렇게 마음이 벅차 있는데 달리 어떻게 행동할 것이라고 기대할 수 있겠는가?

그러므로 이 결혼 송가를 다시 되새겨 보자. 모든 밀회장소와 대화 속에서 신부가 지금 말하고 있는 것과 똑같은 부드러움과 즐거움을 가지고 신랑이 그녀에게 말했던가를 살펴보자. 물론 그분은 그렇게 말했고, 이런 까닭에 그녀는 너무 좋아서 만족해하고 있다(시 103:5). 그녀가 말을 하고 있는 게 아니라 부르짖고 있다는 것은 조금도 이상하지 않다. 그녀가 말을 지어내는 것처럼 보일지라도, 세련되고 잘 가려서 하기보다는 얼떨떨한 말이기 때문이다. 사실 신부는 자진해서 시편 기자의 말을 빌려 쓰고 있다. "내 마음에 좋은 말이 넘친다"(시 45:1). 마음에 벅찬 나머지 이렇게 말하고 있다.

〈사랑하는 마음의 언어〉

다시 이 결혼 송가를 기억해 보자. 신랑은 그녀에게 말했었다. "내 사랑하는 자는 내게 속하였고 나는 그에게 속하였도다"(아 2:16). 분명히 자기 마음의 소원을 풀었기 때문에 넘치는 기쁨과 함께 이 말은 그녀의 입에서도 새어나온다. 그분의 결혼 송가에는 기도도 없고, 또 결론도 내리지 않는다. 그렇다면 무엇인가? 터져 나오는 감정이다. 이런 언사에서 무슨 감정의 논리나 어법의 규칙을 찾겠는가? 무슨 문법 구조를 가하고 있지나 않은가? 분명 우리는 이 점에 대해서 논쟁을 벌일 여지가 없다. 이 노래는 우리의 지식이나 의지에 구애됨이 없이 내면에서부터 터져 나오기 때문이다. 노래가 흘러나오는 그릇의 자질에 따라 좋건 나쁘건 향기가 풍겨난다. 선한 사람은 그 쌓은 선에서 선한 것을 내고 악한 사람은 그 쌓은 악에서 악한 것을 낸다(마 12:35). 그런데 우리 주님의 신부는 선한 것을 담은 그릇이어서 그녀가 풍겨내는 향기는 감미롭다.

주 예수여, 황공하옵게도 저에게 적어도 그 향기를 맡게 하심을 감사합니다. 그렇습니다, 주님. 부자의 상에서 떨어지는 부스러기를 먹도록 허락된 개처럼(마 15:27) 저에게도 이것이 허락됩니다. 당신의 사랑하시는 자가 자기감정을 토로한 것을 저도 아주 공감하고 있다고 고백드립니다. 비록 그 양은 아주 적을지라도 "우리가 다 그의 충만한 데서 받으니 은혜 위에 은혜러라"(요 1:16). 말로 할 수 없는 당신의 사랑과 겸손의 향기로 나를 채우신 그 충만한 감미로움을 기억하게 해주기 때문입니다. "내 사랑하는 자는 내게 속하였고 나는 그에게 속하였다"는 이 짧은 신부의 말은 나를 위한 것입니다. 그러므로 그녀로 하여금 당신을 인해서는 자신을 잊고 도취하게 하소서. 그래도 우리를 위해서는 정신을 차릴 것입니다.

하나님을 구하는 영혼을 하나님은 고대하신다

〈하나님을 향한 소원은 즐거운 선(善)이다〉

"내가 밤에 침상에서 마음으로 사랑하는 자를 찾았노라"(아 3:1).

하나님을 구한다는 것은 참으로 좋은 일이다. 이것보다 더 큰 영혼의 축복은 없다고 믿는다. 이것은 하나님의 은사 중 첫 번째 것이고 영혼의 성장의 마지막 단계다. 다른 미덕들을 여기다 더할 수도 없고, 더 이상 가는 것도 있을 수 없다. 하나님을 구하지 않는 자에게 무슨 미덕이 있을 수 있는가? "그의 얼굴을 항상 구할지어다"(시 105:4). 한 영혼이 그분을 발견했다고 해서 더 이상 그분을 구하지 않으리라고는 생각하지 않는다. 걸음을 옮겨서 하나님을 구하는 게 아니라 마음의 소원으로 하나님을 구하기 때문이다. 한 영혼이 축복을 받아 그분을 발견하게 되었을 때 그 은밀한 소원은 사라지는 게 아니라 도리어 증가한다. 기쁨이 완성된다고 소원이 사라지는가? 그렇지 않다. 그보다는 불길 위에 기름을 붓는 것과 같다. 소원은 불길과 같기 때문이다. 기쁨은 성취될 것이다. 그러나 그 성취는 소원의 끝이 아닐 것이며, 따라서 추구의 끝은 아닐 것이다. 할 수 있는 한 하나님을 구하는 이 진지한 사랑을 그분의 부재를 두려워하지 않는 것으로 생각하고, 그분에 대해 이 소원을 갖는 것을 정신의 불안이나 고통이 없는 것으로 생각하라. 또한 그의 임재는 전자를 제거해 주고, 그분의 풍성하신 은혜는 후자를 지켜 주신다.

〈하나님에 대한 우리의 소원을 하나님은 고대해 오셨다〉

그러면 왜 내가 이 서론적인 지적을 해왔는가를 생각해 보라. 하나님을 구하고 있는 그대들의 모든 영혼은 이미 하나님께서 그것을 고대해 오셨고,

우리가 하나님을 구하기 시작하기 전에 그분이 먼저 우리를 구하셨다는 것을 알아야 하기 때문이다. 이것을 알지 못하고, 하나님의 좋은 은사로 가득차 있으면서도 받지 않은 것처럼 느끼고, 따라서 이것들을 소유하는 영광을 하나님께 돌리지 않는다면 크나큰 축복이 큰 해가 되는 수가 있다.

〈하나님만이 홀로 찬양을 받으셔야 한다〉

의심할 나위 없이 이런 까닭에 하나님께서 그들 위에 머물게 하신 은혜로 말미암아 사람들 앞에서는 아주 위대하게 보이는 사람들도 하나님 앞에서는 지극히 작은 자로 여김을 받았다. 그 은혜에 합당한 영광을 하나님께 돌리지 않았기 때문이다. 이와 같이 사람들에게는 최선의 것도 최악이 될 수가 있다. 사실 하나님께 속한 영광을 자신에게 돌린다면 그러한 사람들은 칭찬을 받기에 앞서 질책을 받아야 마땅하다는 것이 확실하기 때문이다. 이것은 최악의 범죄 중의 하나이다. "내가 나 된 것은 하나님의 은혜로 된 것이니 … 내가 한 것이 아니요 오직 나와 함께 하신 하나님의 은혜라"(고전 15:10)고 부언할 사람도 아마 있을 것이다. 이와 달리 자기가 받은 은혜를 자신에게 영광 돌리려 하는 사람이 있다고 한다면 그는 도둑이요 강도가 아니겠는가?(마 19:22). 주님께 속한 영광을 스스로 찬탈하는 종보다 더 악한 자가 있을 수 있겠는가?

〈하나님의 말씀은 우리의 추구를 고대하신다〉

"내가 밤에 침상에서 마음으로 사랑하는 자를 찾았노라." 영혼은 말씀을 구한다. 그러나 먼저 말씀에 의해서 구한 바 되었다. 말씀에 의해서 구한 바 되지 않았다면, 일단 말씀의 임재로부터 쫓겨 나갔을 때 영혼은 더 이상 자기가 잃어버린 선한 것을 찾으려고 되돌아오지 않았을 것이다. 우리의 영혼은, 홀로 버려두면, 이리저리 방황하고 돌아오지 않는 영혼이다. 도망쳐서 방황하는 영혼의 말에 귀를 기울이고, 그가 불평하는 것이 무엇이며, 그가 구하고 있는 것이 무엇인지 배우라 "잃은 양 같이 내가 방황하오니 주의 종을 찾으소서"(시 119:176). 오 인간들이여, 정말 돌아오기를 원하는가? 그러나 그것이 그대 자신의 의지에 달려 있다면 왜 도우심을 간구하는가? 자신 안에 이미 풍성하게 가지고 있는 것을 누구에게 구하고 있는가? 영혼의 의지가 돌아오는 것이라면 어떻게 된 것인가?

〈우리의 의지에는 능력이 필요하다〉

의지는 능력에 의해 활동할 힘을 얻지 못하면 움직이지 않고 그대로 있다. 아니면 사도가 말하고 있는 것처럼 "원함은 내게 있으나 선을 행하는 것은 없노라"(롬 7:18). 위에서 인용한 구절에서 시편 기자가 구하고 있는 것은 무엇인가? 그는 분명 구한 바 되는 것 말고 아무것도 구하지 않는다. 구한 바 되지 않았다면 그 역시 구하지 않을 것이다. 더 나아가 충분히 구한 바 되지 않았다면 그 역시 구하지 않을 것이다. 이 뒤에 나오는 은혜는 참으로 그가 간구하는 것이다. "주의 종을 찾으소서." 하나님의 기쁘신 뜻에 따라 이에 이르도록 자기에게 소원이 주어지도록 구한다.

"마음에 사랑하는 자를 찾았다"고 신부는 말한다. 먼저 그대를 찾으시고 사랑하셔서 그대를 고대하신 분의 선하심도 이를 위한 것이며, 선하심으로 그대를 부르시고 일으키신 것도 이를 위한 것이다. 먼저 그분이 그대를 구하시고 사랑하지 않았다면, 오 영혼이여, 그대는 그분을 전혀 구하지도 않고, 전혀 사랑하지도 않을 것이다.

〈사랑은 구한다〉

사랑하고 구하는 이중의 축복으로 그대를 고대해 오셨다. 사랑이 구함의 원인이다. 구한다는 것은 사랑의 열매요 분명한 증거가 된다. 사랑을 받았으므로 형벌을 받기 위해 구하신다 하더라도 두려워하지 않을 것이다. 그대를 찾으셨으므로 아무 목적 없이 사랑하신 것도 불평하지 않을 것이다. 이 두 가지 크고 틀림없는 호의는 각각 그대에게 용기를 주었다. 소심하고 겁 많은 것을 제거해 주셨다. 그대의 감정에 와 닿았고 그것을 움직여 당신에게 돌아오게 하였다. 여기서 그대의 영혼이 사랑하는 분을 구하는 열심과 열정이 일어난다. 먼저 그대를 구하실 때까지는 그분을 구할 수 없었던 것과 마찬가지로, 이제는 그 사랑이 헛되다고 불평하지 않도록 그대를 구하신다. 이 크고 분명한 호의가 모두 그대에게 용기를 주었다. 수줍고 겁 많은 것을 제거해 주었다. 이것들이 그대의 감정에 와 닿아 그분을 구할 마음을 주었다. 이로부터 그대의 영혼이 사랑하는 분을 구할 열심과 열정이 나온다. 구한 바 되기 전에는 그대가 구할 수 없기 때문에, 더욱이 그대는 이제 그분을 구하는 것 이외에 다른 일을 할 수 없도록 구한 바 되었다.

〈하나님께 대한 우리의 신실하지 못함〉

그대가 어디서 나왔는지 결코 잊지 말라. 이제까지 내 자신에게 말한 것을(이것은 더 안전한 논설인데) 적용해 본다면, 이제까지 그대와 잘 지낸 첫 남편을 버린 것은, 오 영혼이여, 그대 자신이 아닌가? 일찍이 그분과 맺은 신의를 깨뜨리고 다른 연인에게 가지 않았는가?(호 2:5-13). 더욱이 그들과 간음을 범하고 그들에게 버림을 당하고 이제 와서 그토록 교만하고 무례하게 굴었던 그분에게 돌아오다니 철면피가 아닌가? 어둠 속에 자신을 숨겨야 마땅한 때에 정말 빛을 구하겠는가? 책망의 채찍을 맞아 마땅한 때에 신랑의 품으로 뛰어들 용기가 있는가? 그대를 정죄할 심문주를 발견하지 못하고 그와 달리 그대를 받아주는 남편이 있다는 것은 놀라운 일일 것이다.

〈사랑은 두려움을 몰아낸다〉

그렇지만 자기 영혼이 질책에 응답하는 소리를 듣게 될 사람은 행복하다. 사랑하고 사랑받는데 두려울 게 없다. 그가 먼저 나를 사랑하지 않았다면 나도 사랑할 수 없었을 것이다. 그러므로 사랑이 없는 자는 두려워하도록 하라. 그러나 사랑하는 영혼에게는 두려워할 것이 없다. 사랑이 없는 자가 어찌 계속해서 벌 받는다는 생각을 떨쳐 버릴 수 있겠는가? 그러나 나는 사랑하기 때문에 자신의 사랑을 의심하지 않고 또 사랑받는다는 것도 의심하지 않는다. 나에 대한 감정을 그렇게 확실하게 느끼고 있는데, 그분의 얼굴을 두려워하다니 있을 수 없는 일이다. 그 부드러우심을 느끼고 있기 때문에, 그분을 바라보는 것을 두려워하는 것도 있을 수 없다. 어디서 이것을 알게 되었는가? 나를 있는 그대로 구하셨을 뿐만 아니라 나에게 인자하심을 베푸시고 나로 하여금 확신을 가지고 당신을 구하도록 하신, 바로 이 단순한 사실에 있다.

나를 향하신 그분의 감정 속에서 응답하고 있을 뿐인데 그분이 나를 찾으실 때 어떻게 응답할 수 없겠는가? 당신을 향해 터뜨린 원망을 용서하셨는데 당신을 찾고 있는 나에게 어떻게 화를 내실 수 있겠는가? 내가 당신을 원망하고 있을 때 나를 찾으셨다면, 왜 내가 당신을 찾고 있을 때 나를 원망하시겠는가? 말씀의 영은 다정하고 정중하다. 나에 대한 그분의 문안은 정중하다. 나를 향하신 친절을 나로 하여금 깨닫게 하신다. 스스로 숨길 수 없는(마 5:14), 나를 위한 말씀의 진지한 사랑을 나에게 속삭이며 깨닫게 하신다. 하나님의 깊은 것이라도 통달하시며, 하나님의 생각은 화평의 생각이며, 보복의 목적이 아님을 아시기 때문이다. 그분의 자비를 체험하고 그분과 내가 화해되었음을 납득할 때 어떻게 그분을 구하도록 자극을 받지 않을 수 있겠는가?

〈말씀으로 하여금 우리를 책망하시도록 하자〉

나의 형제들이여, 이 진리에 대해 진지하게 생각하는 것은 말씀에 의해 찾은 바 되는 것이다. 이것들을 납득하는 것은 그분에게 발견되는 것이다. 그러나 모두가 그 말씀을 받아들일 수 있는 것은 아니다. 우리 가운데 있는 어린아이들을 위해 무엇을 해야 할까? 내가 말하는 것은 초보자의 단계에 있어서, 이미 지혜의 시초를 소유하고 그리스도를 경외하는 가운데 서로 복종하고 있음에도 불구하고 원만한 이해와는 거리가 먼 사람들이다. 스스로 자신에게 일어나고 있는 것을 아직 느낄 수 없을 때 그들을 그와 같이 대하시는 분이 신랑이심을 알도록 어떻게 도와줄 수 있을까? 동료들의 마음에 있는 것을 식별하지 못하고 따라서 믿지 않을 것들을 성경에서 읽어보도록 하라고 말하고 싶다.

예언서 중에 다음과 같이 기록되어 있기 때문이다. "가령 사람이 그의 아내를 버리므로 그가 그에게서 떠나 타인의 아내가 된다 하자 남편이 그를 다시 받겠느냐 그리하면 그 땅이 크게 더러워지지 아니하겠느냐 하느니라 네가 많은 무리와 행음하고서도 내게로 돌아오려느냐"(렘 3:1). 이것은 감히 의심하거나 순종하기를 지체할 수 없는 주님의 말씀이다. 그들로 하여금 아직 체험하지 못한 것이 있고, 그들도 신앙의 공덕에 의해 언젠가 체험의 열매를 얻게 되리라는 것을 믿게 하자.

말씀에 의해 구한 바 된다는 것이 무엇을 의미하는지 충분히 언급하였다고 생각한다. 말씀을 위해서가 아니라 영혼 자신을 위하여 이것이 필요하다. 하여튼 이것을 체험한 영혼은 이 체험에 의해 그분을 좀 더 충족하고 행복하게 안다는 것을 부언할 수밖에 없다. 따라서 그리스도를 갈급해하는 영혼이 자기를 찾으신 분을 어떻게 찾아가는가 하는 것은 나로서는 다른 기회에 이야기하고 싶다. 아니면 이 구절에서, 그의 영혼이 사랑하는 자를 구하고 있는 것으로 언급되고 있는 분에게서 배우는 것도 좋다. 그는 영혼의 신랑이신 우리 주 예수 그리스도, 만유 위에 계시고 영원히 찬양받으실 하나님이시다. 아멘.

IV

영적 우정

8

우정의 편지

성 티에리의 수도원장 윌리엄에게, 1125년경

1   형제 버나드는 순결한 마음과 선한 양심, 거짓 없는 믿음에서 나오는 건강과 사랑을 기원합니다.

  사람의 사정을 사람의 속에 있는 영 외에는 아무도 알지 못하고(고전 2:11), 하나님은 마음을 읽고 계시지만 사람은 외모를 취할 따름이므로, 나에 대한 그대의 애정에 대해서 놀라울 뿐입니다. 나에 대한 그대의 애정과 그대에 대한 나의 애정을 어떻게 구별하실 수 있겠습니까? 그대 자신의 마음의 느낌뿐 아니라 다른 사람의 느낌을 어떻게 판단하실 수 있겠습니까? 선을 악으로, 악을 선으로 생각하거나, 참된 것을 거짓되고 반대되는 것으로 고백할 뿐 아니라 확실한 것을 의심스럽다고 하고 의심스러운 것을 확실하다고 간주하는 것이 인간 정신의 오류라고 여겨지기 때문입니다.

  우리들의 관계에서 그대가 나를 사랑하는 만큼 나에게 사랑을 받지 못했다는 그대의 말이 사실일지도 모릅니다. 그러나 그대가 사실이 그렇지 않음을 알고 있다고 저로서는 아주 확신하고 있습니다! 사실 확실히 할 수 없는 일에 대하여 어떻게 그렇게 확신할 수 있겠습니까? 바울이 "나도 나를 판단하지 않는다"(고전 4:3)고 말할 때, 그는 자기 자신의 확실성을 신뢰하지 않았습니다. 베드로가 스스로 "내가 주와 함께 죽을지언정 주를 부인하지 않겠다"(마 26:35)고 했을 때 그는 주제넘게 스스로를 기만한 것을 슬퍼했습니다. 마찬가지로 제자들도 자기 자신의 양심을 신뢰하지 못하고, 주님을 부인하는 일에 대해서 각기 "주여 그것이 내니이까"(마 26:22)라고 물었습니다. 다윗은 스스로 자신의 무지를 고백하면서, '내 젊은 시절의 죄와 허물을 기억하지 마사라"(시 25:7)고 기도합니다. 그런데 그대는 놀라운 확신을 가지고 아주 적극적으로 그대 자신의 마음뿐 아니라 나의 마음에 대하여 "무척 사랑하는데 별로 사랑받지 못한다"고 단언합니다.

2   이것은 사실 그대의 말입니다. 이 말이 없었기를 바라는 것은, 사실 그것이 진실인지 알지 못하기 때문입니다. 그대가 안다면, 어떻게 그대가 나에게 사랑받는 것보다 내가 더 그대에게 사랑받는다는 것을 아시겠습니까? 그대의 편지에 덧붙인 것에서 나왔습니까? 우리 사이를 오간 사람들이 내가 보내는 관심과 애정에 대해 전혀 언질을 주지 않았습니까? 어떤 언질과 어떤 사랑의 증거를 나에게 요구하십니까? 이것이 그대를 언짢게 하고, 그대가 나에게 보낸 많은 편지에 대해 한 번도 답장하지 않은 고통입니까?(이것은 버나드가 윌리엄에게 보낸 첫 번째 편지였다) 그러나 그대의 정직한 지혜로써 미숙하게 휘갈겨 쓴 편지에서 어떤 기쁨을 얻을 수 있었으리라고 나로서 생각이나 할 수 있겠습니까?

누군가 말하기를 "자녀들아 우리가 말과 혀로만 사랑하지 말고 행함과 진실함으로 하자"(요일 3:18)고 한 것을 알기 때문입니다. 언제 나의 도움을 필요로 했으나 도움을 받지 못했습니까? 오, 마음과 생각을 감찰하시는 이여! 홀로, 의의 아들로서 종들의 마음을 가지가지 은혜의 광선으로 비춰시는 이여, 당신의 은사로써 내가 그를 사랑하고, 그에게 그만한 자격이 있다는 나의 생각을 당신은 아시나이다. 얼마나 내가 그를 사랑하는지 당신은 아시며 나는 모릅니다. 오 주님, 내가 그를 향하여 그가 나를 향하여, 가진 사랑을 주신 이여, 얼마나 많은 것을 주셨는지 당신은 아시나이다. 더욱이 무슨 권리로 우리 중 누구라도 먼저 당신의 빛 안에서 자신의 빛을 보기 전에, 당신이 계시해 주지 않은 자에게 "무척 사랑하는데, 별로 사랑받지 못한다"고 감히 말한단 말입니까? 다시 말해서, 당신의 진리의 빛 안에서 사랑의 불길이 얼마나 밝은지 인식하게 됩니다.

3   한편으로, 오 주님이여, 당신께서 사망의 그늘 그 어둠에 있는 나를 찾아오시기까지 당신의 빛 안에서 내 자신의 어둠을 보는 것으로 만족합니다. 당신에 의해 사람의 생각이 드러날 것입니다. 어둠의 은밀한 일들이 밝히 드러날 것이며, 그늘진 곳이 흩어져 사라질 것입니다. 어둠과 빛이 당신의 빛 속에 남아 있을 것입니다.

참으로 당신의 은사에 의해 그를 사랑한다고 느낍니다. 그러나 아직 당신의 빛 안에서 그를 충분히 사랑하고 있다고는 보지 않습니다. 친구를 위하여 목숨을 버리는 것보다 더 큰 것이 있을 수 없다는 애정의 수준에 이르렀는지도 아직 모릅니다. 누군들 자기 마음이 순결하다거나 완전하다고 자랑하게 되겠습니까? 오 주님, 내 영혼에 등불을 비춰시고 그 등불로 내 자신의 어둠을 보고 몸서리치게 하신 이, 나의 하나님이여, 바로 그 어둠도 밝혀 주사 내 속에서 완전하게 통제된 애정을 보고 즐거워하게 하시고, 마땅히 사랑받아야 할 것이 무엇인지 그 수준과 합당한 이유를 알고 사랑하게 하소서.

당신 안에서가 아니면, 마땅히 사랑받아야 할 그 이상으로, 사랑받기를 바라지 않는 것이 좋습니다. 나에게 합당한 것 이상으로 그에게 사랑받는다거나 그에게 마땅한 것만큼 내가 그를 사랑하지 못한다면 나에게 역시 화가 있을 것입니다. 그럼에도 불구하고 '더 사랑을 많이 하는 사람이 더 좋기 때문에", 더 좋은 사람이 더 많은 사랑을 받는 것이 마땅하다면, 달리 무어라고 말하겠습니까? 그러나 동시에 나에게는 그렇게 할 능력이 적기 때문에 내가 마땅히 해야 할 만큼 그를 사랑하지 못한다는 것을 고백합니다.

4   그러나 나의 수도사여, 그대의 사랑이 클수록 그 만큼 나의 불완전함을 멸시해서는 안 됩니다. 더 큰 능력을 가지고 더 사랑한다 할지라도 그대의 능력이 허락하는 그 이상으로 사랑하지는 않기 때문입니다. 그러므로 내게 있어서도 나에게 마땅한 만큼 사랑하지는 못할지라도 나의 능력이 허용하

는 한 그대를 사랑하며, 내가 받은 사랑의 능력만큼은 사랑할 수 있습니다. 따라서 그대에게 맞추어 그대와 함께 좀 더 충분한 능력을 받아 좀 더 넘치게 사랑하도록 그대의 수행 가운데 나를 이끌어 주십시오.

그렇다면 왜 내가 도달해야 된다고 애를 쓰며, 내가 그렇게 할 수 없다고 불평합니까? 그대가 내게서 찾기를 소망하는 모습이 아니라, 있는 그대로 받아주십시오. 정말 그대는 내게서 내가 알지 못하고 지니지 못한 것, 내가 아닌 것으로서 그대가 추구하는 어떤 것을 보고 있습니다. 그러므로 나로서는 이것으로 족하기 때문에 그대는 그에 미치지 못하고, 그대가 편지에서 불평하는게 맞는 것처럼 그대를 실망시킨 것은 내가 아니라 내 안에 계신 하나님이십니다. 그런데 내가 이 편지에서 늘어놓는 이 모든 말투가 좋으시면 말씀해 주십시오. 그대에게 순종하여 주제넘다는 비난을 두려워하지 않을 것이기 때문에, 반복하겠습니다.

그대에게 보내달라고 명하신 작은 서문은 현재 내 손에 없으며 끄집어낼 필요도 없다고 생각합니다. 그대에게 소원을 주신 분께서 그 기쁘신 뜻 가운데서 그대가 바로 구하는 것은 무엇이나 그대와 그대의 친구들에게 성취해 주실 것을 기도합니다. 그대는 나의 모든 관심을 쏟을 충분한 진가가 있는 경건하고 가장 경의로운 수도사이기 때문입니다.

윌리엄에게 보내는 버나드의 다른 편지에서 발췌(1130년경)

친구인 클레르보의 버나드 형제로부터 친구를 위해 바랄 수 있는 모든 것을 표하며.

1 "친구로서 바랄 수 있는 모든 것을 친구에게"라고 쓰신 이 인사법을 내게 보내주셨습니다. 그대 자신의 인사를 되받으시고 수락하는 것이 우리가 한마음이라는 증거임을 아십시오. 나의 마음은 나와 공동의 언어를 사용하는 분에게서 멀지 않기 때문입니다. 이제 그대의 편지에 짤막하게 답해야 하겠습니다.

마치 내가 그대와 관련된 것은 무엇이나 인식하고 있는 것처럼 내가 그대에게 하기를 바라는 것이 무엇인지 알고 싶다고 쓰셨습니다. 그러나 이 계획은, 내가 생각하는 바를 말해야 한다면, 내가 의도할 수 있는 것도 그대가 수행할 수 있는 것도 아닙니다. 익히 아는 바와 같이 그대가 스스로를 위해 원하는 것을 나는 그대를 위해 원하는 바입니다. 그러나 바른 일은 그대의 의지와 나의 의지를 모두 한 쪽으로 밀어놓고 하나님께서 그대에게 뜻하시는 바를 더욱 생각나게 되며, 내 생각으로는 그대가 그것을 행하도록 충고하는 것이 나로서는 좀 더 안전하기도 하고, 그대에게도 그것을 행하는 것이 훨씬 더 유익합니다.

따라서 나의 충고는 그대가 계속해서 현재의 책무에 충실하고 있는 자리에 머무르며, 아랫사람들에게 유익을 끼치도록 배우고, 쓰임받을 수 있는 한에서는 보살피는 직무에서 떠나지 말라는 것입니다. 만약 그대가 양 떼를 치면서도 아무 유익을 주지 못한다면 화가 있을 것이기 때문입니다. 그러나 만약 그대가 보살피는 직무를 두려워하기 때문에 쓰임받을 기회를 저버린다면 더 엄청난 화가 있을 것입니다.

수도원 부원장인 구이구에스와 데 카스트로, 그리고 그란데 샤르트루즈의 다른 수도사들에게(1125년경)

클레르보의 형제 버나드는 수도사 중 가장 명망 있는 이들과 친구 중 가장 친애하는 그란데 샤르트루즈의 부원장 구이구에스에게 또한 그와 함께 하는 거룩한 수사들에게 계속 건강하시기를 기원드립니다.

1 내가 간절히 갈망하고 받기를 소원했던 만큼 기쁨으로 그대의 편지를 받았습니다. 읽고 나니 내 입으로 소리 내어 읽은 편지들이 내 마음속에서 불똥과 같다는 것을 느꼈습니다. 마치 주님께서 땅에 던지러 오신 불에서(눅 12:49) 나온 것처럼 그것들은 내 속에서 마음을 뜨겁게 해주었습니다. 그러한 불꽃 튀기는 명상 가운데서 엄청난 불꽃이 피어오르게 틀림없습니다.

그대의 영감에 찬 문안은 사람에게서 난 것이 아니라 꿈속에서 야곱을 찾으신 분으로부터 내려온 말씀과 같았음을 고백합니다. 나에게는 단지 습관적인 문안이 아니라 분명 사랑의 마음으로부터 바로 나온 것이었습니다. 너무 감미로웠고 또한 전혀 예기치 못한 것이었습니다. 친절하게도 나의 문안을 기대해 주신 그대에게 하나님의 축복이 함께 하시기를 기도하며, 그대의 편지를 받음으로 해서 그대에게 답장할 용기를 얻었습니다. 그대에게 편지를 쓸까 종종 생각했지만, 감히 그렇게 하지 못했습니다. 장황하게 늘어놓는 편지로 그대를 귀찮게 해서 그대가 주님 안에서, 그대를 세상으로부터 격리시켜 주는 종교적 침묵 안에서 가지는 거룩한 정적을 깨뜨릴까봐 주저했기 때문입니다.

항상 은밀한 하늘의 찬양으로 가득 차 있는 귀에 나의 말을 쏟아놓음으로써 한시라도 하나님의 신비한 속삭임을 방해하기를 원하지 않았습니다. 내가 잠시라도 하나님과의 친교에 가득 차 있는 마음을 돌이키려고 한다면, 산 위에 있던 모세나 광야에 있던 엘리사나 성전에서 철야하던 사무엘을 괴롭히던 자들과 같이 되지나 않을까 두려워했습니다. 사무엘이 외치기를 "말씀하옵소서 주의 종이 듣겠나이다"(삼상 3:10)라고 했다면, 어찌 감히 내 말을 들으라고 하겠습니까? 그대가 내 말에 귀 기울이기를 원하지 않고 "미안합니다 지금 그대의 말을 들을 수 없습니다. 그보다는 그대의 말보다 더 달콤한 말에 귀 기울이는 것을 좋아합니다"라고 말하지는 않을까 두려웠습니다. "주께서 내게 말씀하실 것을 듣기 원합니다. 그가 자기 백성과 성도들에게, 마음으로 돌이키는 자들에게 평화를 말씀하실 것이기 때문입니다"라고 하거나, 더욱 끔찍한 일은 "너희 행악자들이여 나를 떠날지어다 나는 내 하나님의 계명들을 지키리로다"(시 119:115)라고 말하지나 않을까 두려웠습니다. 어찌 내가 신랑의 팔에서 달콤하게 쉬는, 사랑을 담뿍 머금은 신부를 그녀가 계속 그렇게 있기를 바라는 한 감히 괴롭힐 수 있겠습니까? 즉시 그녀가 "흔들지 말고 깨우지 말라 내 사랑하는 자는 내게 속하였고 나는 그에게 속하였도다 그가 백합화 가운데에서 양 떼를 먹인다"(아 2:16)고 말하는 것을 들어야 하지 않겠습니까?

2   그런데 내가 감히 할 수 없는 것을 그녀가 즐겨 감행하여, 아주 확신을 가지고 친구의 문을 두드립니다. 사랑이 우정의 어머니임을 안다면 그녀가 거절당하리라고 생각하는 것이 사랑이라고는 믿지 않기 때문입니다. 사랑 자체의 일을 그대에게 말해주기 위해 아무리 즐거운 일이라 할지라도 사랑은 한순간이나마 그대의 안식을 깨뜨리는 것도 두려워합니다. 사랑이 원할 때 그대로 하여금 홀로 하나님과 함께 있는 데서부터 물러나도록 하기 때문입니다. 사랑이 간절히 바랄 때 또한 그대로 하여금 나에게 관심을 가지도록 만들 것입니다. 따라서 그대는 잠자코 참는 것이 그대에게 맞지 않는다고 간주하였을 뿐만 아니라 더욱이 나로 하여금 그 침묵을 깨뜨리도록 권고해 주었습니다. 나는 친절과 내가 주님을 찬양하기에 합당하다는 그대의 생각을 높이 평가합니다. 이 놀라운 증거에 즐거워하며, 하나님을 찬양하는 가운데 섬기는 우정으로 내 자신이 행복하다고 평가합니다.

참으로 그대는 그대의 편지로 판단하건대 전부터 나를 받아 주었습니다. 이제 좀 더 가깝고 좀 더 친밀한 우정으로 다시 한 번 그렇게 해 주십시오. 그가 돌아가서 나에 관해, 충분한 이유는 없지만 의심 없이 믿는, 우호적인 보고를 그대에게 한 것이라고 생각됩니다. 신실하고 경건한 사람으로서 그가 믿는 바와 다른 것을 말하지 않도록 하나님께서 금지하십니다. 그리고 참으로 내 자신이 구주께서 말씀하신 바 "의인의 이름으로 의인을 영접하는 자는 의인의 상을 받을 것이요"(마 10:41)는 말씀을 경험합니다. 의인의 상급은, 내가 의롭게 여겨졌기 때문에, 의로운 자를 영접하는 것을 통해서만 온다고 말씀드렸습니다. 만약 그가 참된 것 이상의 어떤 것을 나에 대해 보고하였다면, 단순하고 선한 자신의 마음에서 나온 것이지 달리 말한 것은 아닐 것입니다. 그대는 들었고 믿었고 기뻐했고 그에 따라 편지를 씀으로써 나에게 많은 기쁨을 주고 있는데, 이는 그대의 거룩한 평가에 따라 최고도의 찬사로 내게 경의를 표했을 뿐 아니라 그대의 영혼의 모든 성실함이 적잖이 내게 알려졌기 때문입니다. 한 마디로 그대는 나에게 그대의 영혼이 얼마나 자극되어 있는지 보여주었습니다.

3   그러므로 나로서는 기쁘고 그대의 성실함과 선함에 대해 감사드립니다. 그대가 내게 북돋워 준 용기에 대해 깊이 감사드립니다. 참으로 진실하고 성실한 사랑이며, 선한 양심을 지닌 전적으로 순수한 마음과, 이웃을 내 몸과 같이 사랑하는 거짓 없는 믿음에서 나온 것으로 생각해야 됩니다. 자신이 행한 선만을 사랑하거나, 적어도 그것을 남의 것보다 더 사랑하는 사람은 사실 선 그 자체를 사랑하는 것이 아니라, 단지 자신 때문에 더 사랑하는 것입니다. 그러한 사람은 시편 기자와 같이 "여호와께 감사하라 그는 선하시다"(시 118:1)고 할 수 없습니다. 그는 사실 주님께서 그에게 선하시기 때문에 감사하지, 주님 자신이 선하시기 때문에 감사하지는 않을 것입니다.

그러므로 그로 하여금 동일한 시편 기자가 그를 향해 제기하는 비난을 이해하도록 하십시오. "그가 비록 생시에 자기를 축하하며 스스로 좋게 함으로 사람들에게 칭찬을 받을지라도"(시 49:18). 전능하시기 때문에 주님을 찬양하는 사람이 있고, 자기에게 선하시기 때문에 찬양하는 사람이 있고, 단순히 선하시기 때문에 찬양하는 사람이 있습니다. 첫째는 노예이고, 스스로 두려워합니다. 둘째는 고용인이고, 스스로 무언가 된 것처럼 생각합니다. 그러나 셋째는 아들이고, 자기 아버지께 찬양을 드립니다. 그러므로 두려워하는 자나 욕망을 가진 자는 모두가 각기 자신의 유익을 위해 일하고 있는 것입니다. 오직 그분 안에 있는 사랑은 진실로 자신의 것을 구하지 않는 아들로부터 나오는 것입니다.

그러므로 "여호와의 율법은 완전하여 영혼을 소성시킨다"(시 19:7)는 말씀은 사랑에 대해 말한 것이라고 생각합니다. 그것만이 마음을 자기 사랑과 세상에 대한 사랑에서 돌이켜 오직 하나님을 향하도록 방향을 바꿔놓을 수 있기 때문입니다. 두려움도 자기 사랑도 영혼을 회심시키지 못합니다. 때로 외부적인 모습이나 행동은 바꾸어 주시지만 결코 중심에는 영향을 미치지 못합니다. 의심할 나위 없이 노예라도 때로는 하나님의 일을 행하지만, 자신의 자유의지로 행하지 않기 때문에, 그의 영혼은 역시 완악함 속에 남아 있습니다. 고용된 사람 역시 그것을 행하지만, 친절에서 나온 게 아니라, 단지 자신의 특정한 유익에 의해 그렇게 하도록 유인된 것입니다. 따라서 사람을 구별하는 것은 개인적인 관심에 있습니다. 개인적인 관심이 있는 곳에는 자원함에 한계가 있습니다. 이것은 의심할 나위 없이 영혼을 좀먹는 비열함에 빠지게 합니다. 율법에 의해 노예가 되도록 강요된 바로 그 두려움에 그가 끌려가게 하십시오. 고용인이 매달리는 탐욕과 욕망이 그에게 율법이 되게 하십시오. 그가 꾐을 받아 물러가는 것은 그 까닭이기 때문입니다. 그러나 이것들 중 어느 것도 오류가 없지 않고, 영혼을 회심시키지 못합니다. 사랑으로 사심 없는 열망이 채워질 때 사랑은 영혼을 회심시킵니다.

4 이제 자신을 위해서는 아무것도 소지하지 않도록 습관화된 사람에게는 이 사랑이 나무랄 데가 없음을 덧붙여서 말하게 됩니다. 아무것도 자신을 위해서 지니지 않는 사람은 그가 가진 모든 것을 하나님께 드립니다. 그리고 하나님께 속한 것은 부정할 수 없습니다. 따라서 그 주님의 완전한 율법은, 자신에게 유익되는 것을 구하지 않고 남을 유익하게 하는 사랑 이외에 다른 것이 아닙니다. 그런데 율법은 주님 자신이 그에 따라 사시기 때문에, 또한 아무도 그의 선물이 아니면 소유할 수 없기 때문에 주님께 속한 것이라고 말합니다. 이 율법은 사랑 이외에 다름이 아니기 때문에 하나님까지도 그에 따라 사신다고 말한다 해서 터무니없는 것은 아닙니다. 최고의 영광된 삼위일체 하나님께서 지니신 그 고상하고 필설로 다할 수 없는 연합을 유지하는 것도 사랑이 아닌 그 무엇이 될 수 있겠습니까? 그것은 율법이며, 사랑은 주님의 율법인데, 이것은 놀라운 방식으로 삼위와 일체를 유지시켜 주며, 화평의 띠로 묶어 줍니다. 그렇지만 아무든지 여기서 내가 사랑을 하나님 안에 있는 어떤 자질이나 특정한 성품으로 간주한다고 생각하지 말도록 하십시오. 하나님 안에 (절대로) 하나님 아닌 어떤 것이 있다고 말하는 것도 아닙니다. 그보다는 사랑이 바로 하나님의 실체임을 말하고자 합니다. 들어보지 못한 어떤 새로운 것을 말하고 있는 게 아닙니다. 성 요한이 "하나님은 사랑이시라"(요일 4:16)고 말씀하기 때문입니다.

따라서 사랑은 하나님이고 동시에 하나님의 선물이라고 말하는 것은 옳습니다. 그러므로 크신 사랑이 사랑을, 즉 선물을 주는 실재를 주십니다. 그 말씀이 수여자를 표시하든지 표시하지 않든지 그 실체의 명칭이며, 그것이 주어지든 주어지지 않든 그 선물의 명칭입니다. 이것은 영원한 율법 즉 우주의 창조주요 지배자이십니다. 만물이 그를 통해 창조되었고 하나도 율법 없이 남아있는 것은 없습니다. 따라서 만물의 율법이 되신 분 스스로가 자신을 지배하는 율법에 다름 아닌, 그분과 같이 피조되지 않은 율법인 것입니다.

5   그런데 노예와 고용인도 율법을 가지고 있습니다. 그것은 하나님께로서 난 것이 아니라, 스스로 만든 것입니다. 하나는 하나님을 사랑하지 않음으로써, 다른 하나는 그분보다 다른 어떤 것을 사랑함으로써 나온 것입니다. 내가 말씀드리고 싶은 것은 그들이 자신의 본성에 속하고 주님께 속한 율법을 가지고 있으며, 그럼에도 불구하고 자신의 율법에 아직도 종속되어 있다는 것입니다. 각자 스스로를 위해 율법을 만들어야 함에도 불구하고 변경될 수 없는 하나님의 율법의 질서로부터 스스로 벗어날 수도 없습니다.

   그렇다면 인간이 공동의 영원한 율법보다 자신의 의지를 더 좋아하여, 완고하게 자기의 창조주를 화내게 하고 싶을 때, 스스로를 위해 율법을 만든다고 말하려 합니다. 다시 말해서 하나님은 스스로에 대해 율법이 되시고 당신 자신이 아닌 어떤 권위 아래 있지 않습니다. 마찬가지로 하나님처럼 되려는 사람은 자기 자신의 주인이 되어 자신의 의지를 자신에 대한 율법으로 삼을 것입니다. 안타까운 일이지요! 따라서 얼마나 무겁고 견딜 수 없는 짐이 아담의 후손들 위에 얹혀 있습니까? 그 무게에 눌려 목이 구부러지고 우리의 생명은 무덤으로 가까이 나아가게 됩니다. "오호라 나는 곤고한 사람이로다 이 사망의 몸에서 누가 나를 건져내랴"(롬 7:24). 따라서 주님께서 도와주지 않으면 나는 무게에 눌려 나의 영혼은 무덤에 내려가는 자와 같습니다(시 94:17). 이 짐에 눌려 신음하면서 "어찌하여 나를 당신의 과녁으로 삼으셔서 내게 무거운 짐이 되게 하셨나이까"(욥 7:20) 하고 말하게 됩니다.

   욥이 스스로 무거운 짐이 된다고 말할 때 그는 자신에 대한 율법이 되고 그 율법은 다름 아닌 자신이 존재하도록 만든 것입니다. 그러나 하나님께 이야기하면서 "나로 과녁을 삼으셨다"는 말로 시작할 때, 자기가 하나님의 율법으로부터 벗어나지 못했음을 보여줍니다. 하나님에 의해 너그럽게 지배받기를 원하지 않는 사람은 형벌로써 자신의 자아에 의해 지배를 받게 된다는 것이 하나님의 영원하고 공의로운 율법의 속성이기 때문입니다. 자원해서 너그러운 멍에와 가벼운 사랑의 짐을 벗어던진 사람들은 모두 그 대신에 본의 아니게 꼼짝할 수 없는 자신의 의지의 짐을 져야 합니다.

6 따라서 하나님의 율법은 놀라운 방법으로 도망하는 자를 자체 능력으로 대적이 되게 하기도 하고 또한 신하로 만들기도 합니다. 한편으로 그는 자기의 공로에 따라 대우받는 공의의 법으로부터 도피하지 못했습니다. 다른 한편으로 그는 하나님의 빛과 평화와 영광 중에 친교할 수 없습니다. 그 능력에 복종하고 하나님의 축복에서 제외됩니다. "주께서 어찌하여 내 허물을 사하여 주지 아니하시며 내 죄악을 제거하여 버리지 아니하시나이까"(욥 7:21). 따라서 내 자신의 의지의 두꺼운 부담을 벗어던질 때 가벼운 사랑의 짐 아래서 한결 수월하게 호흡할 것입니다. 이때 나는 더 이상 노예근성의 두려움에 사로잡히지도 않고 이기심에 미혹되지도 않을 것입니다. 그 대신에 당신의 영 즉 당신의 자녀들에게 속한 자유의 영의 강권을 받을 것입니다. 당신의 율법이 나의 것이기 때문에 나 역시 당신의 자녀 가운데 하나이고, 당신처럼 나 또한 세상 안에 있음을 내 영혼에 증거해 주는 분이 누구입니까?

"피차 사랑의 빚 외에는 아무에게든지 아무 빚도 지지 말라"(롬 13:8)는 사도의 말씀을 행하는 사람들 자신은 노예도 아니고 고용인도 아니라 하나님의 자녀임이 너무나 확실하기 때문입니다.

아들들에게도 율법이 없는 것은 아닙니다. 기록되기를 "율법은 옳은 사람을 위하여 세운 것이 아니라고"(딤전 1:9) 했습니다. 그렇지만 노예정신에 의해 두려움으로 공포된 율법과, 자유정신에 의해 유폐하고 너그럽게 주어진 율법은 전연 별개의 것입니다. 아들된 자들은 전자에 복종할 의미가 없고 항상 후자의 지배하에 있습니다. 법은 옳은 사람을 위하여 세운 것이 아니라고 말씀했는지 그 이유를 이해하고 싶지 않습니까? "두려워하는 종의 영을 받지 않았다"고 말씀합니다. 그렇다면 왜 항상 사랑의 율법의 지배하에 있는 것입니까? "당신은 양자의 영을 받았습니다"(롬 8:15).

또한 의로운 자들이 동시에 율법 아래 있지 않다고 고백하는 것에 주목하십시오. "율법 아래에 있는 자들에게는 내가 율법 아래에 있지 아니하나 율법 아래에 있는 자 같이 된 것은 율법 아래에 있는 자들을 얻고자 함이요 율법 없는 자에게는 내가 하나님께는 율법 없는 자가 아니요 도리어 그리스도의 율법 아래에 있는 자이나 율법 없는 자와 같이 된 것은 율법 없는 자들을 얻고자 함이라"(고전 9:20-21)고 했습니다.

이에 따르면 의인에게는 율법이 없고 의인은 율법 없이 지낸다고 말하는 것은 적합하지 못합니다. 율법은 사실 의인들을 위해 만들어지지 않았습니다. 자원하지 않는 대상들에게 부가되지 않습니다. 그분의 즐거운 영감에 기인하여 자원하는 마음에 자유롭게 주어진 것입니다. 그러므로 주님께서도 놀랍게 "내 멍에를 지라"(마 11:29)고 말씀하십니다. 마치 "너희 의지에 반대해서 부가하지 않는다. 오직 자원함으로 지라. 그렇지 않으면 안식을 찾지 못하고 너희 영혼을 위해 수고할 뿐이라"고 말씀하시는 것 같습니다.

7 따라서 사랑의 율법은 선하고 즐겁습니다. 지기에 가볍고 즐거울 뿐 아니라 노예와 고용인의 율법마저도 견딜 만하고 가볍게 해줍니다. 그러나 이 율법들을 깨뜨리지는 않습니다. 주님께서 "내가 율법을 폐하러 온 것이 아니요 완전하게 하려 함이라"(마 5:17)고 말씀하신 것처럼 그 율법들의 성취를 가져다줍니다. 노예의 율법은 완화시키고 고용인의 율법은 규모 있게 하여, 각기 가볍게 해줍니다. 사랑이라고 결코 죄 없이 존재하지는 않겠지만, 이것은 그 성격이 선한 두려움입니다. 결코 손익에 대한 생각이 하나도 없는 것은 아니겠지만, 그것은 억제되고 완화된 손익입니다.

그러므로 사랑의 영감으로 너그러운 헌신이 이루어질 때 노예의 율법을 완전하게 해줍니다. 자기 유익을 구하는 욕망을 바로잡아 줄 때 고용인의 율법을 완전하게 해줍니다. 따라서 두려움이 섞인 헌신이 이 율법들을 무효화하지 못합니다. 반대로 노예근성의 두려움 때문에 벗어나지 못하는 형벌의 두려움을 제거함으로써 그것들을 정화시켜 줍니다. 이 두려움은 "정결하여 영원까지 이릅니다"(시 19:9). "온전한 사랑이 두려움을 몰아내기"(요일 4:18) 때문입니다. 이 두려움은 앞에 말한 바와 같이 노예근성의 두려움 속에서는 결코 없어지지 않는 형벌에 대한 두려움으로 이해되어야 합니다.

애욕에 대해서는, 이제 그에 결합된 사랑에 의해 바로잡혀집니다. 악한 것들을 바라는 일을 모두 그치고, 이제는 좀 더 좋은 것들을 더 좋아하기 시작합니다. 좀 더 좋은 것들에 이르기 위한 것이 아니면, 좋은 것도 바라지 않습니다. 하나님의 은혜에 의해 이것이 완전히 얻어질 때, 몸과 몸에 속한 모든 좋은 것들은 오직 영혼을 위해서 사랑받을 것입니다. 이때 영혼은 오직 하나님을 위하여 사랑받을 것이며, 하나님께서도 오직 그분만을 위하여 사랑받을 것입니다.

8 그렇지만 우리가 아직 죽을 수밖에 없는 몸 안에 있고 육체의 정욕과 함께 태어났기 때문에 우리가 정욕이나 애정이 육체로부터 발생한다는 것은 불가피합니다. 그렇지만 바로잡혀져서 조금씩 조금씩 은혜의 인도 아래 나아가게 된다면, 결국 성령에 의해 완성될 것입니다. 사도가 말하는 바와 같이 "먼저는 신령한 사람이 아니요 육의 사람이요 그 다음에 신령한 사람이니라 우리가 흙에 속한 자의 형상을 입은 것 같이 또한 하늘이 속한 이의 형상을 입을 것이기"(고전 15:46, 49) 때문입니다.

첫째로 말하자면 사람은 육체이기 때문에 자신을 위해서 자기 자신을 사랑합니다. 자신에 관계된 것이 아니면 어떤 욕구도 가질 수 없습니다. 그러나 스스로 살아갈 수 없고, 참으로 자기에게 하나님이 필요함을 볼 때, 믿음으로 하나님을 추구하고 사랑하기 시작합니다.

두 번째로, 이에 따라 하나님 자신의 유익이 아니라 자기 자신의 유익을 위해서 하나님을 사랑합니다. 그런데 자기 자신의 필요성 때문에 그분을 경배하기 시작하고, 묵상과 독서와 기도와 순종으로 그분께 나아가기 시작한 이때, 점점 어떤 친밀성을 가지고 하나님을 알게 됩니다. 그 결과 그분이 유쾌하고 친절한 분임을 발견하기 시작합니다.

이와 같이 주님께서 얼마나 유쾌한 분인가를 맛보고 난 후, 세 번째 단계로 넘어가서 이제는 더 이상 자신의 유익 때문에 하나님을 사랑하는 게 아니라, 하나님 자신을 위해서 사랑합니다. 일단 여기에 이르게 되면, 계속 견고합니다.

그런데 사람이 이생에서 정말 네 번째 단계로 올라갈 수 있는지는 저도 모르겠습니다. 하나님을 위한 것이 아니면 더 이상 자신을 사랑하지 않는 상태이기 때문입니다. 이것을 시도해 본 사람들은(설령 몇몇이 있더라도) 도달할 수 있다고 생각하는 것 같습니다. 나로서는 솔직히 말해서 불가능하게 보입니다.

언젠가는, 착하고 충성된 종들이 그 주님의 기쁨에 들어가 하나님의 집의 충만함으로 가득 찰 때에는 그렇게 되리라고 의심하지 않습니다. 아주 기쁘게 되어, 놀랍게도 자신을 잊어버리게 될 것입니다. 이때에는 자신이 누구인지 의식을 잃어버리고 전적으로 하나님께 몰입될 것입니다. 이제는 온 힘을 다하여 스스로 하나님께 매달리게 되며, 그 이후로 그분은 한 영이 될 것입니다.

9   시편 기자가 "내가 주 여호와의 능하신 행적을 가지고 오겠사오며 주의 공의만 전하겠나이다"(시 71:16)고 할 때, 이것을 언급한 것이라고 생각됩니다. 자기가 하나님의 영적 능력 안에 들어갈 때, 육체의 모든 연약함으로부터 자유롭게 된다는 것을 잘 알고 있었던 것입니다. 더 이상 연약함에 대해서는 생각할 필요가 없고, 오직 하나님의 완전하심에 사로잡히려 합니다. 이때 확실히 그리스도의 지체들은 각기, 바울이 머리되신 이에 대하여 "비록 우리가 그리스도도 육신을 따라 알았으나 이제부터는 그같이 알지 아니하노라"(고후 5:16)고 말했던 바를 스스로에게 말할 수 있게 될 것입니다. "혈과 육은 하나님 나라를 이어 받을 수 없기"(고전 15:50) 때문에 그곳 하늘에서는 아무도 육체를 따라 자신을 알지 않습니다.

육체의 실체가 그곳에는 없으리라는 게 아니라, 모든 육체의 필요성이 사라져버리리라는 것입니다. 육체의 사랑이 성령의 사랑에 흡수되고, 현재 존재하는 연약한 인간의 정열이 신적 능력에 흡수될 것이기 때문입니다. 이때 넓고 방대한 바다에 지금 쳐 있고, 끊임없이 모든 종류의 고기를 모으고 있는 사랑의 그물이 마침내 해변으로 끌려나올 것입니다. 이때 좋은 것만 남겨 두고 나쁜 것은 버릴 것입니다. 이생에서 사랑은 그 방대한 그물의 공간을 모든 종류의 고기로 채워 줍니다. 사랑은 그 자체가 어디에나, 언제든지 들어맞고 선악 간의 어떤 상황에서도 함께 하며 같이 나눕니다. 따라서 으레 즐거워하는 자와 함께 즐거워할 뿐 아니라, 우는 자와 함께 웁니다. 그러나 영원의 해변에 이르게 될 때에는 전에 염려하며 간직했던 모든 나쁜 고기를 버려두고, 기쁨과 즐거움의 원천이 되는 것들만을 남겨두게 될 것입니다. 이때 바울은 더 이상 연약한 자들과 같이 연약해지거나 분개한 자들과 같이 분개하지 않을 것입니다. 연약함과 분개함이 멀리 사라져버리기 때문입니다.

  그가 이곳 땅에서 회개하지 않은 자들에 대해서 계속 눈물을 흘릴 것이라고 생각해서는 안 됩니다. 더 이상 죄인이 없을 것이며, 따라서 아무도 회개할 사람이 없으리라는 것이 확실하기 때문입니다. 악마와 그의 사자들과 함께 꺼지지 않는 불이 그 분깃이 될 자들을 애곡하시며 한탄하신 것이라는 생각은 추호도 없습니다. 그 하나님의 도성에서는 시내가 흘러 그들의 마음을 기쁘게 해 줄 것이기(시 46:4) 때문입니다. 그 도성의 문들을 주님께서 야곱의 모든 거처보다 사랑하십니다(시 87:2). 그 세상의 거처에서는 승리의 기쁨을 잠시 맛보기는 하지만 전투가 항상 계속되고, 때로 그 투쟁은 생명을 위한 것입니다. 그러나 그 사랑스러운 나라에서는 역경이나 슬픔을 위한 여지가 없습니다. 따라서 시편 기자와 함께 "모든 즐거워하는 자들의 거처가 당신께 있고"(시 87:7) 또 "영원한 기쁨이 있으리라"(사 61:7)고 노래합니다. 하나님의 공의만이 기억될 곳에서 어떻게 자비의 기억이 조금이라도 있겠습니까? 불행의 여지나 동정의 기회가 없게 될 때 어떻게 불쌍하다는 느낌이 작용할 수 있겠습니까?

10 무척이나 사랑하고 너무도 동경하는 형제들이여, 그대들과 대화를 가지고 싶은 간절한 소원 때문에 벌써 길어진 이야기를 계속 늘어놓을 수밖에 없습니다. 그러나 나에게 끝을 내야 한다고 말해 주는 세 가지 이유가 있습니다. 첫째는, 나로서는 그대들에게 부담스러울까 두렵기 때문입니다. 둘째로, 내 자신이 아주 수다스럽게 보이지는 않을까 부끄럽기 때문입니다. 그리고 셋째로, 개인적으로 할 일이 밀려 있기 때문입니다.

결론적으로, 나를 불쌍히 여겨 주시도록 빌며, 내게서 들은 좋은 것들 때문에 즐거워하신다면, 아주 절박한 유혹과 염려 속에 있는 나에 대해서도 동정을 가져 달라고 기도드립니다. 이것들을 그대들에게 기별해 준 사람이 몇 가지 사소한 것을 보고 위대한 일이나 되는 것처럼 이 사소한 것들을 과장했을 것임에 틀림없습니다. 관대하게도 이것을 쉽게 믿은 것은, 최고의 소식을 듣고 싶어했기 때문입니다. 참으로 "모든 것을 믿는"(고전 13:7) 그 사랑의 축복을 받으십시오. 그러나 나는 모든 것을 아는 진리에 의해 당황하게 됩니다. 단지 밖에서 나를 본 사람들의 말에 귀 기울이기보다는 내가 스스로 말하는 것을 믿어 주십시오. "사람의 일을 사람의 속에 있는 영 외에 누가 알겠습니까"(고전 2:11). 내 자신이 추측이 아니라 충분한 지식을 가지고 말하고 있다는 것을 확인해 드릴 수 있습니다. 나는 사실 그렇다고 믿고 있거나 말하고 있는 그런 사람이 아닙니다. 나로서는 그대들에게 이것을 알게 하고 솔직히 고백할 필요가 있습니다. 그대들의 편지에서 이야기하는 것과 같이 된다면 더 이상 바랄 것이 없겠습니다.

9

영적 우정

여기 나오는 제1권은 아마도 비드포드셔에 있는 와든 수도원, 이보(Ivo)가 수도사로 있던 리보(Rievaulx)의 부속건물에서 되어진 일이다. 앨레드가 그의 초기 작품인「열두 살의 예수님」을 보낸 곳도 바로 이 이보인 것 같다. 공식 방문 중에 버나드는 이보가 공동체의 열띤 토의 중에도 침묵을 지키고 있음에 주목했다. 따로 불러내서 앨레드는 그와 함께 다음과 같이 우정의 본질에 대한 대화를 들어간다. 두 사람 모두 키케로의「우정론」을 읽어 본 적이 있고, 그리스도를 알지 못하는 이교도가 정말 영적 우정을 이해나 할 수 있는지 의문을 제기했다.

여러 해 뒤, 앨레드(Aelred) 역시 우정을 논하는「사랑의 거울」을 집필한 후에 제2권과 제3권이 쓰여졌다. 이것들은 리보에서 수도원의 두 친구인 월터와 그라티안과 나누었던 토의를 기록하고 있다. 앨레드의 전기를 쓴 월터 다니엘은 여기서 언급된 사람이 자신이라고 말한다. 그라티안은 알려져 있지 않다. 추측컨대 리보의 또 다른 수도사였을 것이다.

월터와 그라티안 모두가, 오늘날 우리 가운데 많은 사람들이 그런 것처럼, 영적 우정의 실천에 관해 비관적이었다. 그러나 앨레드에게는 우정과 경건이 아주 심원하게 통합되어 있어서 세 번의 모든 논쟁을 통하여 그 필요와 가능성에 대한 깊은 신념을 가지고 임하고 있다. 그의 모든 저작 중에서 가장 신중하게 논증되고 가장 잘 쓰여진 것이라고 할 만큼 이 신념이 그의 안에 강력하게 흐르고 있다. 어떤 주제도 그 자신의 마음에 더 친밀한 것은 없음을 암시해 주기 때문이다.

제1권 : 우정의 본질

앨레드 : 다 오셨습니다. 그대와 나, 그리고 소망하기는 제삼자이신 그리스도 자신이 함께 계십니다. 여기서는 아무도 그대를 귀찮게 할 사람이 없으므로, 그대의 마음을 열고 그대가 꼭 말하고자 하는 바를 들려주십시오.

이보 : 나에 대한 그대의 관심에 깊이 감사드립니다. 사랑의 성령께서 친히 나의 마음을 그대에게 보여주셨습니다. 그리스도 안에 있는 우정에 관해서 더 충분한 가르침을 받기를 정말 원합니다.

〈우리의 친구이신 그리스도〉

앨레드 : 우정에 관해서 무언가 그대에게 가르칠 능력은 없지만, 우리가 자유롭게 논의할 수는 있을 것입니다. 그대가 우정이 그리스도 안에서 시작되고 그리스도 안에서 완성되고 있음을 안다면 주제를 바로 잡으신 것입니다. 그런데 어떻게 해서 이 주제에 관한 논의에 들어갈는지요?

이보 : 우정을 진공 속에 있는 관계로 표현하지 않으면 됩니다.

〈키케로의 우정에 대한 정의〉

앨레드 : 우정이란 인간적이고 신적인 일에 있어서 상호 조화라고 키케로는 주장하고 자선과 자애가 함께 한다고 합니다.

이보 : 키케로가 의미하는 '자애'와 '자선'은 무엇인지요?

앨레드 : 아마도 '자애'(charity)는 애정을 의미하고, '자선'(benevolence)은 그 애정을 행위로 표현하는 것을 의미하는 것 같습니다.

이보 : 옳다고 여겨집니다. 그러나 그것은 이교도나 그리스도인이나 함께 적용될 수 있을 것입니다. 그렇지만 나는 참된 우정이란 진정 그리스도 안에 살고 있는 자들 사이에서만 존재할 수 있음을 깨닫게 됩니다.

앨레드 : 그렇습니다. 그 정의는 아마도 불완전하지만, 이야기의 진행과 함께 명백하게 될 수 있을 것입니다. 친구에 대한 사랑은 정원과 같아서, 그의 기쁨 중에 즐거워하고 그의 슬픔 중에 울 수 있습니다(롬 12:15). 이 세상의 철학자들까지도 우정은 일시적인 것이 아니라 그 미덕은 영원하다고 주석을 달았습니다. "친구는 사랑이 끊어지지 아니한다"(잠 17:17)고 솔로몬이 말하기 때문입니다. 끊어진다면, 그것은 제롬에 따르면(서신. 3:6) 결코 진정한 우정이 되지 못함을 증명해 줍니다.

이보 : 그렇지만 우리는 그와 같이 높은 수준을 기대하지 않습니다. 진정한 우정은 거의 드뭅니다. 참으로, 키케로는 기록하기를 "과거에 수많은 시대가 있었지만 전통적으로 칭송받는 그러한 친구들은 세 쌍이나 네 쌍을 넘지 못한다"고 했습니다. 지금에 와서 그리스도인들 사이에서도 진정한 친구는 거의 없습니다.

앨레드 : 그렇지만 그리스도인이라면 실망하거나 포기해서는 안 될 것입니다. "구하라 그리하면 주시리라"(마 7:7)는 것이 마태복음의 약속입니다.

이교도들에게 그러한 희망이 없다는 것은 놀라운 일이 아닙니다. 그리스도 안에 있는 믿음을 통하여 초대교회는 셋이나 넷이 아니라 수천이나 되는 그러한 우정의 실례들을 기록하고 있습니다. "믿는 무리가 한마음과 한 뜻이 되어 모든 물건을 서로 통용했기"(행 4:32) 때문입니다.

이보 : 그렇다면 자애와 우정 사이에 아무런 차이가 없습니까? 친구와 원수를 모두 사랑하라고 강요하고 있지 않습니까?(마 5:44; 눅 6:27이하) 그렇지만 우리는 마음을 의탁할 수 있는 사람들만 친구라고 부를 수 있습니다.

앨레드 : 육욕적인 우정은 외부를 향하는 정욕에 찬 눈과 귀로 시작됩니다. 그것은 모든 지나가는 자를 향한 음녀의 애정입니다(겔 16:25). 마찬가지로 세상적인 우정은 일시적이고 물질적인 이득을 얻으려는 욕구에 의해 촉진됩니다. 이익이 될 수 있는 것만을 구하는 것은 빛 좋은 개살구 우정입니다. 그러한 잘못된 시작도 좀 더 진정한 종류의 우정으로 발전될 수 있습니다만 역시 일시적인 문제입니다.

〈우정은 사랑의 정원과 같다〉

영적 우정에는 이윤 동기가 없습니다. 그 자체의 품위를 위하여 바라게 됩니다. 그 결실은 단지 복음의 주님께서 '열매'를 맺도록 명하셨기 때문에 (요 15:16이하) 있게 됩니다. 다시 말해서, 우리는 서로 사랑해야 합니다.

참된 우정은 이때 모든 악덕의 추방을 의미합니다. 진정한 공동체를 위해 요긴한 것은 이것뿐입니다. 그러한 우정은 신중함으로 자리 잡히고, 공의로 지배되며, 불굴의 인내로 보호되고, 절제로 조절됩니다. 앞으로 더 생각해 보겠지만, 우정의 참된 본질에 대해서는 충분히 이야기되었다고 봅니다.

이보 : 정말, 그렇습니다. 그러나 어떻게 우정이 처음으로 인류에게 시작되었는지 말씀해 주십시오! 우연히 아니면 필연적으로 발생했습니까, 아니면 어떤 법칙이 인류에게 부여되었습니까?

앨레드 : 내가 보기로는 인간의 영혼은 창조된 대로 우정을 욕구해 왔습니다. 경험으로 그 욕구가 강렬해지고, 법률의 인준으로 확정되었습니다. 하나님께서 말씀하시기를 "사람이 혼자 사는 것이 좋지 아니하니 내가 그를 위하여 돕는 배필을 지으리라"(창 2:18)고 했습니다. 성의 평등이 얼마나 아름답게 인정되고 있습니까! 평등은 참된 우정의 특징이기 때문입니다. 그런데 안타깝게도 타락에 의해 그러한 유쾌함과 애정의 경험이 탐욕과 질투, 분쟁과 경쟁, 증오와 의심으로 부패되었습니다. 하나님께서 인류에게 의도하신 본래의 보편적인 우정이, 지혜도 마찬가지이지만, 부패되었습니다. 법의 힘에 의해 구제되고 강화될 필요가 생겼습니다.

이보 : 왜 그대는 지혜를 우정에 관련시킵니까?

앨레드 : 우정이란 사실 다름 아닌 참된 지혜이기 때문입니다.

이보 : 그 말로 그대가 우정에 관해 말하고자 하는 바는 예수님의 친구가 사랑에 관해서 "하나님은 우정이시라"(요일 4:16)고 말하는 것입니까?

앨레드 : 이 말을 여기에 붙이는 것은 이상할 것 같지만, 성경도 인준한 것인데, 말씀하기를 "우정 안에 거하는 자는 하나님 안에 거하고 하나님도 그의 안에 거하신다"(요일 4:16)고 합니다.

제2권 : 우정의 성숙과 결실

월터 : 언젠가 친구 되시는 이보와 영적 우정에 대해 나누신 대화를 기억 하십니까?

〈우정은 기억으로 지탱된다〉

앨레드 : 물론 나의 사랑하는 이보를 기억하고 있습니다. 지금은 죽고 없지만 그의 변함없는 사랑과 애정은 항상 나와 함께 남아 있을 것입니다. 그의 영이 언제나 나와 함께 할 것이기 때문입니다. 그의 경건한 얼굴은 아직도 나에게 감동을 주고, 그의 매력적인 눈은 아직도 나를 보고 웃고 있습니다. 우리가 함께 나눈 대화의 기록은 잃어버렸지만 그의 말은 아직도 맴돌고 있습니다.

월터 : 솔직히 말해서, 바로 이 기록들을 삼일 전에야 받으셨다고 들었습니다. 따라서 나로서는 토의된 것 전체를 함께 재검토해 보기를 간절히 원합니다.

앨레드 : 물론 좋습니다만, 그대의 사적인 음미만을 위한 것입니다.

월터 : 요 몇 년 동안 거듭해서 읽을수록 놀라울 뿐이었습니다. 그러나 우정의 본질에 대한 이 훌륭한 담화는 나로 하여금 우정의 목적과 가치에 관해 더욱 많은 것을 물어보고 싶도록 만듭니다.

앨레드 : 우정은 이생과 내생에서 모두 열매를 맺기 때문에 그 유익에 대해 모든 것을 설명할 수 있다고는 생각하지 않습니다. 거의 어떤 행복도 우정 없이는 인류에게 존재할 수 없습니다. 그것이 없이는 인간은 짐승과 같습니다. "홀로 있어 넘어지고 붙들어 일으킬 자가 없는 자에게는 화가 있으리라"(전 4:10).

신뢰할 수 있고 남자는 남자에게, 여자는 여자에게 이야기할 수 있는 누군가를 가지고 있으면 얼마나 축복되고 안전하며 기쁘겠습니까? 그에게 혹은 그녀에게 영적 진보를 털어놓을 수 있으면 얼마나 확신이 생기겠습니까. 계획을 함께 나눌 수 있고 하나처럼 연합될 수 있는 누군가를 가진다는 것은 얼마나 기쁜 일입니까?

　현자가 말하기를, 그러한 친구는 "생명의 약이라"(시락서 6:6) 했습니다. 그러한 우정에 의해 상처를 치료하고 "서로 짐을 져주는 것은"(갈 6:2) 아주 효과적입니다. 그러한 우정은 수명을 연장시켜 주는데, 인생에서 최선의 약이 되기 때문입니다. 참으로 인생에서 최대의 선물입니다. 그렇다면 하나님의 우정은 얼마나 좋겠습니까. 우리 구주께서 요한복음에서 "내가 너희를 종이라 하지 않고 나의 친구라 부르겠다"(요 15:15)고 말씀하시기 때문입니다.

　월터 : 그대가 나에게 깊은 감동을 주고 우정을 나누려는 소원을 강렬하게 한다는 것을 인정합니다. 그러나 무엇보다도 영적 우정 가운데서 하나님의 사랑이 얼마나 완전하게 발전되는지 보고 싶습니다. 영적 성숙의 단계 가운데서 참된 우정이 바로 최고라는 것을 알고 있습니다.

　그런데 여기 오신 그라티안은 우정에 대한 열심이 지극해서 나는 그를 우정의 화신이라고 부르고 있습니다.

　그라티안 : 감사합니다만, 이 엄숙한 대화에 끼어든 불청객이 아닌지요. 만약 내가 "우정의 화신"이고, 여러분이 나에게 농담을 하신 것은 아니라면, 나는 이 이야기가 시작될 때 이곳에 함께 있었어야 했기 때문입니다. 그렇지만 계속하십시오, 앨레드 원장님.

　앨레드 : 형제여, 우리가 이미 주제에 대해 남김없이 이야기했다고 생각하지 마십시오. 그러나 우리와 함께 하시려면, 우정이란 하나님의 사랑과 지식을 향한 한 단계일 뿐이라는데 주목하십시오. 사도가 고전 13장에서 말하고 있는 것처럼 참된 사랑은 항상 거룩하고 자발적이고 진실합니다. 따라서 참된 우정은 특별한 성질의 기쁨과 안전 그리고 유쾌함을 가지고 비춥니다.

〈우정은 그리스도 안에서 성숙한다〉

　그러한 우정은 그러므로 만약 거기에다 모든 영예와 매력과 진리와 기쁨과 유쾌함과 선의와 애정과 행동이 더해진다면 불가사의한 것입니다. 이 모든 것들은 오직 그리스도 안에서 시작됩니다. 오직 그리스도 안에서 발전합니다. 오직 그리스도 안에서 완전해집니다. 그러한 상승이 너무 가파른 것은 아닌데, 그리스도의 사랑에 의해 감동을 받기 때문입니다.

그리스도의 사랑에 의해 이제 우리는 친구를 사랑할 수 있습니다. 그리스도가 자신을 우리에게 친구로 주셨을 때 주신 사랑이 이것입니다. 그분에게는 흡인력이 뒤따르고 애정 위에 애정이 부어집니다. 친구가 친구에게 매달리듯이 그리스도의 영 안에서 그들은 한마음이 되고 그리스도와 한 영혼이 됩니다(행 4:32).

인간이 자기 생명을 유지하기 위해서는 음식과 공기라는 두 요소가 필요합니다. 음식이 없이도 얼마동안은 살아갈 수 있으나, 공기가 없으면 몇 분 이내에 죽어 버립니다. 영적으로 우리는 이것을 그리스도의 입맞춤에 비유해서 생각할 수 있습니다. "내게 입맞추기를 원하니"(아 1:2). 그 결과는 그리스도와 영혼 사이의 애정의 연합입니다.

[여기서 앨레드는 '입맞춤을' 세 가지 의미로 이야기한다 : 육체적, 영적, 명상적 의미로] 육체적으로 입맞춤은 입술의 표현입니다. 영적으로 그것은 영들의 연합입니다. 명상적으로 그것은 은혜 안에서 받은 하나님의 영의 입맞춤입니다. 육체적으로 우리에게는 화해와 같은 특별한 어떤 목적을 위해 입맞춤이 필요합니다. 영적으로 입맞춤은 영이 어우러져서 연합된 친구들의 언약의 특징입니다. 그러나 "그리스도의 입맞춤은"(입의 접촉에 의해서가 아니라) 마음의 애정을 통해서(입술이 포개져서가 아니다) 영이 어우러져서 주어지며, 진정으로 영적 우정입니다. 이때 그들은 시편 기자와 함께 "형제가 연합하여 동거함이 어찌 그리 선하고 아름다운고"(시 133:1) 하고 말할 수 있습니다.

그러한 입맞춤에 점점 익숙해진 영혼은 그러한 사랑의 경험이 더욱 많아졌으면 하고 탄식합니다. 그의 품 안에서 안식을 찾아 즐거워하며, "그가 왼팔로 내 머리를 고이고 오른팔로 나를 안는구나"(아 2:6)고 말합니다.

그라티안 : 이 종류의 우정은 내가 보기로 보통이 아닙니다. 그러한 성격을 지니고 있는 우정을 꿈꾸는데 익숙해지지 않습니다. 월터가 이제까지 말

한 것이 무엇인지 알지 못하지만, 내게 있어 우정은 완전한 의지의 일치와 자기가 가진 것 모두의 상호 공유 이외에 아무것도 아닙니다.

〈우정의 한계는 무엇인가?〉

월터 : 우정에 대한 첫 번째 대화와 비교해 본다면 그 성격에 관해 아주 많은 것을 배웠습니다. 나의 문제는 어디까지 가야 하며, 우정의 한계는 무엇이냐는 것입니다. 자기가 가진 것을 나누어 주는 것으로 충분합니까? 아니면 또한 나라를 함께 하거나, 심지어 포로로 잡혀가거나, 다른 사람들이 불명예스럽다고 생각하는 일에 자신을 내던지거나 아니면 자기 친구를 위해서 달리 해야 할 일이 무엇입니까?

이 주장들 중 어떤 것도 사실 우정을 규정하지 못한다고 믿게 되었습니다. 어떤 것도 개의치 않으려 하는 그라티안을 위해서 몇 가지 한계를 설정하는 것이 좋을 것 같습니다.

그라티안 : 멋진 생각이십니다만 앨레드 원장님이 말씀하시려 하는 것을 듣는 것이 좋을 것 같습니다.

앨레드 : 그리스도 자신이 "사람이 친구를 위하여 자기 목숨을 버리면 이보다 더 큰 사랑이 없다"(요 15:13)고 하실 때 우리에게 그 한계를 정해 주셨습니다. 그것으로 충분하다고 생각되지 않습니까?

그라티안 : 더 큰 우정이 불가능한데, 왜 그것으로 충분치 않겠습니까?

월터 : 그런데 만약 이교도가 악의 상호 조화 가운데 서로를 위해 기꺼이 죽는다면 어떻게 됩니까? 그들이 참된 우정의 대요를 알고 있다고 간주할 수 있습니까?

앨레드 : 하늘이 무너져도 그런 일은 없습니다. 참된 우정은 그런 자들 사이에 존재할 수 없기 때문입니다.

그라티안 : 그렇다면 누가 그러한 우정을 가질 수 있습니까?

앨레드 : 간단히 말씀드리겠습니다. 선한 자들 사이에서 시작되어, 좀 더 선한 자들 사이에서 성장하며, 가장 선한 자들 사이에서 완성될 수 있습니다. 이것은 모든 악을 버려야 된다는 것을 의미합니다. 첫째 사람 아담은 금

지된 열매를 함께 먹자는 자기 아내의 요구에 타협하는 대신에(창 3:6) 그녀가 방자하다고 고발하였다면 더 좋게 되었을지도 모릅니다. 요나답이 암논을 도와 근친상간의 욕망을 이룰 수 있도록 해준다 해서 그의 친구는 아니었습니다(삼하 13:3 이하).

〈그러한 우정은 드물다〉

그대가 보는 바와 같이 우정은 선한 자들 사이에서만 존재할 수 있습니다.

그라티안 : 그렇다면 선하지 못한 우리들 사이에서 우정의 실재는 무엇입니까?

앨레드 : 아무도 절대적으로 선하지 않기 때문에 우리의 타락에 비추어서 이 주제에 관한 상대적으로 말씀드리고 있습니다. "신중함과 의로움과 경건함으로 이 세상에 사십시오"(딛 2:12). 이러한 자들과 함께 우정이 생길 수 있고 발전할 수 있습니다.

월터 : 나는 우정을 피해야 한다고 믿는 유혹을 받고 있습니다. 스토아주의자들이 이것을 느꼈는데, 불가능한 이상이라면 멀리 거리를 두는 게 낫다고 생각했기 때문입니다.

그라티안 : 좋습니다. 바로 이 순간에 우리가 하고 있는 것도 그렇다면 시간 낭비입니다. 만약 우리가, 그 열매가 그토록 거룩하고 유용하며 하나님께서 받으실 만한 우정에 대한 욕구로부터 그렇게 쉽게 벗어날 수 있다면 어떻게 그것을 실천하도록 설득을 받아왔단 말입니까? 나로서는 그러한 냉소주의는 변덕쟁이나, 사랑이 쉽게 미움으로 변할 수 있는 자들에게 일임합니다.

월터 : 그라티안과 같이 나도 쓸기 빠진 일이라고 생각하곤 했습니다. 그러나 앨레드는 그러한 의존이 반박될 수 있음을 우리에게 보여줄 것입니다.

앨레드 : 키케로는 이 점에 대해서 아름답게 말합니다. "세상으로부터 태양을 가져가는 것은 인생으로부터 우정을 가져가는 것이다. 우리가 하나님으로부터 더 좋은 것을 가지지 못하고 더 유쾌한 것을 가지지 못한다." 우

정의 필요를 경멸하는 곳에 무슨 지혜가 있을 수 있습니까?

그렇다면 바울은 미련한 자임에 틀림없을 것입니다. 다른 사람들에 대한 관심 없이는 살려고 하지 않았기 때문입니다. 그에게는 절대지상적인 미덕인 진정한 사랑을 위해서 그는 약한 자들에게는 약하게 되었고(고후 11:28 이하) 자기 형제들을 위해 슬퍼했습니다(롬 9:2 이하). 때로 그는 자기 사람들을 유모처럼 소중히 길렀습니다(살전 2:7). 간혹 그는 근심에 사로잡히기도 했습니다(고후 2:4; 12:21).

건축자 후새가 다윗왕과 우정을 간직한 것도 헛일이 아니었습니까?(삼하 16:15이하; 17:5이하). 아닙니다. 서로 무관심한 채 살아가야 한다고 말하는 사람은 짐승이라고 주장하는 바입니다. 보살피지도 않고 보살핌을 받지도 않는 것은 아주 잘못된 것입니다.

그렇지만 우정을 별로 희생이 없는 단순한 직업으로 생각하는 것 역시 절대 안 됩니다. 그 희생은 사랑입니다.

〈참된 우정에 관한 충고〉

월터 : 그러면 많은 사람들이 단순한 우정의 외형에 의해 그렇게 속고 있다면, 어떤 유의 우정은 피해야 하고, 어떤 것을 추구해야 하는지 말씀해 주십시오.

앨레드 : 참된 우정은 선한 자들 사이에만 있기 때문에, 맞지 않는 것은 하나도 받아들일 수 없습니다.

그라티안 : 그렇지만 아마 우리는 아직도 참된 우정과 거짓된 우정 사이의 차이를 풀어내지 못하고 있습니다.

앨레드 : 목적이 없는 미숙한 우정과 장난기 애정이 있습니다. 지나가는 사람의 관심을 끕니다. 그러나 이성이 결핍되고 안정되지 못합니다. 그러한 철부지 우정은 변덕스럽고 불안정하며 불순한 동기가 섞여 있습니다.

성숙하고 영적인 우정은 순수한 동기의 보존으로 시작됩니다. 그 다음에 이성이 따르고, 또한 훈련을 받습니다.

영적 우정은, 우리에게 이득이 된다고 생각하는 종류의 우정과 대조가 됩니다. 그렇지만 만약 '이득' 가운데 의심 속의 인도, 슬픔 속의 위로, 그리고 그와 같은 종류의 유익을 포함시킨다면, 이때 이것들은 친구에게서 기대되어야 하는 것입니다. 그러나 그러한 우정은 결코 이득으로부터 나오지 않고, 그보다는 이득이 우정 이후에 생겨날 것입니다.

바르실래로부터 다윗에게 온 유익의 경우가 그러했습니다(삼하 17:27이하). 이와 마찬가지로 다윗과 요나단 사이의 성스러운 우정의 연대는 어떤 이면의 동기에 대한 소망을 통해서가 아니라, 미덕 자체에 대한 명상으로부터 바쳐졌습니다. 유익은 나중에 생겼습니다(삼상 19:20; 삼하 9장).

(편집자 주 : 앨레드는 친구에게 아무것도 부정되어서는 안 된다고 결론짓는다. 친구를 위해서는 아무것도, 심지어 자신의 생명까지도 거절되어서는 안 된다. 그러나 영혼의 생명은 육체의 생명보다 훨씬 더 탁월하기 때문에 친구의 영혼의 죽음을 가져오는 어떤 행동도 전적으로 부정되어야 한다).

그라티안 : 자기 친구를 섬기는 한계에 있어 조심해서 마음에 간직해야 할 것이 무엇인지 말씀해 주십시오

앨레드 : 안됐지만 시간이 너무 가서, 다른 업무를 살펴보아야 할 시간입니다.

월터 : 하는 수 없이 그쳐야겠습니다. 그러나 내일 아침에는 그라티안이 정시에 도착할 것이므로 우리의 토의를 계속하도록 하십시다.

제3권 : 깨어지지 않는 우정의 조건과 특성

앨레드 : 여기서 무엇을 하고 계십니까?

그라티안 : 확실히 내가 왜 여기에 있는지 아실 것입니다.

앨레드 : 월터는 우리와 함께 하지 못했습니까?

그라티안 : 그는 내버려 두십시오. 적어도 오늘 내가 늦었다고 비난할 수는 없습니다.

앨레드 : 어제 제기한 질문에 대해 다루는 것을 원하십니까?

그라티안 : 월터가 곧 오리라고 봅니다. 그는 사물을 파악하는데 더 빠르

고 질문을 하는데 더 낫기 때문입니다. 그는 또한 더 좋은 기억력을 가지고 있습니다.

(월터가 들어온다)
앨레드 : 월터, 들어본 적이 있습니까? 그라티안은 내가 생각했던 것보다 그대에게 더 친근합니다.
월터 : 그가 모든 사람의 친구일 때 어떻게 나의 친구가 되지 못한다고 하겠습니까? 그러나 이제는 시간을 아주 아껴 써야 하겠습니다.

〈사랑은 우정의 원천이다〉
앨레드 : 사랑은 우정의 원천입니다. 우정 없는 사랑은 있을 수 있지만, 사랑 없는 우정은 불가능합니다. 사랑과 함께 그것을 순수하게 지켜주도록 이성이 또한 왔고, 반면에 애정은 사랑을 유쾌하게 해줍니다. 그러나 영적 우정의 기초는 하나님의 사랑입니다. 이 신적 사랑을 모든 인간적 사랑이 가리키고 있습니다. 그렇다면 우리가 건축하는 기초가 되어야 합니다.

그러나 우리가 사랑하는 사람들이 모두 친구는 아닙니다. 그대의 친구가 그대 영혼의 동반자가 되려 한다면, 신중하게 선택해야 합니다. 서로 아무것도 숨기지 않고, 서로 아무것도 두려워하지 않을 것이기 때문입니다. 따라서 그러한 우정에는 조건이 있습니다. 친구는 시험해 보아야 하고 흔들리지 않아야 합니다. 우정을 손상시키는 사람보다 더 가증한 것은 하나도 없습니다. 따라서 아주 조심해서 선택하십시오. 일단 받아들였으면 참아야 하고 양보해야 하며, 영과 혼이 연합되어야 하기 때문입니다.

〈우정의 네 단계〉
우정의 발전에는 네 단계가 있습니다. 첫째로 선택이 있고, 둘째는 검증이고, 셋째는 허락이며, 넷째는 완전한 조화입니다.
월터 : 이보와 나눈 첫 번째 토의에서 이 정의를 어떻게 보여주셨는지 기억합니다. 그러나 그 이후로 아주 많은 종류의 우정을 논하셨기 때문에 참

된 우정의 특성이 무엇이라고 생각하시는지 알고 싶습니다.

앨레드 : 아시는 바와 같이, 참된 우정은 선한 자들 사이에서만 존재합니다. 따라서 이것이 그러한 것의 주요 특징입니다.

그라티안 : 그런데 공동의 기호와 혐오를 가진 자들의 공동체라면 우정은 어떻습니까?

앨레드 : 만약 그것이 훈련된 다정을 주고받는 자들의 공동체라면 이를 받아들이겠습니다.

월터 : 언급하신 사단계는 무엇입니까?

〈친구의 선택〉

앨레드 : 첫째로, 친구의 선택에서 시작하도록 합시다. 성급한 자와 변덕스러운 자, 의심 많은 자와, 수다스러운 자는 피하십시오. 성경이 말하기를 "노를 품는 자와 사귀지 말며 울분한 자와 동행하지 말지니 네 영혼을 올무에 빠뜨릴까 두려움이니라"(잠 22:24이하)고 합니다. 솔로몬은 "노는 우매한 자들의 품에 머문다"(전 7:9) 덧붙입니다. 사실 자기가 미련한 자의 친구가 될 수 있다고 누가 생각하겠습니까?

월터 : 그렇지만 그대는 아주 성급한 친구에게 깊은 헌신의 모범을 보여주었습니다. 결코 그에 의해 마음을 상하지 않았다고 들었습니다.

앨레드 : 본성적으로 성질이 나쁜 사람이 있다는 것을 기억해야 합니다. 자기의 약점을 극복하려다가 부주의한 말로 친구를 거스르거나 경솔하게 행동하는 일이 종종 있을 수 있습니다. 따라서 그러한 친구가 생기게 되면, 인내심을 가지고 참아주어야 합니다.

그라티안 : 그렇습니다. 언젠가 그 친구가 그대에게 화를 내고 있었는데도, 그에게 그러한 인내심을 발휘하고 있는 것을 보았습니다.

월터 : 이 말을 하는 것을 보니 나보다 그라티안이 더 용감합니다.

앨레드 : 물론 그대들이 언급한 그 사람이 나에게는 아주 절친합니다. 그러나 일단 그가 내 친구가 되었다면, 계속해서 그를 받아줄 수박에 없습니다. 기질상 내가 그보다 더 강하게 된다면, 그의 마음의 평화를 위해 양보할

수 있습니다.

월터: 이보가 별세했기 때문에, 이 친구가 그대를 만족시켜 주었습니다. 그러나 어떻게 그가 그렇게 할 수 있는지 모르겠습니다. 그렇다면 우정을 파괴하는 다섯 가지 악덕이 무엇인지 말씀해 주십시오.

앨레드: 좋습니다. 중상모략은 참으로 명성을 파괴하는 해로운 악덕입니다. 많은 사람이 자화자찬에 매료되는 것과 마찬가지로 자기 이웃에 대한 비방을 던짐으로써 만족을 찾으려 합니다. 순진한 사람의 얼굴을 갈기는 비방보다 더 난폭한 것이 있을 수 있겠습니까?

다음으로 비밀을 드러내는 악덕이 있습니다. 친구 사이에 이것보다 더 비열하고 혐오할 만한 것은 없습니다. 따라서 기록되기를 "친구의 비밀을 누설하는 자는 신용을 잃는다"(시락 27:24)고 했습니다. 조금 뒤로 내려가서 "친구의 비밀을 누설하는 것은 불행한 영혼에게 아무 희망도 남겨주지 않는다"(시락 27:24)고 덧붙였습니다. "뱀이 슬그머니 물었더라도, 악인이 몰래 문 것보다 낫다"(전 10:11)고 솔로몬은 말합니다. 중상모략은 이와 같이 미리암에게 나병이 뒤덮이게 한(민 12:1 이하) 반역을 범하는 것입니다.

친구를 선택하는 데 있어 또 다른 요소는 변덕스러운 자들을 피하는 것입니다. 우정이 누리는 특권적 결실은 친구를 신뢰할 수 있고 자신을 의탁할 수 있는 안전입니다. 법석을 떠는 자에게 무슨 안전이 있을 수 있습니까? 또한 의심 많은 사람이 결코 줄 수 없는 마음의 평화와 평정이 필요합니다. 그의 의심은 결코 꺼지지 않는 불에다 마르지 않는 연료를 공급하는 것과 같습니다. 이 끔찍한 악덕은 모든 것을 훼손시킵니다. 누구도 이길 수 없는 상황입니다.

또한 수다스러운 자들도 피하십시오. 현자가 말하기를 "네가 말이 조급한 사람을 보느냐 그보다 미련한 자에게 오히려 희망이 있느니라"(잠 29:20)고 했습니다.

따라서 그대가 친구로 선택하는 사람은 분노에 싸이지 않는 사람, 변덕스럽지 않은 사람, 의심이 가득하지 않은 사람, 그 품행이 험담으로 흐트러지지 않는 사람이라야 합니다. 차라리 자기 기질과 습관에 맞는 사람이 있나

찾아보십시오.

월터 : 어디서 그러한 사람을 찾을 수 있습니까?

앨레드 : 그러한 사람을 찾는 일이 쉽지 않다는 것을 인정합니다. 그러나 이와 같은 방법으로 자신을 훈련하도록 배운 사람들이 있으며, 이들을 아주 소중히 대해야 합니다.

월터 : 그런데 이 악덕을 하나도 가지지 않았던 친구가 나중에 그것들에 빠지는 경우를 가정해 보셨습니까? 계속해서 관용하시겠습니까?

앨레드 : 좋습니다. 물론 지혜롭게 선택하심으로써 시작해야 합니다. 그 다음에는 우정을 발전시키는데 시간을 들여야 합니다. 그러나 만약 우정을 끝내야 되겠으면 외상(外傷, trauma)을 입히지 않고 서서히 하십시오. 이러한 점진적인 결말은 쓰라림과 싸움 그리고 적대감을 피하게 해줄 것입니다. 친밀했던 사람에 대항해서 싸움을 벌이는 것은 부끄러운 일이기 때문입니다.

〈참된 친구에게는 인내하라〉

그런데 누군가 실제로 친구가 된다면 그의 약점에 대해 인내하는 것을 배우십시오. 우정은 끝이 없어야 하기 때문에 "친구는 사랑이 끊어지지 아니하기"(잠 17:17) 때문입니다. 거슬리는 일이 있으면 마음을 억누르고 계속 그를 사랑하십시오. 그의 명성을 보호하십시오. 친구가 그대의 비밀을 누설해도 결코 그의 비밀을 누설하지 마십시오.

〈우정을 깨뜨리는 악덕은 무엇인가?〉

월터 : 그렇다면 점점 우정을 와해시킬지도 모른다고 말씀하신 악덕은 무엇입니까?

앨레드 : 이들 다섯 가지 악덕은 잘못인데, 특히 비밀의 누설과 은밀한 의심의 오점입니다. 이것들은 용납될 수 없습니다.

그러나 여섯째 악덕이 있습니다. 즉 친구가 그대의 사랑하는 자를 해치고, 계속해서 그렇게 할 때입니다. 따라서 아하수에로 왕은 다른 어떤 친구들보다도 소중히 여겨온 하만과의 우정을 중단해 버렸습니다. 자기 부인에 대한 사랑과 그녀의 만족을 더 사랑했기 때문에(에 7장) 그렇게 한 것입니다.

그러나 지혜롭게 선택되고 시험되어 진정한 영적 우정으로 연합된 완전한 친구들 사이에는 어떤 불화도 일어날 수가 없습니다. 갈라서게 된 우정은 그것이 결코 참된 것이 아니었음을 보여줍니다. "끝날 수 있는 우정은 결코 참된 것이 아니었다"(제롬, 「서신」, 3:6).

월터 : 무엇이 우정을 와해시킬 수 있습니까?

앨레드 : 우정을 특징짓는 것이 특별히 네 가지 요소가 있습니다. 사랑과 애정(affection)과 안전과 행복입니다. 이것들이 없으면 우정은 지속되지 못할 것입니다.

사랑은 자애를 가지고 봉사하는 것을 의미합니다. 애정은 밖에서 본 내적 기쁨입니다. 안전은 안전하게 유지되는 의도나 확신의 현시입니다. 행복은 함께 나누고 어떤 상황에서도 기뻐합니다. 따라서 이것들을 잃어버렸을 때에는 우정도 취소될 수 있음을 압니다.

월터 : 이제까지 토의된 것을 요약해 주시면 좋겠습니다.

앨레드 : 아주 좋습니다. 우리는 사랑이 우정의 근원이라고 말했습니다. 꼭 어떤 종류의 사랑이 아니라, 이성과 애정이 함께 따라오는 것입니다. 그 위에 참된 우정의 기초가 하나님의 사랑에 있음을 이야기했습니다. 그리고 나서 성숙한 우정이 자라나는 사단계에 주의를 기울이기로 결정했습니다. 그 후에 친구를 선택하는데 있어 피해야 할 악덕에 대해 이야기했습니다.

〈우정의 시험〉

따라서 이제 모든 것을 파악하였다면, 우정의 검증이라는 주제로 넘어갑시다.

월터 : 이것은 매우 시의적절합니다. 우리의 놀라운 대담에 불쑥 뛰어들어 방해하는 사람이 있지 않나 문에 서서 살펴보고 있기 때문입니다.

엘레드 : 친구에게 시험해야 할 네 가지 자질이 있습니다. 충직과 바른 의도와 분별력과 인내심입니다.

스스로를 친구에게 안전하게 의탁할 수 있으려면 반드시 충직을 시험해 보아야 합니다. 하나님의 선하심 이외에 아무것도 우정으로부터 기대하지 않도록 바른 의도에도 시험이 필요합니다. 친구에게 요구되는 것이 무엇인지 이해할 수 있도록 분별력 역시 시험해야 합니다. 또한 꾸짖음을 받고 근심하지 않고, 꾸짖는 사람을 경시하거나 미워하지 않도록 인내심이 필요합니다. 또한 친구를 대신해서 고통을 짊어질 필요가 있습니다.

충직은 형통 중에는 숨겨져 있지만, 사실 역경 중에 드러납니다. "형제는 위급한 때에 증명되지만"(잠 17:17) "환난 날에 진실하지 못한 자를 의뢰하는 것은 부러진 이와 위골된 발과 같습니다"(잠 25:19).

바른 의도에 관해서는 우리 주님 구주께서 "네 이웃을 네 자신 같이 사랑하라"(마 22:39)고 말씀하실 때 우리를 위해 참된 우정의 공식을 기록해 주셨습니다. 이것은 거울입니다. 그리고 일반적으로 말해서 가난한 자들 사이의 우정이 부자들 사이의 우정보다 더 안전합니다. 가난은 이득에 대한 희망을 가져서 우정이 감소하기보다는 증가하도록 해주기 때문입니다.

분별력의 자질은 자기 친구의 사소한 잘못을 다루는데 필요합니다. 그렇지 않으면 그러한 분별력의 결핍 때문에 논쟁과 상투적인 싸움에 휘말릴 수 있습니다. 이 미덕의 부재는 키 없이 떠내려가는 배와 같습니다.

신중한 사람에게는 또한 자기 애정을 서서히 진전시키기 위해 인내가 필요합니다.

〈친구 없는 소유는 기쁨이 없다〉

전 인류가 세상에서 없어졌다고 가정해 보십시오. 세상의 모든 자연적이고 문화적인 보화가 이제 무슨 의미가 있겠습니까? 지금 말씀해 보십시오. 동반자가 없이도 이 모든 소유물들을 정말 누릴 수가 있겠습니까?

월터 : 아닙니다. 전혀 그럴 수 없습니다.

앨레드 : 이것은 하나님께서 우리에게 주신 것입니다. 이생에서 시작되고 다음 생에서 완전하게 되는 영원한 우정을 우리에게 제공해 주셨습니다. 그렇다면 자기가 사랑하는 자의 친밀한 마음속에 안식하면서, 모두를 사랑하

고 모두에게 사랑받는 자가 가장 축복받은 사람입니다.

월터 : 훌륭한 말씀입니다. 정말 그렇습니다.

앨레드 : 이 세상에서 그렇게 완전한 우정을 생각하는 것이 어렵게 보일지 모릅니다. 그러나 그저께 수도원을 거닐었는데, 형제들이 둘러 앉아 아주 사랑스러운 모임을 이루고 있었습니다. 꽃동산 가운데서 그러한 친구들의 사랑은 그 자체가 영적 에덴 동산과 같았습니다. 나는 즐거움에 가득 차서, "형제가 연합하여 동거함이 어찌 그리 선하고 아름다운고"(시 133:1)라는 시편 기자의 말씀을 기억했습니다.

그라티안 : 이 모든 무리들을 사랑할 수 있다고 말씀하고 계십니까?

〈붙임성 있다는 것과 친구를 사귀는 것과의 구별〉

앨레드 : 아닙니다. 그러나 그들 모두를 친한 친구로 사귀지 않고도, 서로 다르게 모두를 포용할 수 있습니다. 암브로시우스는 "친구에게만 우리의 비밀을 적나라하게 털어놓는 것"(「의무」, 135)에 대해 이야기합니다. 이어서 암브로시우스는 "우리 영혼을 그 앞에 적나라하게 털어놓고 우리 내면의 마음을 그들에게 쏟아놓는다고 해서 우리가 사랑하는 자들 가운데 많은 사람들에게 무분별하게 보이지는 않을 것이라"고 합니다.

월터 : 이 우정의 개념은 너무 숭고하고 이상주의적이어서 나로서는 갈망할 희망조차 가지지 못합니다. 나와 내 친구 그라티안에게는 우정이란 아우구스티누스에 의해 묘사된 것과 더 비슷합니다. 말하자면 농담도 할 수 있고, 때로는 싸우기도 하고, 그를 통해 배우고, 그가 없으면 사모하고, 그 다음에 즐겁게 다시 만나는 사람입니다.

앨레드 : 그렇지만 이런 종류의 친구는 역시 세상의 육욕적인 생활에 속합니다. 이렇게 시작되어서 성령에 속한 일에 대한 성장하는 경건과 변함없는 열심을 따라 좀 더 거룩한 우정이 성숙하게 되리라고 확신할 수 있습니다. 좀 더 거룩한 애정을 가지고 하나님에 대한 우정으로 이전될 수도 있습니다.

⟨다른 우정의 미덕들⟩

우정을 위해 필요한 네 가지 미덕들을 기억하면서, 다른 것들도 부가할 수 있습니다. 상냥한 말투와 좋은 태도, 침착성과 친절한 눈의 표현입니다. 이것들이 우정에 맛과 매력을 더해 줍니다. 친구를 동등하게 생각하고 대하십시오. 친구를 비방하지도 않고 어떤 보상을 구하지도 않는 그러한 방법으로 자신을 친구에게 주십시오. 보아스가 룻을 대하던 것처럼 친절하게 만나고, 조금이라도 당황하지 않도록 하십시오(룻 2:8이하). 따라서 우리 친구의 필요를 예상하여 기민해질 필요도 있습니다.

월터 : 그러나 아무것도 줄게 없고, 아무것도 기대해서는 안 된다면 그러한 영적 우정이 무슨 소용이 있습니까?

앨레드 : '내 것' '네 것'이라는 말이 우리의 사전에서 없어진다면 훨씬 나은 삶을 살 수 있을 것입니다. 우정에 아주 큰 힘을 부여해 주는 것은 거룩한 가난입니다. 그런데 애욕이 우정에 대해서 그러한 막중한 도구를 해옵니다.

존경은 우정의 최선의 동반자입니다. 존경을 없앤 자는 우정에서 나오는 최대의 장식을 없애기 때문입니다. 존경은 혀가 댕기는 불을 아주 잘 통제하고 꺼줍니다. 그러나 존경과 더불어 (역시 필요한) 책망이 은밀하게 이루어져야 합니다. 암브로시우스가 말한 바와 같이, "그대의 친구에게서 어떤 악덕을 보거든 은밀하게 고쳐 주십시오. 그가 그대의 말을 듣지 않으면 공개적으로 고쳐 주십시오. 고쳐 준다는 것은 좋은 일이고, 침묵을 지키는 우정보다 더 좋은 수가 종종 있습니다. 친구가 입힌 상처는 아첨자의 입맞춤보다 훨씬 감당할 만하기 때문입니다. 그러므로 그릇된 친구를 고쳐 주십시오.

⟨결론⟩

밤이 늦었으므로 이제는 우정이 사랑에 기초하고 있음을 깨달으시기 바랍니다. 그러나 사랑은 많은 사람들을 포괄하므로 그들 가운데서 친밀한 방식으로 우정의 비밀을 인정할 수 있는 사람을 택하도록 하십시오. 그러한 사람을 제멋대로 충동적인 애정에 의해서가 아니라 예견과 이성에 의해 선택하도록 하십시오. 비슷한 성격과 자기 친구에게서 보는 선함을 보고 선택하도록 하십시오.

그리고 나서 이 사람의 충직함과 영예뿐만 아니라 그의 인내가 시험을 받았는지 보십시오. 상호 관심과 함께 신뢰가 점점 발달하고 표현의 유사성도 발달하게 하십시오. 그대가 확신할 때, 그는 우정을 거래가 아니라 하나의 미덕으로 바라볼 것이고, 이때 그대는 진정한 친구를 발견한 것입니다.

하나님의 사랑

초판 발행 1988년 4월 15일
중쇄 발행 2012년 11월 20일

발행처	크리스챤
발행인	박명곤
주소	경기도 고양시 일산동구 정발산동 1193-2
전화	031-911-9864, 070-7538-9864
팩스	031-911-9824
등록	제 396-1999-000038호
판권	ⓒ 크리스챤다이제스트 1988
총판	(주) 기독교출판유통
	전화 031-906-9191~4
	팩스 0505-365-9191